Bernhard Frevel · Berthold Dietz

Sozialpolitik kompakt

Bernhard Frevel · Berthold Dietz

Sozialpolitik kompakt

2., aktualisierte Auflage

VS VERLAG FÜR SOZIALWISSENSCHAFTEN

Bibliografische Information der Deutschen Nationalbibliothek
Die Deutsche Nationalbibliothek verzeichnet diese Publikation in der
Deutschen Nationalbibliografie; detaillierte bibliografische Daten sind im Internet über
<http://dnb.d-nb.de> abrufbar.

1. Auflage 2004
2. Auflage 2008

Alle Rechte vorbehalten
© VS Verlag für Sozialwissenschaften | GWV Fachverlage GmbH, Wiesbaden 2008

Lektorat: Frank Schindler

Der VS Verlag für Sozialwissenschaften ist ein Unternehmen von Springer Science+Business Media.
www.vs-verlag.de

Das Werk einschließlich aller seiner Teile ist urheberrechtlich geschützt. Jede
Verwertung außerhalb der engen Grenzen des Urheberrechtsgesetzes ist
ohne Zustimmung des Verlags unzulässig und strafbar. Das gilt insbesondere
für Vervielfältigungen, Übersetzungen, Mikroverfilmungen und die Einspeicherung und Verarbeitung in elektronischen Systemen.

Die Wiedergabe von Gebrauchsnamen, Handelsnamen, Warenbezeichnungen usw. in diesem
Werk berechtigt auch ohne besondere Kennzeichnung nicht zu der Annahme, dass solche
Namen im Sinne der Warenzeichen- und Markenschutz-Gesetzgebung als frei zu betrachten
wären und daher von jedermann benutzt werden dürften.

Umschlaggestaltung: KünkelLopka Medienentwicklung, Heidelberg
Druck und buchbinderische Verarbeitung: Krips b.v., Meppel
Gedruckt auf säurefreiem und chlorfrei gebleichtem Papier
Printed in the Netherlands

ISBN 978-3-531-15559-3

Inhalt

1 **Geschichte und Entwicklungsbedingungen der Sozialpolitik in Deutschland** — 9
  1.1 Vor- und Frühgeschichte sozialer Fürsorge im Mittelalter — 13
  1.1.1 Frühformen sozialer Hilfe im Mittelalter — 14
  1.1.2 Ständische Hilfesysteme des Hoch- und Spätmittelalters — 16
  1.2 Entwicklung staatlicher Sozialpolitik im Kaiserreich — 18
  1.2.1 Industrialisierung und die „Arbeiterfrage" als „soziale Frage" — 18
  1.2.2 Vom Arbeitsschutz zur staatlichen „Sozialpolitik" als Herrschaftssicherung — 21
  1.2.3 Sozialpolitik als „Teile und herrsche"-Strategie — 23
  1.2.4 Ausbau korporatistischer Sicherungssysteme — 25
  1.2.5 Rezession und Wiederbelebung der Sozialpolitik — 27
  1.3 Entfaltung, Ruin und Rekonstruktion der Sozialpolitik in Deutschland — 29
  1.3.1 Sozialpolitik in der Weimarer Republik — 29
  1.3.2 1933 – 1945: Sozialpolitische Eiszeit und Rekonstruktion — 30
  1.3.3 Nach 1945: Von Notmaßnahmen zur Klientelpolitik — 31
  1.3.4 Wohlstand für alle? — 33
  1.3.5 „Umbau" oder „Abbau" des Sozialstaats? — 36
  1.3.6 „Reformstau" und die Suche nach Alternativen — 38
  1.4 Entwicklungsstadien der Sozialpolitik — 40

2 **Grundlagen und Grundfragen der Sozialpolitik** — 46
  2.1 Grundlegende Prinzipien der Sozialpolitik — 46
  2.2 Instrumente der Sozialpolitik — 50
  2.2.1 Das Instrument „Anrechte" — 50
  2.2.2 Das Instrument „Geld" — 51
  2.2.3 Das Instrument „Beteiligung" — 53
  2.3 Formale Prinzipien der Sozialpolitik — 57
  2.4 Funktionen von Sozialpolitik — 64

3	**Akteure der Sozialpolitik**		**71**
	3.1 Der föderale Sozialstaat		75
	3.2 Der soziale Interessenstaat		79
	3.3 Öffentliche Träger von Sozialleistungen		82
	3.4 Leistungsvertraglich gebundene Dienstleister		86
	3.4.1 Wohlfahrtsverbände		86
	3.4.2 Privatgewerbliche Dienstleister		89
	3.4.3 Freiberufliche Dienstleister		90
	3.4.4 Zuarbeiterdienste und Gewerbliche Hilfsdienste		92
	3.5 Selbsthilfe und ehrenamtlich Engagierte		92
4	**Soziale Probleme und Zielgruppen der Sozialpolitik**		**95**
	4.1 Arbeitswelt		96
	4.2 Familie		101
	4.3 Kinder und Jugendliche		106
	4.4 Alte Menschen		109
	4.5 Krankheit und Behinderung		112
	4.6 Ethnische Minderheiten		119
5	**Reformbedarf und Reformen in der Sozialpolitik**		**127**
	5.1 Kritik am Sozialstaat		129
	5.2 Fehlfunktionen im Sicherungssystem		130
	5.2.1 Erwerbsstrukturproblem		133
	5.2.2 Konjunkturzyklus-Problem		138
	5.2.3 Generationenproblem		140
	5.2.4 Steuerungsproblem		143
	5.3 Wissenschaftliche Reformansätze		145
	5.4 Neubestimmung der sozialpolitischen Koordinaten?		149
6	**Sozialpolitik und Europäische Integration**		**158**
	6.1 Entwicklung und Grundlagen europäischer Sozialpolitik		159
	6.1.1 Kurze Geschichte der Europäischen Integration		159
	6.1.2 Die institutionellen Akteure der EU		162
	6.2 Elemente der Europäischen Sozialpolitik		170
	6.2.1 Die Grundrechtscharta der Europäischen Union		171
	6.2.2 Soziale Rechte in der Europäischen Union		173

6.2.3	Europäische Beschäftigungspolitik und die Sozialpolitische Agenda 2005-2010	175
6.2.4	Europäischer Sozialfonds	177
6.3	Probleme der europäischen Sozialpolitik	180
6.3.1	Sozialpolitik als untergeordnete Politik	180
6.3.2	Institutionelle Defizite	184
6.4	Perspektiven der europäischen Sozialpolitik	187

7 Strukturen der Sozialpolitik im internationalen Vergleich   **191**

7.1	Wohlfahrtsstaatliche Typen in Europa	193
7.1.1	Differenzierungsmodelle	194
7.1.2	Einflüsse auf die Wohlfahrtsstaatsgestaltung	205
7.2	Skizzen europäischer Wohlfahrtsstaatsmodelle	206
7.2.1	Dänemark	207
7.2.2	Frankreich	208
7.2.3	Großbritannien	211
7.2.4	Spanien	212
7.3	Sozialpolitische Handlungsfelder	214
7.3.1	Arbeitslosigkeit	215
7.3.2	Rente	217
7.3.3	Kindergeld	223
7.3.3	Mindestsicherung	225
7.4	Lernen von Anderen?	227

Literatur   **231**

1 Geschichte und Entwicklungsbedingungen der Sozialpolitik in Deutschland

> *Die Entwicklung der Sozialpolitik, ihre Aufgabe und ihr Wesen, ist am besten verständlich, wenn sie in ihrem zeitgeschichtlichen Kontext dargestellt wird. Ohne ein grundlegendes Verständnis vom sozialen Wandel, dem Wandel der Sozialstruktur, der sozialen Probleme, des politischen Rahmens (Akteure) und der daraus resultierenden Instrumente der Sozialpolitik (Sicherungssysteme) bleibt ihre Darstellung technisch und abstrakt. Dieses Grundverständnis herzustellen, ist Absicht dieses ersten Kapitels. Dabei werden wir nicht jedes Detail darstellen können, aber Grundzüge und längerfristige Prozesse sollen besser verstehbar gemacht werden.*

Was ist Sozialpolitik? Diese Frage „kompakt" beantwortet zu bekommen, mag für die Leserinnen und Leser dieses Buches die ausschlaggebende Erwartung sein, um dieses Buch zur Hand zu nehmen. Die Autoren des Buches wollen nicht bereits auf den ersten Seiten mit einer wissenschaftlichen Definition enttäuschen, die sich zu den unzähligen anderen bereits verfassten Definitionen geselllt. Denn: Eine solche würde unweigerlich ein hohes Abstraktionsniveau erreichen und Gefahr laufen, nicht verstanden zu werden. Versuchen wir lieber, den Begriff und seinen Inhalt einzukreisen.

Starten wir mit einer Gegenfrage: Was ist Sozialpolitik anderes als Politik für Menschen, die das Ziel hat deren Lebensbedingungen zu verbessern? So betrachtet, wäre jegliches politisches Handeln Sozialpolitik, sollte es zumindest sein. Nun entlarvt sich ein solch absolutes Verständnis indes schnell als fachliche Egozentrik. „Alles ist Politik", sagen die Politikwissenschaftler, „Alles ist Ökonomie", beanspruchen die Ökonomen, „Alles ist Psychologie", sagen wiederum die Psychologen und so weiter. Doch schon *als „Fach"* hat es Sozialpolitik schwer. Sozialpolitik verstehen wohl nur *die* als wissenschaftliche Teildisziplin, die sie als „Sozialpolitikwissenschaftlerinnen" und „-wissenschaftler" betreiben. Für die meisten von uns dürfte Sozialpolitik *praktische Sozialpolitik* sein, erst recht, wenn wir sie *behördlich*, als rein staatliche Veranstaltung, verstehen. Wir denken an parlamentarische Inszenierungen zum Bürgerwohl, zwischenparteiliche Auseinandersetzungen über Finanzpläne, an Rentenformeln und Steuern, vielleicht auch nur an Sozialhilfe und Menschen am Rande der Gesellschaft.

Stimmt aber die Vorstellung, dass sich Sozialpolitik auf (Parteien-)Politik beschränkt? Fragen wir also, wer Sozialpolitik macht. Sicherlich wird sie so wie jede andere Politik gemacht. Standardantwort all jener, die es lieber formaldemokratisch haben: Ausgedacht wird sie von Parteien, in Gesetze verfasst von den Parlamenten, umgesetzt von obrigkeitlichen Instanzen (Behörden). Doch da jede/r die Vielzahl politischer Interessen hierzulande kennt, wird man schnell stutzig. Sozialpolitik machen auch die Gewerkschaften und die Wirtschafts- und Arbeitgeberverbände, die Kirchen, die Wohlfahrtsverbände, der Bundesverband des Sanitätsfachhandels e.V., der Deutsche Städtetag und der Schutzverband für Impfgeschädigte e.V., warum nicht auch die Sportvereine, die Interessengemeinschaft der Profi-Zauberer oder der ADAC ...?

Wie so oft, viele wollen die Väter und Mütter von etwas Gutem oder Gutgelungenem sein. Nur leider sucht man in der Sozialpolitik oft schon vergebens nach Onkel und Tanten. Gute oder schlechte Sozialpolitik definiert jeder für sich, je nach individueller Interessenlage. Nützt sie einem oder stimmt sie mit persönlichen Wertmaßstäben überein, wird man eine Politik gut finden. Da ist es schon hilfreich, dass eine bestimmte Politik einfach nur verantwortet wird. Aber von wem wird Sozialpolitik verantwortet? Und mit welcher historischen Legitimation? Wer befindet sich in der „Trägerschaft" von Sozialpolitik? Und wer hat welches Interesse an welcher Sozialpolitik?

Da ist vordergründig das Interesse derjenigen, die von Sozialpolitik profitieren. Im Zweifel also wir alle, wenn wir soziale Sicherheit, den Schutz vor Lebensrisiken (Krankheit, Unfall, Erwerbslosigkeit/-unfähigkeit, Pflegebedürftigkeit) meinen. In modernen, an Konsum, Teilhabe und Erwerbsarbeit ausgerichteten Gesellschaften bedeuten diese Risiken den sozialen Ausschluss, sofern sie nicht gemildert werden. Im engeren Sinne hat an der Milderung sozialer Risiken nur ein Interesse, wer sich diesen ausgesetzt sieht. Dass dies auch heute noch ein Problem nicht Einzelner, sondern Vieler in der Gesellschaft ist, führt uns auf direktem Wege zum Begriff der *Solidarität*. Solidarität heißt, dass Menschen ein Zusammengehörigkeitsgefühl entwickeln, das es ihnen ermöglicht, trotz sozialer Unterschiede und Interessen denen zu helfen, die Hilfe benötigen. Man tut dies vielleicht nicht mehr in der Erwartung einer Belohnung „im Himmel", wie es zu Zeiten des Mittelalter galt, sondern in der Erwartung, wiederum selbst von anderen Hilfe zu bekommen, wenn „es" einen selbst „erwischt".

Solidarität ist also zunächst eine freiwillige, einseitige, *zwischenmenschliche Solidarität*, ohne Einmischung des Staates, dafür aber latent ausgestattet mit einer Art Gutschrift für eventuell eigene Notsituationen. Aber auch jegliche Obrigkeit (historisch betrachtet erst Kirche, dann Stadt, dann Staat) würde es

1 Geschichte und Entwicklungsbedingungen der Sozialpolitik

nicht zulassen wollen, dass ein Gemeinwesen an den Rändern „ausfranst", dass mehr und mehr Menschen ohne sozialen Schutz aus der Gesellschaft ausgeschlossen würden. Sie würde in Frage gestellt. Eine Obrigkeit, die es nicht versteht, die Menschen zu beschützen, würde diese bald gegen sich haben. Deshalb mischte sie sich alsbald in die Organisation zwischenmenschlicher solidarischer Hilfe ein, doch dazu später mehr.

Dies deutet schon ein etwas abstrakteres Interesse an, das der sozialen Gerechtigkeit, also des Ausgleichs allzu großer (primär ökonomischer) Unterschiede (Ungleichheiten) zwischen den Mitgliedern einer Gesellschaft, die als ungerecht empfunden werden. Viele mögen im Gerechtigkeitsbegriff einen Kampfbegriff aus längst vergangenen Zeiten sehen. Aber das Problem der Gerechtigkeit muss jede Gesellschaft zu allen Zeiten lösen. Gerechtigkeit lässt sich an vielen Dingen festmachen, am verfügbaren Einkommen, an den Wohnverhältnissen oder an der Fähigkeit, sich für eine bestimmte Lebensführung zu entscheiden, ohne dafür ökonomisch „bestraft" zu werden. Gerechtigkeitsprobleme kennt jede Gesellschaft, mal ausgeprägter und existenzieller, mal in kleineren Maßstäben.

Häufig wird der Staat für Ungerechtigkeiten in Haftung genommen, die er selbst nicht verursacht, sondern „nur" zulässt. Staatliche Sozialpolitik zieht also immer auch die Konsequenz aus der Feststellung, dass in der Frage gesellschaftlicher Gerechtigkeit und mitmenschlicher Solidarität das freie Spiel der Kräfte versagt. Wirtschaftswissenschaftlich hat sich hierzu der Begriff „Marktversagen" eingebürgert. Der Markt ist dabei zunächst der Geld-, Waren- und Dienstleistungsmarkt, wie wir ihn heute kennen, einschließlich der kapitalistischen Produktions-, Arbeits- und Lebensverhältnisse. Dieser ist als ein „Bewältigungsmarkt" in der Frage der Sozialpolitik aber nicht vorrangig.

Die Funktionserwartung setzt bereits viel früher an, an der zweiten großen gesellschaftlichen Institution, der Familie. Ihr wird erstrangig die Aufgabe der Milderung sozialer Risiken zugeschrieben. Aber auch dieser „Bewältigungsmarkt" kann versagen, wenn die vorhandenen sozialen Probleme ihre Bewältigungskraft übersteigen oder neue soziale Probleme entstehen, auf die die Familie keine Antworten hat (Massenerwerbslosigkeit), oder wenn sie selbst geschwächt ist (Vereinzelung). Versagt diese *familiale Solidarität*, beginnt die Suche nach Ersatzfamilien. In ökonomisierten Gesellschaften waren diese zunächst gewerbsmäßige, berufsständische Zusammenhänge, in denen eine *Gruppensolidarität* ausgeübt wurde. Auch hierzu später mehr.

Jenseits der Gruppensolidarität gibt es gesellschaftliche Erfordernisse, die nicht Einzelnen überlassen werden können. Gerechtigkeit macht sich dann nicht am sozialen Risiko eines Einzelnen fest, sondern betrifft größere Teile der Gesellschaft. Um ein Beispiel zu nennen: Zurzeit hat unsere Gesellschaft ein Gerechtigkeitsproblem in der Behandlung von Familien mit Kindern. Deren Erziehungsleistung, die weitreichende Bedeutung für den Erhalt der Gesellschaft und deren künftige Prosperität hat, sehen viele vernachlässigt.

Familien erdulden viele Nachteile, bis die Kinder erwachsen sind, ohne dass ihnen dafür eine besondere *gesellschaftliche Solidarität* widerführe. Im Gegenteil. Viele sind sich einig, dass der Staat und die Gemeinschaft Kindererziehende nicht nur nicht belohnt, sondern sogar mit einer Reihe von Benachteiligungen alleine lässt. Kann es denn sein, dass der Staat Ungerechtigkeiten sehenden Auges nicht beseitigen will? Gibt es auch einen hartherzigen Staat, ein für uns relativ unbekanntes Verhalten?

Manche erklären soziale Ungerechtigkeit mit dem Hinweis darauf, dass des Einen Gerechtigkeit des Anderen Ungerechtigkeit sei, dass also Gerechtigkeit herzustellen immer ein Prozess des größtmöglichen Annäherns bedeute, weil das Herstellen von Gerechtigkeit an der einen Stelle bewirke, dass an anderer Stelle das Ungerechtigkeitsgefühl entsteht. Diese „Wenn-der-warum-nicht-ich"-Reaktion ist aus Kinderzimmern bestens bekannt, ist aber an sich noch nicht handlungsleitend für den sozialen Staat.

Übersicht 1.1: Entwicklung von Solidaritätsformen als Grundzug sozialer Sicherung

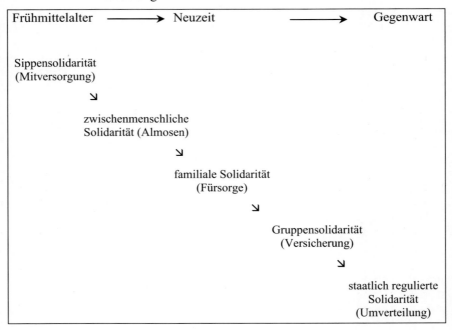

Viel informativer ist der von John F. Kennedy stammende Satz „*Wenn eine freie Gesellschaft nicht den Vielen helfen kann, die arm sind, kann sie nicht die Wenigen schützen, die reich sind.*" In diesem Satz wird eine machtstabilisierende Funktion angesprochen: Sozialpolitik als Befriedungsinstrument im Innern wie nach Außen. Mehr noch: Sozialpolitik als Wesensmerkmal und Grundvoraussetzung einer politischen wie kulturellen Prägung westlicher Gesellschaften. In ihr liegt begründet die Akzeptanz von Ungleichheiten bis hin zu Benachteiligungen einer breiten Masse zugunsten einer wirtschaftlichen Elite – unter der Voraussetzung, dass krasse Formen der Benachteiligung nicht zugelassen werden. Zumindest nicht, bis sie das Schutzversprechen den gesellschaftlichen Eliten gegenüber nicht mehr einhalten kann. Zunächst müssen wir vom „hartherzigen Staat" ausgehen, der sich nur dann erweichen lässt, wenn die Folgen seiner Hartherzigkeit die vitalen Interessen seiner Eliten berühren würden. Doch auch dazu später mehr.

1.1 Vor- und Frühgeschichte sozialer Fürsorge im Mittelalter

Versuche geschichtlicher Abrisse beginnen meist mit einer Jahreszahl, die den Beginn von Allem, den Urknall markieren. Und sie enden meist mit dem Versuch, aus der Tagespolitik heraus Zeitgeschichte zu schreiben. So auch bei geschichtlichen Abrissen der Sozialpolitik in Deutschland. Sie beginnen meist mit der Jahreszahl 1883 – dem Jahr der Einführung der Gesetzlichen Krankenversicherung – und enden meist bei irgendeiner der zahlreichen Gesundheitsreformen. Das Eigentümliche ist, dass alles 1883 begonnen haben soll. Politische Ereignisse – insbesondere Gesetze – sind aber nicht ohne Vorlauf. Sie fallen nicht vom Himmel und kommen nicht über Nacht. Sie sind kein zeitlich isolierbares, staatliches ad-hoc-Handeln, zu dem sich ein urplötzlich zur höheren Einsicht kommender, quasi von einem Jahr auf das nächste aufklärerisch erleuchteter Staatsapparat entschließt. Geschichte hat immer eine Vorgeschichte.

Eigentümlich an der Jahreszahl 1883 ist auch, dass sie im selben Atemzug genannt wird mit Otto von Bismarck, seinerzeit Reichskanzler und preußischer Ministerpräsident. Geschichte wird aber immer von vielen Menschen gemacht. Zu diesen Menschen gehören in der Sozialpolitik, bleiben wir im 19. Jahrhundert, Unternehmer wie Ernst Abbé (Jenaer Glaswerk) oder Alfred Krupp (Stahlwerke), Sozialrevolutionäre und Philosophen wie Friedrich Engels, Ferdinand Lassalle und Karl Marx, sozialpolitisch motivierte Hochschullehrer wie Gustav Schmoller (Verein für Socialpolitik), Sozialethiker und praktizierende christliche Sozialreformer wie Friedrich von Bodelschwingh sen. und jun. (Bethel), Friedrich und Julius Fröbel (Kindergarten), Theodor Fliedner (Krankenpflege), Adolf

Kolping (Katholischer Gesellenverein) und Johann Wichern (Rauhes Haus), um nur einige zu nennen. Die Vorgeschichte des Sozialstaates lässt dabei die Geburtshelferrolle des Staates, erst recht die eines reaktionär gesonnenen Staatsmannes wie Bismarck in einem gänzlich anderen Licht erscheinen.

1.1.1 Frühformen sozialer Hilfe im Mittelalter

Die Vorgeschichte des europäischen Sozialstaates reicht zurück bis ins 11. und 12. Jahrhundert. Das Römische Reich Karls I., des Großen war zerfallen, es war politisch betrachtet die Zeit der Städtebünde, auch wenn die Gesellschaft keine städtische im heutigen Sinne war. Der Großteil der Menschen lebte in Abhängigkeit zersplitterter Herrschaftsstrukturen, hervorgegangen aus den frühmittelalterlichen Sipp- und Gefolgschaften. Die eigentliche, „alltägliche" Macht wurde von den Haus- und Grundherren ausgeübt und beinhaltete nicht nur den Grundbesitz, sondern auch die Herrschaft über die den Grund und Boden bewirtschaftenden Menschen beinhaltete. Sie hielten nicht nur den Besitz, sondern auch grundsätzlich alle Gerichtsbarkeit.

Als Gegenleistung für diese Machtfülle stand das Schutzversprechen, ein durchaus auch sozial zu verstehendes Schutzversprechen. Familiäre Bande, Machtinteressen und übergeordnete lehensrechtliche (wirtschaftliche) Abhängigkeiten führten die auf den einzelnen Fronhof konzentrierte Grundherrschaft in Zweckverbänden zusammen, eine Regionalisierung der Macht, die an ihrer Spitze vom König repräsentiert wurde.

Die einzige umfassende Macht war jedoch die Kirche. Sie hatte die kulturelle Alleinherrschaft über das Kern-Europa. Christliche Religion und päpstliche Allmacht bildeten eine kulturelle Einheit, in der die Kirche ihr biblisches Selbstverständnis als „Religion der Armen" mit der Legitimation und Festigung einer sozialen Ordnung verband.

Im 12. und 13. Jahrhundert entstanden Klöster und Bruderschaften, die als karitative Einrichtungen die Sammlung von Almosen für die Armen übernahmen und diese an die Armen weitergaben. Diese so genannten „Bettelorden" waren Ordensgemeinschaften (wie die Franziskaner, Dominikaner oder Karmeliten), die eine meist biblisch fundierte Enthaltsamkeit predigten und lebten. Sie waren Ausdruck einer spirituellen Suchbewegung oder Neuorientierung innerhalb der katholischen Kirche, weshalb sie lange Zeit von den etablierten Bischöfen und Diakonen nicht anerkannt wurden. Ordensangehörige legten ein Armutsgelübte ab, auf dessen Basis sie selbst in relativer Armut und von den Almosen anderer lebten. Wichtig ist aber: Man wartete nicht einfach nur auf die Bereitschaft der

1.1 Vor- und Frühgeschichte sozialer Fürsorge im Mittelalter 15

Reichen zu Almosen, man „verkaufte" im Tausch dagegen das Heilsversprechen, nach dem Tode im Himmel belohnt zu werden.

Das Spenden war also nicht einfach nur gutherzige Wohltat für die Armen, es hatte gleich mehrere Funktionen. Es entsprach christlichen Urgebot, den Armen zu geben. Es war aber auch christliches Urgebot, in Demut und Dankbarkeit Almosen zu empfangen. Barmherzigkeit wurde funktionalisiert als zentrales gesellschaftliches Tausch- und Umverteilungsmittel (vgl. Dietz 1997: 27 ff.). Es half den geistigen und geistlichen Eliten, die kirchliche Vorherrschaft zu zementieren, installierte eine Art gesellschaftlicher Aufgabenteilung und steuerte so soziales Wohlverhalten auf beiden Seiten. Letztlich legitimierte es die bestehende (ungleiche) Ordnung zwischen Arm und Reich, überhaupt die Tatsache irdischer Güter, deren Existenz eigentlich im Widerspruch zu den biblischen Forderungen nach einem enthaltsamen Leben stand.

Abb. 1: Pauperitas, die Personifizierung der Armut

Bild-Nachweis: Pauperitas. Kupferstichfolge von Heinrich Aldegrever "Vom Mißbrauch des Glücks". Westfälisches Landesmuseum für Kunst- und Kulturgeschichte Münster.

Die Kirchenherrschaft erkannte schnell die gesellschaftspolitische Bedeutung des Gebens und Nehmens, hielt sie doch so die soziale Ordnung aufrecht, indem sie eine wechselseitige Abhängigkeit von Arm und Reich als gesellschaftliche Notwendigkeit konstruierte (zwischenmenschliche Solidarität). Ohne Armut kein Reichtum und umgekehrt. Dass sich schnell aus der Ökonomie des Heils eine kirchliche Abgabenwirtschaft entwickelte, tat dem Erfolg dieser „Sozialpolitik" natürlich keinen Abbruch. Der „Zehnte", schon zu Zeiten Karls des Großen eine Art Kirchensteuer, war in zwei gleiche Teile aufzuteilen. Eine Hälfte war zur Verteilung an die Armen gedacht, die andere verblieb der Kirche zur Deckung der Kosten. An Stelle dieser „Ökonomie des Heils" wurde später der Ablasshandel gesetzt, der Freikauf von Sünden, durch Geld. Dieser Handel wurde auf die gesamte christliche Gesellschaft ausgedehnt und nahm regelrecht Züge eines monopolkapitalistischen Handels an.

1.1.2 Ständische Hilfesysteme des Hoch- und Spätmittelalters

Die Gesellschaft des Hoch- und Spätmittelalters war in erster Linie eine agrarische. Der bis zur Verstädterung und der Entstehung frühbürgerlicher Lebens- und Handelsformen (Renaissance der Geldwirtschaft) übliche Naturalientausch setzte für Leibeigene wie für die freien Bauern Ernteerfolg voraus. Blieb dieser infolge der Wetterlage oder vor allem Krankheiten unter den mithelfenden Familienmitgliedern aus, litt die ganze „Sippe". In Notzeiten hieß es, enger zusammen zu rücken. Man war nicht (nur) blutsverwandt, sondern in erster Linie ökonomisch aufeinander angewiesen. Dort, wo keine kirchliche Almosenhilfe hinkam beziehungsweise die adelsherrschaftliche (Abgaben-)Milde ausblieb, hatte notgedrungen die oder der Hilfsbedürftige niemand anderen als den Familienverband, der die Fürsorge und Versorgung übernahm (familiale Solidarität).

Abgaben in Naturalien konnten aber zunehmend ohne den Zwischenschritt der Vermarktung der bäuerlichen Produkte in den Städten nicht mehr entrichtet werden, je mehr sich das Geld als vorherrschendes Tausch- und Abgabenmittel durchsetzte. Teils versuchte man diesem durch den – mitunter weiten – Weg in die aufblühenden Städte zu begegnen, auch mit dem Traum im Gepäck, den gesellschaftlich nicht unbedeutenden Schritt vom unfreien Bauern zum freien Stadtbürger zu schaffen. Teils führte es zu massenhaften Wanderbewegungen einer wachsenden Zahl von Tagelöhnern, die die karge bäuerliche Existenz eintauschten gegen den Verkauf ihrer Arbeitskraft (vgl. Dietz 1997: 31). Diese hohe räumliche Mobilität schwächte die Bewältigungskraft der Familie und ließ eine neue „Schicht" eines Landproletariats sich entwickeln, die gesellschaftlich im Abseits stand.

Die mittelalterlichen Städte waren jedoch mit der zunehmenden Verarmung überfordert. Schätzungsweise ein Fünftel der städtischen Bevölkerung litt Hunger (vgl. Dietz 1997: 31). Vielerorts wurden Bettelzeichen eingeführt, eine behördliche Bettelgenehmigung, die mit einer Registrierung und einer stigmatisierenden Kennzeichnung in der Öffentlichkeit einherging. Nicht registrierte Bettelnde liefen Gefahr, von einer Art Armenpolizei vertrieben oder zur Zwangsarbeit verpflichtet zu werden.

Die Steuerung der Almosenhilfe wechselte nach und nach von der Kirche zur urbanen patrizischen Macht. Hilfen hatten mehr und mehr die Funktion behördlicher Kontrolle. Gesteuert wurde im Sinne sozialer Disziplinierung. Nach ihr folgte unmittelbar die Strafe. Zugleich hielt die ordnungspolizeiliche Behandlung der Armen den Bürgerinnen und Bürgern die Folgen des sozialen Abstiegs vor Augen, entfaltete so eine abschreckende, disziplinierende Wirkung.

Im 14. Jahrhundert hatte das Handwerk in den Städten die zentrale ökonomische Stellung eingenommen. Damit waren gleichzeitig die Handwerksmeister vom einzelnen Bourgeois („Bürger einer freien Stadt") zu einem eigenen, politisch einflussreichen Stand geworden (Bürgertum). Handwerker, etwa Steinmetze oder Zimmerleute, hatten einen mitunter gefahrvollen Beruf, der es nötig machte, die Handwerkerfamilien gegen „Berufsunfähigkeit" abzusichern. Dies war die Urfunktion der Zünfte, in denen sich die Handwerker organisierten. Sie fungierten als ständische Gegenbewegung zu den reichen Kaufleuten und wie die Kaufmannsgilden als Schutz- und Interessenverbände, sprich als geschlossenes Abgrenzungssystem gegen die schutzlosen Lohnarbeiter und Handwerksburschen.

Die Handwerksgilden verdrängten die Korporationen der Kaufleute, indem sie später als „Innungen" die Ausübung eines Handwerks und die Vermarktung der Handwerksprodukte in einer Stadt wie auch die für die soziale Ordnung grundlegende Rangordnung des Handwerks monopolisierten (Macht der Meister). Handwerkerzünfte, Korporationen und später auch die Gesellenbruderschaften bildeten Unterstützungskassen, durchaus Frühformen von Sozialkassen. Die ständische Gesellschaft und mit ihr die starre Sozialstruktur und das System des berufsständischen Härteausgleichs (Gruppensolidarität) hielt sich bis ins 17. Jahrhundert, über den Feudalismus hinweg bis in die Phase der beginnenden Industrialisierung.

Eine Verschärfung der sozialen Lage wurde mit Ende des Dreißigjährigen Krieges (1618-1648) offenbar. Entlassene und invalide Soldaten sowie zivile Opfer vagabundierten und waren auf Bettelei angewiesen. Als Reaktion auf diese massenhafte Nichtsesshaftigkeit richteten die Obrigkeiten zuerst in England, dann im gesamten Westeuropa Zucht- und Armenhäuser ein. Erklärte Aufgabe dieser Einrichtungen war die der Internierung und der Zwangsarbeit. Der Eingang einer Hamburger „Besserungsarbeitsanstalt" trug die lateinische Aufschrift „*Labore nutrior, labore plector*" („Arbeit nährt, Arbeit straft"; vgl. Geremek 1991: 255). Schwerste Strafen bei kleinsten Vergehen und Misshandlungen waren gängige Praxis.

Armenhäuser waren aber in erster Linie auch Produktionsstätten, in denen die Armen einfache, aber harte Manufakturarbeiten wie Glas schleifen und Stoffe weben gegen kärgliche Nahrung und Unterkunft leisten mussten. Dahinter stand ein hartes ökonomisches Kalkül: Manufakturbesitzer lieferten Rohmaterialien ab und bekamen fertige Waren zum Verkauf zurück. Der Gewinn wurde mit den Betreibern der Armenhäuser geteilt. Billige Arbeitskräfte wurden so für einfache Arbeiten eingesetzt und damit zugleich die unproduktive Arbeitskraft der verelendeten Massen mittels Zwang öffentlich „beseitigt" (vgl. Dietz 1997: 38f.).

Eine regulative Wirkung blieb jedoch aus, denn die Produktionsverlagerung in die Armenhäuser vernichtete Arbeitsplätze in den umliegenden Manufakturen und vergrößerte eher das Elend, als es zu beseitigen. Die merkantilistische Wirtschaftspolitik und die Kriege zur Zeit Friedrichs des Großen verstärkten die Massenverarmung. Ein Drittel der Landbevölkerung litt unter immer wiederkehrenden Hungersnöten. Der Sieg der bürgerlichen Französischen Revolution über den verhassten Absolutismus war auch ein Sieg unter sozialen Vorzeichen und nährte auch in den deutschen Staaten Hoffnungen auf obrigkeitliche Hilfen für Notleidende. Diese ließen allerdings noch bis zum 19. Jahrhundert auf sich warten.

1.2 Entwicklung staatlicher Sozialpolitik im Kaiserreich

1.2.1 Industrialisierung und die „Arbeiterfrage" als „soziale Frage"

Die Industrielle Revolution im späten 18. und im frühen 19. Jahrhundert zerstörte endgültig die Potenziale ständischer Solidarität. Der massenhafte Zug in die Städte, dort wo die sprießenden Fabriken Arbeit und Auskommen verhießen, führte zu einer Zersplitterung der bäuerlichen Familie. Eine Absicherung durch die – teils industriell-kapitalistisch gewandelten – Grundherren und Adeligen war nicht mehr gegeben. Die Monarchie hatte sich zwar gehalten in Europa, die einst handwerklich dominierte Ständegesellschaft löste sich aber auf und hinterließ eine offene soziale Frage, was die entstandene neue Klasse der Industriearbeiterschaft angeht. Weder die ehedem zünftigen, noch die in Ansätzen „kommunalpolitischen" Maßnahmen hatten darauf eine Antwort.

Die Arbeits- und Lebensbedingungen der „Fabrikmenschen" in den meist planlos nach außen wuchernden, heillos überfüllten Städten waren katastrophal (Abb. 2). In den Armenvierteln mussten viele ohne feste Behausung schlafen. Wer Glück hatte, fand ein Obdach. Aber selbst in den „besseren" Arbeitersiedlungen lebten oft mehrere Familien auf engstem Raum. Spülklosetts gab es zu-

1.2 Entwicklung staatlicher Sozialpolitik im Kaiserreich

nächst keine, in Deutschland erst spät in der zweiten Hälfte des 19. Jahrhunderts, später in den Hinterhöfen oder Seitengassen, eine für mehrere Häuser. Abwässer und Abfälle wurden in Rinnsteinen entsorgt, von wo aus sie in offene Kanäle und Flüsse gingen. Trinkwasser gab es aus öffentlichen Brunnen und Zisternen, die häufig genug so verschmutzt waren, dass ihre Benutzung lebensgefährlich war. Fast jede größere Stadt hatte eine oder mehrere Cholera-Epidemien durchzustehen, wie z. B. London im Jahre 1849.

Die heute unvorstellbar erbärmlichen Lebensbedingungen werden erst anschaulich, wenn man zeitgenössische Schilderungen zur Hand nimmt, wie etwa Friedrich Engels 1845 veröffentlichte Beschreibung Manchesters:

> „In einem ziemlich tiefen Loche, das in einem Halbkreis vom Medlock (kleiner Fluss im südlichen Zentrum Manchesters, B.D.) und an allen vier Seiten von hohen Fabriken, hohen bebauten Ufern oder Aufschüttungen umgeben ist, liegen in zwei Gruppen etwa 200 Cottages (Arbeiterreihenhäuser, B.D.), (…) worin zusammen an 4000 Menschen, fast lauter Irländer, wohnen. Die Cottages sind alt, schmutzig und von der kleinsten Sorte, die Straßen uneben, holprig und zum Teil ungepflastert und ohne Abflüsse; eine Unmasse Unrat, Abfall und ekelhafter Kot liegt zwischen stehenden Lachen überall herum, die Atmosphäre ist durch die Ausdünstungen derselben verpestet und durch den Rauch von einem Dutzend Fabrikschornsteinen verfinstert und schwer gemacht – eine Menge zerlumpter Kinder und Weiber treibt sich hier umher, ebenso schmutzig wie die Schweine, die es sich auf den Aschenhaufen und in den Pfützen wohl sein lassen." (Friedrich Engels: Die Lage der arbeitenden Klasse in England. Marx-Engels-Werke, Band 2, Seite 292).

Aus dem Faktorengemisch der eruptionsartigen Bevölkerungszunahme, der Landflucht und der hohen Arbeitslosigkeit ergab sich ein Überangebot an Arbeitskräften in den Städten. Die Löhne sanken, „heuern und feuern" begleitete die Arbeiter auf Schritt und Tritt. Arbeiten war ein tägliches Wagnis. Wer krank wurde oder sich verletzte, war brotlos und auf das Erbarmen anderer angewiesen. Nicht selten lag die Existenz der übrigen Familie, die aufgrund der Produktionsmethoden und der erbärmlichen öffentlichen Hygiene auch gesundheitlich am seidenen Faden hing, in den Händen der Kinder. Diese selbst hatten eine statistische Lebenserwartung von unter 50 Jahren. Diphtherie, Tuberkulose und Keuchhusten beraubten bis zur Entdeckung der gefährlichsten Krankheitserreger zahllose Familien ihrer Kinder und ihrer Existenzgrundlage.

Um 1840 kommt es im Königreich Preußen zu ersten Streiks und Aufständen gegen die Arbeitsbedingungen in den Fabriken, in noch verschärfterer Form erneut um 1857. Sie zwingen die staatliche Obrigkeit zum Handeln. Die „soziale Frage", übrigens eine Formulierung, die Napoleon I. „Bonaparte" zugeschrieben wird, wurde nun in den königlichen Fluren der staatlichen Macht häufiger gestellt. Sie umfasst eigentlich zwei Fragen: Sie fragt nach den Ursachen dafür, dass so große Teile der Untertanen in Elend und Not leben mussten und – ab hier ist es bereits staatliche Sozialpolitik – sie fragt nach den Möglichkeiten der Abhilfe.

Abb. 2: Die Londoner Dudley Street in einem Londoner Armenviertel

(Stich des zeitgenössischen Künstlers Paul-Gustave Doré „Dudley Street, Seven Dials" 1872)

Dass aber auch schon vorher gehandelt wurde, bestätigt z.B. das „Regulativ über die Beschäftigung jugendlicher Arbeiter in den Fabriken" vom 9. März 1839, mit welchem die regelmäßige Beschäftigung von Kindern unter neun Jahren in Fabriken, Berg- und Hüttenwerken untersagt wurde und die tägliche Arbeitszeit Jugendlicher unter 16 Jahren auf 10 Stunden beschränkt wurde. Dieses Arbeitsschutzgesetz war „der erste Eingriff des Staates in die ‚natürlichen' Verhältnisse liberal-kapitalistischer Wirtschaft zugunsten seiner arbeitenden Untertanen!"

(Tennstedt 1981: 107). Er markiert den Übergang von der Gruppensolidarität zur *staatlich regulierten Solidarität* – auch wenn diese zunächst noch ordnungs- und innenpolitisch gemeint, zaudernd in der Durchsetzung und wirkungslos in der Verwirklichung war.

1.2.2 Vom Arbeiterschutz zur staatlichen „Sozialpolitik" als Herrschaftssicherung

Nach der Reichsgründung 1871 war die deutsche Staatsfrage vorläufig geklärt, Preußen und die norddeutschen Staaten mit den vier süddeutschen Staaten vereint, die Führungsfrage mit der Kaiserproklamation Wilhelms I. in Versailles beantwortet. Preußen stand an der Spitze eines Staates, der im Innern nie mehr als ein Staatenbund war und der dank eines autoritären Kanzlers und Ministerpräsidenten nichts von einem modernen, demokratischen Sozialstaat hatte.

Der Zustand dieses Staatengebildes wirft unwillkürlich die Frage auf: Wie kam ein durch und durch unmoderner Staat wie das Wilhelminische Kaiserreich dazu, eines der langfristig erfolgreichsten sozialen Sicherungssysteme der Welt auf den Weg zu bringen? Politisch innen wie außen hochgradig desintegriert, in der industriellen wie demokratischen Entwicklung um Einiges hinter den europäischen Nationen zurück, patriarchalisch regiert und gesellschaftlich als Militärstaat reaktionär verfasst, ließ der erzkonservative Monarchist Bismarck Staat und Gesellschaft einen Schritt machen, der beide nachhaltiger verändern sollte als es die bürgerliche Revolution von 1848 vermochte. Dieser erklärte Antiliberalist und Antisozialist, der die deutsche Einigungsfrage nicht diplomatisch-parlamentarisch, mit einer gemeinsamen Verfassung, sondern nur durch „Blut und Eisen" gelöst hat und der auf dem Wege eines unheilvollen Krieges gegen Frankreich 1870/71 ein rückwärtsgewandtes Kaiserreich etablierte, ausgerechnet dieser sollte als Vater der Sozialversicherung in die Geschichte eingehen? Nichts liegt ferner als dies.

Nun stand der Staat nicht alleine da, vielmehr wurde er erst durch die Aktivitäten anderer zum eigenen Handeln gezwungen. Unter dem Dach der beiden großen Konfessionskirchen entstanden neue gesellschaftspolitische Ideen der sozialen Hilfe und Pädagogik sowie Einrichtungen, die sozial Benachteiligten galten. Nach dem Vorbild der handwerklichen Gesellenvereine oder Bruderschaften existierten zunächst fabrikinterne, dann auch innungs- und zunftgemäße sowie regionale Krankenkassenvereine, die aber mit den Ausmaßen der sozialen Probleme überfordert waren.

Aber war das schon Grund genug für den Staat, entlastend einzuspringen? Mit welcher Motivation handelte er „sozial"? Viel entscheidender war etwas anderes. Im Vormärz und kurz nach 1848 bildeten sich Arbeitervereine und mit ihnen Gewerkschaftskassen, die als Hilfskassen ebenfalls in die Sicherungslücke sprangen. Diese Selbsthilfe der Arbeiterbewegung wurde als verschwörerisch und sozialrevolutionär kriminalisiert und obrigkeitsstaatlich verfolgt.

Später, als die Wirkungslosigkeit des staatlichen Verbots dieser so genannten „wilden Kassen" erkannt wurde, versuchte man sie – mangels staatlicher Bereitschaft zu eignen, direkten Hilfen – stattdessen zu kontrollieren. Mit drei Gesetzgebungen, 1845, 1849 und 1854, wurde staatlich eingegriffen. Zunächst dergestalt, dass auf Gemeindeebene alle am Ort beschäftigten Gesellen und Gehilfen bestehenden Unterstützungskassen zugewiesen wurden (Preußische Gemeindeordnung von 1845). Ab 1849 galt dies auch für die Fabrikarbeitenden. Zugleich wurden die Fabrikbesitzenden als Arbeitgeber zu Beiträgen in die Kassen verpflichtet. Aber weder die Gemeinden noch die Fabrikbesitzenden hielten viel von dieser Regelung und richteten sich auch nicht danach. Mit dem „Gesetz die gewerblichen Unterstützungskassen betreffend" von 1854 ermächtigte die Reichsregierung schließlich die Gemeinden, die Gründung gewerblicher Kassen zu erzwingen („Ortsstatut", Vorläuferinnen der heutigen Ortskrankenkassen). Damit versuchte man, den wilden Kassen die Mitglieder wegzunehmen.

In Wirklichkeit fügte die Reichsregierung dem Wildwuchs der Hilfs- und Gewerkschaftskassen, der freien Gesundheitspflegevereine, der regionalen, gewerblichen, zünftigen und genossenschaftlichen nebst privaten Betriebskassen nur noch neue Unterstützungsstrukturen hinzu. Erfolgreich war aber keine von ihnen. Sie beschränkten gleich mehrfach den Zugang über lokale und fachliche Zugehörigkeit, enthielten keine klare Verpflichtung der Fabrikbesitzenden und waren daher mitgliedermäßig und finanziell schlecht ausgestattet. Nicht nur dies, sie wirkten ihrer sozialen Absicht sogar entgegen. Die Löhne der am meisten schutzbedürftigen Arbeiter (Tagelöhner, Ungelernte, Heimarbeiterinnen und so weiter) waren zu niedrig, als dass sie freiwillig in einer Kasse hätten Vorsorge betreiben können. Mehr noch: Verlor ein Mitglied wegen Arbeitsunfähigkeit seinen Arbeitsplatz und sein Einkommen, wurde es wegen fehlender Beitragszahlung aus der Kasse ausgeschlossen (Tennstedt 1981: 166). Not infolge von Krankheit und Invalidität konnten die Unterstützungskassen nicht lindern, nur das Wenige kurzfristig verteilen. Damit war die Kassengesetzgebung als frühe kaiserliche „Sozialpolitik" nicht nur sozial-, sondern auch innenpolitisch gescheitert, schließlich war es ja die Absicht gewesen, den Gewerkschaften über die Gewerkschaftskassen den (Mitglieder-)Boden zu entziehen.

1.2 Entwicklung staatlicher Sozialpolitik im Kaiserreich

1.2.3 Sozialpolitik als „Teile und herrsche"-Strategie

1876 folgte mit dem Hilfskassengesetz ein erneuter Versuch, den Arbeiterschutz zu erweitern. Zugleich versuchte die Obrigkeit mit verschärften Betriebsprüfungen, Arbeitsschutzmaßnahmen in den Fabriken durchzusetzen. 1875 („Gothaer Programm") schloss sich die nur sechs Jahre zuvor von Karl Liebknecht und August Bebel gegründete, im Reichstag mit neun Sitzen nur schwach vertretene Sozialdemokratische Arbeiterpartei (SDAP) mit dem „Dachverband" der sozialistischen Arbeitervereine, dem 1863 von Ferdinand Lassalle gegründeten Allgemeinen Deutschen Arbeiterverein (ADAV) zur Sozialistischen Arbeiterpartei (SAP, 1890 als SPD neu organisiert) zusammen.

Für Bismarck war die SAP eine Gefahr. Sympathisierte er noch mit den kompromissbereiteren staatssozialistischen Ideen Lassalles, erkannte er in den Anschauungen der Marx-Anhänger Liebknecht und Bebel eine umstürzlerische Neupositionierung der Opposition. Nur drei Jahre später, 1878, wurden mit dem „Gesetz wider die gemeingefährlichen Bestrebungen der Sozialdemokratie" („Sozialistengesetz") die Parteiorganisation und die mit ihr verbundenen Gewerkschaften verboten, gewerkschaftliche Hilfskassen aufgelöst.

Aber die Repressionen gegen die Funktionäre und die sozialistische Presse hatten keinen Erfolg, ja stärkten eher Massenwirkung und Organisationsdisziplin der Sozialdemokraten im Untergrund. Ein Umstand, der zu einem Wechsel in der Taktik der Regierung führte. Nur drei Jahre später ließ Kaiser Wilhelm I. Bismarck in der berühmt gewordenen „Kaiserlichen Botschaft" vom 17. November 1881 verkünden, *„... dass die Heilung der sozialen Schäden nicht ausschließlich auf dem Wege der Repression sozialdemokratischer Ausschreitungen, sondern gleichmäßig auf dem der Förderung des Wohles der Arbeiter zu suchen sein werde."* Der Staat näherte sich nach gescheiterter Repressions-, gescheiterter Spaltungs- und gescheiterter Alternativstrategie langsam der Schutzstrategie an.

Diese Tatsache nährte früher und noch heute die Darstellung, dass die Sozialpolitik einzig und allein den Zweck hatte, der Sozialdemokratie die stärkste agitatorische Waffe zu nehmen und sie somit im Keim zu ersticken. Eine einseitige Darstellung. Am wenigsten noch war sie eine direkte Errungenschaft – oder besser Erzwungenschaft – der Arbeiterbewegung. Tatsächlich war sie *auch* Ergebnis der Einsicht, dass zwischen den radikalisierenden Funktionären und den noch nicht radikalisierten Massen der Arbeiterschaft zu unterscheiden war. Die einen mochte man bekämpfen, die anderen konnte man aber nicht dauerhaft durch Unterdrückung in Schach halten. Man musste wohl oder übel konzedieren, dass das politische Wohl und Wehe des Deutschen Reiches vom Wohl und Wehe dieser aufstrebenden, wirtschaftlich entscheidenden neuen Klasse abhing.

In dieser Phase sind es Industrielle, die mehr staatliche Intervention fordern. Etwa um 1880 herum forderten sie, dass sich die Arbeiter selbst in einer Zwangsversicherung gegen das Unfallrisiko versichern (vgl. Machtan 1994: 15). Sie forderten eine Unfallversicherung freilich nicht aus Sorge um die Arbeiter, sondern weil sie weiteren staatlichen Eingriffen in betriebliche Abläufe zuvor kommen wollten. Die seit 1853 gesetzlich obligatorischen Fabrikinspektionen waren ihnen lästig, mehr noch die haftungsrechtlich erwirkten Ansprüche verunfallter Arbeiter gegenüber den Fabrikbesitzenden. Bismarck hatte für derlei Anliegen sicherlich ein offenes Ohr, auch wenn er als Gutsbesitzer mehr „Agrar"-Politiker als Industriepolitiker war.

Doch noch war das Krankheitsthema wichtiger. 1883 kam – nach einem mehrjährigen Anlauf und zähen Verhandlungen mit vielen Kompromissen in und außerhalb des Parlaments – das „Gesetz, betreffend die Krankenversicherung der Arbeiter". Von ihm spricht man heute gern als historischem Akt, das weltweit erste Sozialversicherungssystem, dem in In- und Ausland weitere folgen sollten. Bei Lichte betrachtet war es eine überfällige, mühsam den meinungsführenden Eliten abgerungene Ausweitung bestehender Regelungen auf größere Teile der Gesellschaft. Was heute selten hinzugefügt wird: Insbesondere Staatsbeamte, Bergleute und Militärangehörige waren vom Staat bereits mit Absicherungsgarantien ausgestattet worden (vgl. Schmidt 1998: 24). Man übertrug diese nun auf die Industriearbeiterschaft, die das kriegsbereite Deutsche Reich, wohlstandsmäßig den imperialistischen Großmächten USA und Großbritannien hinterherstrebend, dringend brauchte. Diese galt es, in den Staat zu integrieren, sie unter seinem Schutz zu „domestizieren" und arbeitsfähig zu halten.

Die Leistungen der Krankenversicherung selbst waren aber eher bescheiden. Viel Neues an Regelungen vermochte man in ihr auch nicht zu finden. Das Gesetz sah eine Versicherungspflicht vor – eine ebenso zwingende Maßnahme wie die Neugliederung der Kassen in Orts-, Innungs-, Betriebs- und Knappschaftskassen. Beachtenswert war vielleicht da schon eher die Tatsache, dass die Arbeitgeberseite mit einem Drittelbeitrag an der Finanzierung beteiligt wurde und alle Kassen einen Mindestleistungskatalog umzusetzen hatten. Ansonsten war die Einführung der ersten Gesetzlichen Krankenversicherung weltweit keine sozialpolitische „Revolution", sie war nicht das strahlende Ereignis, zu dem sie – ob ihrer epochalen Reichweite – heute oft aus sicherer historischer Entfernung verklärt wird. Sie war die notwendige Fortführung der Kassengesetzgebung in Verbindung mit erweiterten Sicherungsversprechen, die daneben innenpolitisch im Kontext einer *„Divide et impera"*-Strategie („Teile und herrsche") ihre Wirkung entfalten sollte.

1.2 Entwicklung staatlicher Sozialpolitik im Kaiserreich

Abb. 3: Zeitgenössische Werbung für die Sozialleistungen des Kaiserreiches

Archiv der sozialen Demokratie (AdsD) der Friedrich-Ebert-Stiftung, Bonn-Bad Godesberg

1.2.4 Ausbau korporatistischer Sicherungssysteme

1884 folgte das von Arbeitgeberseite eingeforderte Erstlingsgesetz zu einer Arbeiterunfallversicherung. 1884 war für Bismarck ein entscheidendes Wahljahr. Bei den Reichstagswahlen drei Jahre zuvor hatte er den Rückhalt im Parlament verloren. Die Industriearbeiterschaft hatte sich in den Krisenjahren nach 1873 spürbar radikalisiert. Und so deutete vieles darauf hin, dass es auch bei der Unfallversicherung – ebenso wie mit dem 1889 folgenden „Gesetz zur Alters- und Invaliditätssicherung der Arbeiter" (Rentenversicherung) – nur darum ging, die Industriearbeiterschaft zu pazifizieren, sie für die Monarchie zu gewinnen.

Doch Bismarck ging es neben der positiven Bekämpfung der Sozialisten und Liberalen um mehr. Gerade die Unfallversicherung offenbart, dass der Paternalist die feudalherrschaftliche Verantwortung und christliche Pflicht, den Schwachen zu helfen, wie selbstverständlich in eine Art Staatsphilosophie übertrug. Wo die Gruppensolidarität endet, beginnt die herrschaftliche Pflicht zur Hilfe den schutzbefohlener Untertanen gegenüber. In Gestalt der Sozialpolitik solle der Staat dem „gemeinen Mann" als „wohltätige Institution" erscheinen, so Bismarck im Reichstag (vgl. Schmidt 1998: 32).

Die Sozialreform „von oben" (ebd.: 33) war positives „Komplement" des Sozialistengesetzes und hatte *zugleich* ihre Legitimation in einem neuen Selbstverständnis des Staates als Schutzmacht. Das Wesen der konservativ-monarchistischen Sozialpolitik balancierte zwischen „Rechts- und Machtzweck" einerseits und „Cultur- und Wohlfahrtszweck" (so der Kathedersozialist Adolph Wagner) andererseits.

Diese als „Staatssozialismus" kritisierte Einstellung hatte – naturgemäß – in den Oppositionsblöcken des Parlaments nur Gegner. Linksliberalen ging dieser „Staatssozialismus" nicht weit genug. Den Manchester-Liberalen war dies zuviel Soziales und erst recht zuviel Staat. Die Sozialdemokratie konnte aus Prinzip nicht für eine Sozialreform *des* Staates sein, der sie bekämpfte. Und Rechtskonservative (respektive Adel) und katholisches Zentrum (respektive Kirche) sahen sich vom Staat ihrer jeweils eigenen Schutzpatron-Rolle beraubt. Und, so die Befürchtung eines Zentrum-Abgeordneten, die Sozialdemokratie könne schließlich mit der Errichtung der Krankenkassen neue Organisationsstrukturen für sich nutzen. Bismarck soll daraufhin entgegnet haben, dass „die Einrichtung der Versicherung mit einem Tropfen demokratischen Oels geschmiert werden muß, um ordentlich zu gehen." (zitiert nach Tennstedt 1981: 172).

Die Forderung nach Demokratisierung der Gesellschaft (vor allem anderen: Abschaffung des preußischen Dreiklassenwahlrechts) lehnte Bismarck strikt ab. Und er war entschieden gegen eine Ausweitung der Rechte des Parlaments. Überhaupt hielt er nicht sonderlich viel von einer Politik durch Parlamente, er pflegte eher eine *über* den Parteien stehende Politik. Und so war es nur konsequent, wenn er versuchte, die Sozialgesetze als Ventil auch machtpolitisch zu nutzen. Sie war für ihn Placebo für eine demokratische Mitbestimmung der breiten Volksmehrheit im Parlament, wollte er doch ihre Einführung verbunden sehen mit der Neukonstruktion korporatistischer Strukturen (Zünfte, Bruderschaften), die mittels Selbstverwaltung durch Arbeiterschaft und Arbeitgebenden

1.2 Entwicklung staatlicher Sozialpolitik im Kaiserreich

als eine Art Parallelparlament staatliche Verantwortung übernehmen sollten. Gerade die Berufsgenossenschaften der Unfallversicherung „für alle Volksklassen" sah er als „Grundlage für eine künftige Volksvertretung (...), welche anstatt oder neben dem Reichstag ein wesentlicher Faktor der Gesetzgebung werde, wenn auch äußerstenfalls durch das Mittel eines Staatsstreichs." (Bismarck, zitiert nach Stolleis 1979: 402f.).

Was Bismarck wollte, war also eine staatliche (und staatlich geförderte) Sozialpolitik in den Händen weitgehend eigenständiger Sozialverwaltungen, die wie eine weit über die Unfallversicherung hinausgehende Schattendemokratie für soziale Belange funktionierte. Er wollte das im Grunde leidige Soziale mit den Mitteln des Staates politisch in den Griff und zugleich wieder aus der Politik heraus bekommen. Was davon blieb, ist die bis heute bestehende Form der paritätischen Selbstverwaltung der Sozialversicherungsträger.

1.2.5 Rezession und Wiederbelebung der Sozialpolitik

Von der Sozialversicherung für alle „Volksklassen" war die trübe Wirklichkeit indes weit entfernt. Nur ein Fünftel der Erwerbspersonen war Mitglied der Krankenversicherung, erst nach einiger Anlaufzeit waren zwei Drittel in der Unfallversicherung und jeder Zweite in der Alters- und Invalidenversicherung (vgl. Schmidt 1998: 26f.). Noch bedeutsamer aber war: Die Leistungen waren dürftig, Angehörige kaum miteinbezogen. Dass sich die Begeisterung über die Sozialgesetze in Grenzen hielt, lässt sich auch daran ablesen, dass sie schnell ihr innenpolitisches Ziel verfehlten. Die Sozialdemokratie, die sie hatten verhindern sollen, erhielt bei den Reichstagswahlen 1884 noch 9,7 % der Stimmen, neun Jahre später waren es schon 23,3 %.

Was war nach drei Sozialgesetzen zu bilanzieren? Sie hatten auf der einen Seite bei den Arbeiterinnen und Arbeitern Enttäuschung über die Leistungen hinterlassen und auf der anderen Seite neue Anspruchsforderungen insbesondere durch die schnell wachsende Gruppe der Angestellten evoziert. Die Sozialdemokratie wuchs in den Folgewahlen bis 1903 zur drittstärksten Kraft heran. In ihrer sozial- wie machtpolitischen Funktion gescheitert, verlor die herrschende Politik nach der Entlassung Bismarcks 1890 das Interesse an den Sozialreformen. Der überforderte „Enkel-Kaiser" Wilhelm II., Kaiser mit Allmachtgelüsten, wandte sich fatalerweise der Außenpolitik zu.

Die soziale (Arbeiter-)Frage war aber nicht aus der Welt. Und dennoch sind nach dem Arbeiterschutzgesetz 1891 bis 1911 keine nennenswerten Verbesserungen auf den Weg gebracht worden, sieht man einmal von dem Kinderschutzgesetz 1903 und besseren Arbeitszeitregelungen für Frauen und Jugendliche

1908 ab. Die Bevölkerung war von rund 40 Millionen 1871 auf 65 Millionen im Jahre 1910 stark angewachsen. Fortschritte in der Medizin (Nachweis von Krankheitserregern, Impfungen), der Nahrungsmittelversorgung (Dünger) und der öffentlichen Hygiene (Trinkwasserversorgung, Abwasserentsorgung) trugen mit dazu bei, dass trotz Bevölkerungszunahme und andauernd schlechte Lebensbedingungen für das „Proletariat" die Lebenserwartung allgemein stieg. Immer mehr Menschen erreichten ein Alter, für welches es noch keine Daseinsvorsorge gab.

Die Arbeiterfrage hatte eine mit dem demographischen Wandel heraufziehende neue „soziale Frage" unversorgter Lebenslagen verdrängt, die der Alten, der Hinterbliebenen, kurz: der Familien. Bismarcks Sozialgesetze lagen aber abseits der Familie. Gleich drei Sozialversicherungen und eine Reihe anderer Schutzbestimmungen zielen auf ein Sozialrisiko einer einzigen Gruppe: Schutz der Industriearbeiterschaft bei Arbeitsunfähigkeit.

Sozialpolitisch hinterließ die Reichsregierung zur Jahrhundertwende ein Vakuum. Dieses füllten die wiederzugelassenen Gewerkschaften und die Sozialdemokratie aus. Erster Erfolg: 1905 wurden in größeren preußischen Bergbaubetrieben gesetzlich legitimierte Arbeiterausschüsse eingerichtet, historischer Grundstein für die Montanmitbestimmung und Signal, dass die Arbeiterschaft in den Betrieben mitreden kann und darf. Paritätische Mitbestimmung wurde auch in den Sozialverwaltungen besiegelt: 1911 kommt mit der Reichsversicherungsordnung (RVO) die erste größere Sozialreform des neuen Jahrhunderts, mit ihr unter anderem auch die Hinterbliebenenrente.

Der politische Erfolg blieb nicht aus. 1912 wird die SPD mit 110 Sitzen stärkste Fraktion im Reichstag. Die „Teile und herrsche"-Strategie der konservativ-monarchistischen preußischen Eliten hatte zwar einen radikalsozialistischen Umsturz verhindert, war aber nun endgültig gescheitert, was die eigene politische Vorherrschaft betraf. Aber bis zum Ende der Monarchie in Deutschland selbst musste Europa und die Welt zunächst noch den 1. Weltkrieg durchleiden.

Sobald die rückkehrenden Kriegsversehrten der Gesellschaft die Grauen des Krieges und seine wirtschaftlichen und sozialen Kosten vor Augen führten, begann sich die soziale Frage erneut zu stellen. Man ahnte, dass sie sich als schlechtes Gewissen der Gesellschaft und permanentes Mahnmal in der untersten Schicht würden einreihen müssen: Zahllose Arbeiterfamilien, deren Väter und Söhne mit schwersten Schäden an Leib und Seele nach Hause kamen, ohne Chance auf Arbeit. Die Expressionisten dieser Zeit, allen voran Otto Dix und George Grosz, hinterließen uns bestürzende Bilder von der herrschenden Depression. Doch zunächst ging es um stabile politische Verhältnisse, um die Errichtung einer parlamentarisch-demokratischen Republik und die Bewältigung der Reparationsforderungen und der Inflationswirtschaft.

1.3 Entfaltung, Ruin und Rekonstruktion der Sozialpolitik in Deutschland

1.3.1 Sozialpolitik in der Weimarer Republik

Gleich mehrere legislative Ereignisse lassen die Sozialpolitik der jungen Weimarer Republik herausragen. 1919 sorgte die gewählte Zweidrittelmehrheit aus SPD, Zentrum und der liberalen DDP für eine Verfassung, die für die damalige Zeit – auch im internationalen Maßstab – bemerkenswert war. In Artikel 161 hieß es: „Zur Erhaltung von Gesundheit und Arbeitsfähigkeit, zum Schutz der Mutterschaft und zur Vorsorge gegen die wirtschaftlichen Folgen von Alter, Schwäche und Wechselfällen des Lebens schafft das Reich ein umfassendes Versicherungswesen unter maßgeblicher Beteiligung der Versicherten." Bemerkenswert ist dieser Artikel aus mehreren Gründen: (1) Sozialpolitik bekam Verfassungsrang, (2) die staatliche Sicherungsstrategie setzte nicht mehr auf Entschädigung, sondern auf Vorsorge und (3) Arbeitslosigkeit („Wechselfälle") wird als zu sicherndes soziales Risiko Teil eines „umfassenden Versicherungswesens".

Auch mit der Umsetzung dieser hohen, selbstgesteckten Ziele wartete man nicht lange. 1923 kam ein Ergänzungsgesetz zur Krankenversicherung, welches vorbeugende Heilverfahren zur Pflichtaufgabe der Kassen machte. 1924 machte die „Reichsversicherungsordnung über die Fürsorgepflicht" die ehedem kommunale Fürsorge zu einem staatlich als Existenzsicherung verbrieften Recht. 1924 folgte mit dem Angestelltenversicherungsgesetz die Schaffung einer eigenen Rentenversicherung für Angestellte. 1927 wurde dann mit dem „Gesetz über die Arbeitsvermittlung und Arbeitslosenversicherung" der vierte Zweig der uns heute bekannten Sozialversicherungen eingeführt. Von Beginn an gab es die folgenden Leistungen: Vermittlung Arbeitssuchender (!), Arbeitslosengeld für längstens 26 Wochen, danach Krisenunterstützung (später Arbeitslosenhilfe). Versicherte und Arbeitgeber finanzierten die Arbeitslosenversicherung mit je gleichem Beitrag. Die neu geschaffene Reichsanstalt (spätere Bundesanstalt) für Arbeit war drittelparitätisch selbstverwaltet. Die junge Republik hatte in noch nicht einmal zehn Jahren das soziale Sicherungsnetz nicht nur den Verhältnissen angepasst, sondern qualitativ weiterentwickelt und modernisiert.

Dass dies in politisch – verglichen mit heute – extrem instabilen Zeiten mit häufig wechselnden Regierungen (in der Zeit zwischen 1919 und 1928 sah man immerhin zwölf Regierungen kommen und gehen) überhaupt gelang, ist eher verwunderlich. Maßgeblich für eine arbeitnehmerfreundliche, sozialpolitische Kontinuität war der Zentrumspolitiker Heinrich Brauns, Reichsarbeitsminister von 1920 bis 1928, der scherzhaft „Minister auf Lebenszeit" genannt wurde.

Brauns sorgte an entscheidender Stelle für die Durchsetzung der oben genannten Gesetze trotz der mitunter widrigen Mehrheitsverhältnisse.

Doch die Republik hatte sich übernommen. Mit Beginn der Weltwirtschaftskrise 1929 hatte die Reichsregierung mit massenhaften Konkursen, explodierender Arbeitslosigkeit (1928: 1,4 Millionen; 1930: 4,4 Millionen; 1932: 5,6 Millionen), sinkendem Konsum und in der Folge mit Preis- und Lohnverfall zu tun. Am Ende der wirtschaftlichen Depression und der Deflationspolitik[*] ab 1932 war die Sozialpolitik illiquid. Der Zwang der Verhältnisse und die geschaffenen, umfassenden Anrechte erforderten Leistungen, die materiell nicht eingelöst werden konnten. Bei den Reichstagswahlen 1930 schwamm die NSDAP auf der Woge der wirtschaftlichen und politischen Unzufriedenheit und gewann 18,2 % der Stimmen. Drei Jahre später war Hitler Reichskanzler.

1.3.2 1933 – 1945: Sozialpolitische Eiszeit und Rekonstruktion

Eine Nationalsozialistische Sozialpolitik existierte nicht. Sie lässt sich, wenn überhaupt, als „Arbeitspolitik" kennzeichnen und wurde schnell zwischen 1933 und 1935 vollzogen. Dabei dienten die zahlreichen Maßnahmen – von der Gründung der „Deutschen Arbeitsfront" 1933, einer Zwangsorganisation für Arbeiter und Angestellte, bis hin zum Reichsarbeitsdienstgesetz 1935 – im wesentlichen nur einem Ziel: Gleichschaltung der Sozialverwaltungen, Verdrängen jeglicher Mitbestimmung in den Betrieben und Verwaltungen durch das Führerprinzip und Durchsetzung der Arbeitspflicht (Rekrutierung und Verteilung von Arbeitskräften) unter Abschaffung der freien Arbeitsplatzwahl. Jüdische Arbeiter und Angestellte verloren alle Rechte. Nach 1939 herrschte allgemeine Arbeitspflicht, alle politischen Maßnahmen wurden den Kriegszielen untergeordnet.

Am Ende des Zweiten Weltkrieges schien jeglicher Neuanfang unmöglich. Eine funktionierende Wirtschaft war praktisch nicht mehr vorhanden. Vier Millionen Menschen verloren als Soldaten ihr Leben, noch einmal so viele als zivile Opfer. Mehr als fünf Millionen Menschen waren Kriegsopfer (Waisen, Witwen, Invalide), ein Viertel der Bevölkerung auf der Flucht oder vertrieben. Ein Fünftel, in vielen Großstädten sogar über die Hälfte des Wohnraumes lag in Trümmern.

Die Sozialkassen waren leer. Sie waren gezwungen worden, zwei Drittel ihres gesamten Vermögens zur Kriegsfinanzierung in Reichsanleihen zu investieren. Die Vorsorge von Generationen – verloren. Die Schulden des „Reiches"

---

[*] Deflation = Zusammenbruch wirtschaftlicher Aktivität aufgrund von Preis- und Lohnverfall, der zu Gewinn- und Einkommensverlusten und in der Folge zu immer geringerer Nachfrage führt.

summierten sich 1945 auf die astronomische Summe von 426 Milliarden Reichsmark. Sozialleistungsersatz boten Schwarzhandel und der Naturalientausch.

Mit den Alliierten Kontrollratsgesetzen von 1945 wurden die Nazi-Gesetze getilgt, der Rechtsstatus vor der Machtergreifung in etwa wiederhergestellt. Aber die Übergangsregierungen standen vor der entscheidenden Wahl: Fortentwicklung der Sozialsysteme, aufbauend auf wilhelminischen/republikanischen Strukturen, oder sozialrechtliche „Tabula rasa", der Neubeginn bei Null. In den Westteilen schien man sich schnell einig: Wiederaufbau auf den bekannten Strukturen, kombiniert mit dem Vertrauen in das Konzept eines „Sozialen Kapitalismus" und auf den Wirtschaftsaufschwung. Die DDR ging einen Zwischenweg, man formte das Alte um und ergänzte es durch Neues, behielt es im Kern aber bei. Hüben wie drüben wurde das Erbe Bismarcks und Brauns im Prinzip gewahrt.

1.3.3 Nach 1945: Von Notmaßnahmen zur Klientelpolitik

Nach der Teilung und der Gründung der Bundesrepublik beziehungsweise der DDR 1949 setzte auf beiden Seiten die Rekonstruktionsarbeit ein. In der DDR war der Begriff „Sozialpolitik" verpönt, obwohl Sozialpolitik einen wesentlichen Beitrag dazu leistete, dass die DDR zwischenzeitlich zum Musterland unter den „sozialistischen Bruderstaaten" avancierte. Mit ihr verband man die Zusammenführung der alten Sozialversicherungen zur Einheitsversicherung, umfassenden Wohnungsbau und schließlich den Ausbau neuer Zusatzversorgungssysteme. Die Sozialverwaltungen wurden verstaatlicht und zentralisiert. Später wurde die Erholungs-, Freizeit-, Gesundheitsinfrastruktur ausgebaut und Betriebe eng in die Ausgestaltung von Bildungs-, Gesundheitsvorsorge und Betreuungsmaßnahmen miteingebunden. Letztlich richtete die Partei all ihr Tun an der sozialen Gleichheit des Volkes aus, von Kinderbetreuungseinrichtungen bis hin zur Busfahrkarte. Schließlich hatte man dem kapitalistischen Nachbarn zu beweisen, dass man in der Systemkonkurrenz auf sozialistischem Wege selbstverständlich die sozial gerechtere Gesellschaft schaffen würde.

Gleichwohl betrieb die SED-Führung offiziell keine Sozialpolitik, weil diese ideologisch zu sehr an der alten sozialen Frage von kapitalistischer Ausbeutung, Klassenspaltung und Elend des Proletariats hing, die man im sozialistischen Staat der Arbeiter und Bauern ja gerade überwunden hatte. Die SED-Führung plante sie auch nicht, sondern überließ die Sozialpolitik den vielen, alten und neuen Organisationen sowie Teilen des administrativen Apparats. Wie bei so vielem, so herrschte auch in der Frage der Sozialpolitik zwischen Theorie und Praxis, zwischen Parteiideologie und gesellschaftlicher Wirklichkeit, ein enormer Zwiespalt.

In der Bundesrepublik sah man Sozialpolitik viel planerischer. Früh stand fest: Beibehalten der Sozialversicherungen, kein Neuanfang als etatistischer, steuerfinanzierter Sozialstaat. So selbstverständlich wie es klingen mag, war dies tatsächlich nicht; ähnlich wie die SPD favorisierte die CDU noch im Ahlener Programm 1947 einen zentralen, planwirtschaftlich funktionierenden „Staatssozialismus".

Aber bereits die Alliierten Siegermächte schufen Fakten und begannen mit der Teilrekonstruktion, indem sie den Sozialversicherungsträgern dezentral auf lokaler und auf Länderebene schnell zur Funktionsfähigkeit verhalfen. Eine konservativ-bürgerliche Mehrheit aus CDU, CSU, FDP und DP musste dies für die gesamte Bundesrepublik vereinheitlichen, setzte diesen Weg also fort und ließ flankierend schnell Sondergesetze folgen. Das Bundesversorgungsgesetz (1950) war so eines, gedacht zur Entschädigung der drängendsten Not der Kriegsopfer, gefolgt vom Lastenausgleichsgesetz 1952, welches die Integration der Vertriebenen erleichtern sollte. Zugleich brachte die junge Bundesregierung ab 1950 ein mehrjähriges Wohnungsbauprogramm auf den Weg, das innerhalb weniger Jahre eine halbe Million Wohnungen entstehen lassen sollte.

Nach den drängendsten Entschädigungen war es in einer zweiten Phase der sozialpolitischen Rekonstruktion (1953 bis 1957) an der Zeit, die Kriegsgenerationen für den Wiederaufbau zu belohnen. Das ließ man sich etwas kosten und man konnte es sich auch leisten. Die Wirtschaft boomte, es herrschte das, was man heute voller Ehrfurcht „Vollbeschäftigung" nennt. Innerhalb nur einer Dekade war das zerstörte und isolierte Deutschland zu einer führenden Exportnation geworden.

Gerade die Angestellten und die Rentnerinnen und Rentner ließ man daran teilhaben in Form der neugeschaffenen Bundesversicherungsanstalt für Angestellte (1953), des Kindesgeldgesetzes (1954) und der grundlegenden Rentenreform von 1957. Mit ihr wurden vorrangige Rehabilitationsleistungen eingeführt, die Renten wurden einmalig enorm aufgestockt und auf hohem Niveau dynamisiert (Anpassung an Bruttolohnentwicklung), zugleich auch ihre Finanzierung auf das Umlageverfahren umgestellt.

Die auf diese Weise Belohnten wiederum dankten es der konservativ-liberalen Koalition mit entsprechenden Wahlergebnissen – kein Zufall, sondern politisches Kalkül. Sicherlich ähneln sich Konstruktion (1881 bis 1891) und Rekonstruktion (1945 bis 1952 und 1953 bis 1957) in ihrer Grundmotivation. Sicherlich waren die Adenauer-Regierungen in der ersten Phase unmittelbar nach Gründung der Bundesrepublik auf schnelle Stabilisierung der wirtschaftlichen und sozialen Verhältnisse aus, um den gesellschaftlichen Frieden zu wahren.

Schließlich hatte man dem sozialistischen Nachbarn zu beweisen, dass man in der Systemkonkurrenz auf marktwirtschaftlichem Wege selbstverständlich die sozial gerechtere Gesellschaft schaffen würde.

In der zweiten Phase traten aber die gesellschafts- und außenpolitischen Überlegungen in den Hintergrund. Die alte paternalistische Funktion von Sozialpolitik dominierte in neuem Gewand als Sozialprotektionismus, dominierte vor allem die Wahlkämpfe. Adenauer war kein Sozialpolitiker. Für die beste Sozialpolitik hielt er „eine gesunde Wirtschaftspolitik, die möglichst vielen Arbeit und Brot gibt". Das gelang, eine wirkungsvollere Wählerwerbung konnte es nicht geben.

Die CDU war auf dem Weg zur Volkspartei und setzte Sozialpolitik als Wahlklientelpolitik ein – erfolgreicher, als es die SPD je tat. Dass die SPD sogar ihre traditionelle Lufthoheit über den Arbeiterhaushalten an die CDU verlor, liegt zum Teil auch begründet im Festhalten an der Bismarckschen Grundidee, in einer solidarischen Sozialversicherung den hart arbeitenden Untertan zu Miteigentümern eines kleinen Stückes Staat zu machen und damit zu domestizieren. Letztlich profitierte die CDU von der Sozialpolitik einer heimlichen, auf Kontinuität setzenden Koalition aus christlichem Arbeitnehmerflügel, gewerkschaftlichem SPD-Flügel und Ministerialbürokratie. Diese verschaffte ihr im Ergebnis eine bis heute zwar heterogene, aber breite gesellschaftliche Basis.

1.3.4 Wohlstand für alle?

Je mehr die Gesellschaft die Folgen von Krieg und Teilung überwunden hatte und der Konsum Einzug hielt, desto mehr verschwand die alte Spaltungslinie zwischen Arbeiterschaft und Besitz-/Bildungsbürgertum, nicht in der sozialen Wirklichkeit, aber im Bewusstsein der Menschen. Die alten Grenzen verschmolzen hier und differenzierten sich dort neu aus. Die Wohlstandsjahre („Wohlstand für alle" propagierte Ludwig Erhard 1957) ließen die starren Schichten erstmals durchlässiger werden, die soziale Mobilität nahm zu. Die Chance des persönlichen wirtschaftlichen Erfolgs, aber auch die des Scheiterns, führten den breiten Schichten soziale Auf- und Abstiegsprozesse vor, die es so für eine Mehrheit nie gab (Bildungsunterschiede), die aber faszinierend genug waren, um für gewordene Wirklichkeit gehalten zu werden.

Aber es muss betont werden: „Wohlstand für alle" war nicht nur eine programmatisch mutige, sondern vor allem eine nicht allgemein akzeptierte Maxime. Selbst Wissenschaftler wie der Soziologe Helmut Schelsky waren angesichts des allgemeinen Wohlstands bereit, die Sozialpolitik der Bundesrepublik als übertrieben auf Gleichheit bedacht hinzustellen. Seine These: Sozialer Abstieg der Oberschichten und sozialer Aufstieg der Unterschichten kreuze sich in einer sich verbreiternden Mittelschicht. Die Gesellschaft habe sich zu einer weitgehend homogenen, die soziale Schichtung auflösenden „nivellierten Mittelstandsgesellschaft" (1953/65) entwickelt. Die erreichte soziale Mobilität erlaube es eigentlich nicht mehr, von einer Schichten- oder gar Klassenstruktur zu reden, die sozialen Unterschiede seien eingeebnet, eine extensive, auf noch mehr Gleichheit ausgerichtete Sozialpolitik sei unnötig, ja schädlich.

Das war Wasser auf die Mühlen konservativer Gegner einer nicht hierarchisch gegliederten, unterschiedslosen Gesellschaft. Die These war heftig umstritten, dennoch leicht zu widerlegen und in ihrer politischen Absicht durchsichtig. Die Kritik war aber in erster Linie an Erhard gerichtet. Sie nahm eine Grundstimmung in der Mittelschicht auf. Das „Wirtschaftswunder" – so Mehrheitsmeinung in der breiten Mitte – wurde erreicht durch den Fleiß der „kleinen Leute". Finanzierte man nun mit dem mühsam erworbenen Wohlstand ausufernde Sozialleistungen, alimentiere man Nichtsnutze und Schmarotzertum und untergrabe die Leistungsbereitschaft in der Gesellschaft.

Außerdem: Die Deutschen genossen den Wohlstand in vollen Zügen, konsumierten geradezu rauschhaft. Egoismus und mit dem Wohlstand wachsende Erwartungshaltungen gegenüber dem Staat nahmen zu. In der Tat sah sich Erhard im Konflikt, als gefeierter Wirtschaftsminister mit der seit 1950 anhaltenden Hochkonjunktur allerlei Wunschvorstellungen seitens der Vielzahl von kleineren und größeren Interessenverbände mitgenährt zu haben, die er später als Kanzler aber aus Angst vor einer Konjunkturüberhitzung bremsen musste. Paternalismus in die eine Richtung weckte eben auch Begehrlichkeiten aus einer anderen Richtung, auch wenn sie objektiv überzogen waren. Erhard flüchtete sich später in die berühmt-naiven Maßhalteappelle, die in der Bevölkerung fast nur Spott fanden.

Trotz des neidpopulistischen Gehaltes, der in der Schelsky-These mitschwang – bis zum Abtritt Adenauers war sie vorerst *noch* nicht offene Meinung. Zeit für die Regierenden, sich nach „Befriedigung" der Wahlklientel sozial Schwächeren zuzuwenden. 1960 kam das Bundeswohngeldgesetz, 1961, neben einer erneuten Kindergeldreform, löste das Bundessozialhilfegesetz das alte kommunale Armenfürsorgerecht von 1924 ab.

Nach den fetten Jahren folgte 1966 eine erste, unausweichliche Konjunkturschwäche. Die Zahl der Arbeitslosen stieg im Herbst desselben Jahres auf 216.000 (!), was einer Arbeitslosenquote von 0,7 % entsprach. Was heute lächerlich gering erscheint, war damals ein Schock, oder besser gesagt, wurde maßlos überschätzt und wirkte psychologisch wie eine sich selbst erfüllende Krisenprophezeiung. Das Signal war verheerend: Das Ende des Wohlstands schien gekommen. Und niemand hatte vorgesorgt, sondern sein Geld ausgegeben. Die

1.3 Entfaltung, Ruin und Rekonstruktion der Sozialpolitik in Deutschland

Regierung Erhard eingeschlossen. Sie zerbrach im Streit über das Stopfen des Haushaltsloches.

Die folgende Große Koalition unter Kiesinger bastelte hastig an wirtschaftspolitischen Maßnahmen, bezog dann aber auch die Sozialpolitik mit ein. Zur Senkung des Bundeszuschusses wurden die Rentenversicherungsbeiträge erhöht und die Versicherungspflichtgrenze für Angestellte in der Renten- und Arbeitslosenversicherung aufgehoben, später (1969) auch der Finanzausgleich zwischen Arbeiter- und Angestelltenrentenversicherung, was finanztechnisch sinnvoll, wahlklientelistisch aber abträglich war.

Die Wirtschaftskrise und die kulturelle und politische Unruhe durch die Studentenbewegung zeigten den Modernisierungsbedarf in der Gesellschaft. Die sozial-liberale Koalition unter Brandt brachte die Politik wieder zurück an die Spitze der Reformbewegung. Trotzdem hatte wohl niemand SPD und FDP wegen der sozialpolitisch weit auseinanderliegenden Grundpositionen ausgerechnet in diesem Politikfeld besonders viel Verve zugetraut.

Dennoch erlebte die Bundesrepublik zwischen 1969 und 1972 die größte sozialgesetzliche Offensive ihrer Geschichte: 1969 wird das Arbeitsförderungsgesetz als Mittel zur aktiven Arbeitsmarktpolitik eingeführt, ab 1970 gilt die sechswöchige Lohnfortzahlung im Krankheitsfall gleichermaßen für Angestellte *und* Arbeiter, 1971 kommen Schüler/innen und Studierende in den Genuss des Gesetzlichen Unfallversicherungsschutzes und zugleich des Bundesausbildungsförderungsgesetzes, 1972 stellt das neue Betriebsverfassungsgesetz die Mitbestimmung auf eine neue Grundlage, und noch im gleichen Jahr freuen sich viele Bürgerinnen und Bürger über eine Rentenreform mit vorverlegter Rentenanpassung, flexiblen Altersgrenzen sowie der Öffnung für Hausfrauen, Selbständige und andere nicht abhängig Beschäftigte.

Insgesamt profitierten schätzungsweise 15 Millionen Menschen auf die eine oder andere Art und Weise von den Reformen (vgl. Schmidt 1998: 97). Doch die Früchte der Spendierfreudigkeit ließen sich nur knapp bis ins Bundestagswahljahr 1976 hineinretten. Die Rezession 1973/74 machte der sozial-liberalen Ausgabenpraxis ein jähes Ende und brachte der SPD den lange währenden Ruf einer Verschuldungspartei ein.

Mit dem Haushaltsstrukturgesetz von 1975 setzte sich die Bundesregierung – und allen folgenden – selbst ein Stoppzeichen. Die Zeit expansiver Sozialpolitik war vorüber, danach wurden Leistungen verfeinert, verkompliziert, in der Regel aber Ausgaben zurückgefahren. Unter Kanzler Helmut Schmidt beherrschten andere Krisen die Öffentlichkeit; der Staat sah sich herausgefordert vom RAF-Terrorismus und hatte mit steigender Arbeitslosigkeit bei sinkendem Haushaltsspielraum zu kämpfen.

Bis dahin hatte sich Sozialpolitik aber schon schleichend vom instrumentellen zu einem übergreifenden Politikfeld entwickelt. Sie war nicht mehr nur Nebenveranstaltung, sondern war Leitlinie des politischen Handelns *in toto*. Ob in der Tarif-, Steuer-, Wirtschafts- oder Bildungspolitik – überall wurde die Frage sozialer Gerechtigkeit mitgedacht. Dies kennzeichnet auch den Wandel der Sozialpolitik von der Spezial- zur Querschnittspolitik. *„Vulpes pilum mutat, non mores"* („Der Fuchs wechselt den Balg, aber nicht die Sitten"), so ein lateinisches Sprichwort: Sozialpolitik wurde mehr und mehr als Instrument der Umverteilung zwischen den Einkommensschichten begriffen, blieb aber gleichwohl das, was sie eh und je war: Mittel zum Zweck der Protektion wahlpolitisch wichtiger Teile der Gesellschaft.

1.3.5 *„Umbau" oder „Abbau" des Sozialstaats?*

Trotz der Krisen – die Geschwindigkeit, mit der die Arbeitslosigkeit zunahm, beweist die Produktivität dieser Wohlstandsgesellschaft. Die These Schelskys wurde in gewandelter Form und meist ohne politikkritischen Impetus hin und wieder aufgefrischt und ging so schließlich doch noch in die sozialwissenschaftliche Forschung ein. Immerhin scheint man sich heute darauf verständigt zu haben, dass die Sozialstruktur nicht mehr hinreichend mit Schichten und Unterschichten abzubilden ist, sondern querstehend und fließend aus Milieus besteht, die sich an Lebenszielen und -stilen festmachen und sich hauptsächlich anhand der Konsumgewohnheiten und nicht des Einkommens, der Bildung oder der familiären Herkunft unterscheiden. Das Gegenkonzept dazu lautet „Zwei-Drittel-Gesellschaft", in der der Zweidrittelmehrheit von Erwerbstätigen ein Drittel Erwerbslose gegenübersteht und der Wandel zur Informations- und Dienstleistungsgesellschaft gering Qualifizierte zu einem neuen „Proletariat" werden lässt.

Beide Konzepte finden Verwendung in der Annahme des Soziologen Beck (1986), die Gesellschaft sei so weit zersplittert, Lebensentwürfe und -muster so weit individualisiert, dass die bestehende soziale Sicherungsarchitektur, die sich von je her auf größere gesellschaftliche Gruppen konzentrierte, an den Individuen vorbei wirkt. Verbildlicht gesprochen: Je individualisierter und damit unauffälliger soziale Risiken sind, desto größer ist die Gefahr, dass sie durch die Maschen des sozialen Netzes fallen, welches für viel gröbere Lasten geknüpft wurde.

Diese Erkenntnis setzte sich in den achtziger Jahren nach der Fachdiskussion auch in der politischen Öffentlichkeit durch und beförderte den Ruf nach dem Umbau des Sozialstaats. Die achtziger Jahre ließ die wirtschaftsliberale Kohl-Regierung jedoch für eine Reform der Sozialversicherungen, die sich bald von

1.3 Entfaltung, Ruin und Rekonstruktion der Sozialpolitik in Deutschland

Defizit zu Defizit hangelten, ungenutzt verstreichen. Wahlen gewann man auch trotz Stimmenverluste (1987) und die Öffentlichkeit war zu Veränderungen offensichtlich nicht bereit. Viele der schmerzhaften „Umbau"-Maßnahmen, die in den neunziger Jahren dann zur Kostensenkung versucht wurden, hätten aber nicht sein müssen. Die schwarz-gelbe Mehrheit hatte großspurig die „geistig-moralische Wende" proklamiert, beließ aber sozialpolitisch bis 1990 alles beim alten. Man erweiterte 1986 – mehr als verfassungsgemäßer Pflichterfüllung denn aus Überzeugung – die Rentenansprüche auf Kindererziehungszeiten und stellte Frau und Mann in der Rentenversicherung gleich. Mehr Reform war nicht, oder?

Doch: Als fatale Entscheidung der achtziger Jahre wirkte sich insbesondere die Frühverrentungsregelung aus, mit der Arbeitnehmerinnen und Arbeitnehmer unter Abzügen von der Rente vor der gesetzlichen Altersgrenze in den Ruhestand gehen können. Die Differenzbeträge zahlten die Sozialkassen und subventionierten somit über Jahre eine Personalverjüngung sondergleichen in der Wirtschaft. Drei von vier Beschäftigten Ende fünfzig machten von dieser Regelung Gebrauch. Die Unternehmen sparen Personalkosten aufgrund der niedrigeren Löhne für Jüngere, und die Sozialkassen haben nicht nur die Differenzzuschüsse zu zahlen, sondern auch länger die Rente.

Nach dem Zusammenbruch der DDR und mit den hereinbrechenden Vereinigungskosten verschwand jedoch der sozialpolitische Langmut schlagartig aus den Reihen der Regierung. Ihre sozialpolitische Deutung der bestehenden Verhältnisse fasste sie nunmehr im Begriff der „sozialen Hängematte" zusammen, die – viel zu großzügig und viel zu teuer – zum Missbrauch geradezu einlud. Tatsächlich zwangen die Verhältnisse nicht unbedingt zu harten Einschnitten. In der Darstellung der wirtschaftlichen Lage herrschte eine enorme Diskrepanz zwischen tatsächlichen Wirtschaftsdaten (insbesondere Export) und der Krisenrhetorik. Kurz: Die Konzerne wehklagten laut, der Mittelstand litt kaum hörbar. Mehr Zwang übte da schon die kostspielige Außenpolitik Kohls aus, der sich von Widerständen gegen die Vereinigung und durch Zugeständnisse zu ihrer Ausgestaltung bei den Siegermächten loskaufte („Scheckbuchdiplomatie"). Die Vereinigungskosten selbst waren noch gar nicht abzuschätzen, umso weniger konnte man sich gewiss sein, dass die Sozialkassen die Last der Wirtschafts- und Sozialunion mit der ehemaligen DDR würden schultern können.

Bei der Vereinigung hatte man nicht viel Alternativen. Die Frage schnelles Handeln oder Sorgfalt einer echten Vereinigung mit Veränderungen auf beiden Seiten stellte sich nicht ernsthaft. Dazu war der Erfolgsdruck (erste gesamtdeutsche Bundestagswahl am 2. Dezember 1990) zu groß. Die Zeit und das Volk drängten. Kohl sandte an die Bevölkerung im Westen die Botschaft einer lautlosen Vereinigung aus, was dieser nur recht war. Zunächst verteilte man noch mit großer etatistischer Geste Geschenke. Die Regierung versprach die schnelle

Angleichung der Ostrenten an Westniveau und blähte die Arbeitsmarktmittel für Beschäftigungsmaßnahmen auf. Und gerade noch rechtzeitig vor den Bundestagswahlen kam im medial hochstilisierten Superwahljahr 1994 die – von den Interessenverbänden lange geforderte – Pflegeversicherung (vgl. Dietz 2002).

Ansonsten hatte die Bundesregierung aber den Kostenrückzug angetreten. Und zwar mit großen Schritten. In den Jahren 1993 (Gesundheitsstrukturgesetz) bis 1996 („Wachstums- und Beschäftigungsförderungsgesetz", Beitragsentlastungsgesetz, „Sparpaket") wurden Reformgesetze oder – noch beliebter – Gesetzespakete mit einem Einsparvolumen von insgesamt sage und schreibe fast 50 Milliarden DM auf den Weg gebracht. Eine beispiellose Kürzung sozialer Leistungen und Ansprüche setzte ein.

Nach Bewältigung der dringlichsten Aufgaben bei der Einheit begann nach 1995 die „Konsolidierungspolitik". Innerparteilich hatte sich die CDU/CSU längst von der arbeitnehmerfreundlichen Volkspartei zu einer unternehmerfreundlichen wirtschaftsliberalen Klientelpartei gewandelt. Prominente Vertreter des sozialen, christlichen Flügels waren ins Abseits gestellt (Geißler, Süßmuth, auch Biedenkopf) oder dienten als Feigenblatt (Nolte, Blüm). „Wohlfahrtsstaat" war zum politischen Negativbegriff geworden.

Das brachte der bei Gewerkschaften und Sozialverbänden ohnehin nicht populären schwarz-gelben Politik den Vorwurf der „sozialen Kälte" ein. Nicht nur das, sogar die beiden Kirchen, in Fragen der politischen Positionierung oft uneins, veröffentlichten das „Gemeinsame Wort der Kirchen zur wirtschaftlichen und sozialen Lage in Deutschland" (1997). Ein Alarmruf. Nie zuvor ist eine Bundesregierung von den großen gesellschaftlichen Organisationen so einhellig für ihre Sozialpolitik gescholten worden. Mit Konsequenzen: Trotz der wirtschaftlichen Lage und der unaufhörlich gestiegenen Arbeitslosigkeit stand bei der Bundestagswahl 1998 nicht die Wirtschafts-, sondern die Sozial- und Familienpolitik im Mittelpunkt der Agenda. Kohls war man überdrüssig geworden, zum ersten Mal in der Geschichte der Bundesrepublik wird ein Kanzler in einer Bundestagswahl abgewählt.

1.3.6 „Reformstau" und die Suche nach Alternativen

Die neue rot-grüne Regierung übernahm eine Häufung der Probleme: Haushaltsdefizit und Rekordverschuldung, Exportboom, aber Binnenstagnation, Herausforderungen der Internationalisierung der Märkte, unwirksame Arbeitsmarktinstrumente, ein veraltetes Steuerrecht, ein sozial benachteiligendes Bildungssystem und so weiter. Rot-grün regierte eine alternde, fragmentierte Konsumgesellschaft, die zu begreifen begann, dass die Gerechtigkeits- und Solidaritätsfragen

1.3 Entfaltung, Ruin und Rekonstruktion der Sozialpolitik in Deutschland

des 21. Jahrhunderts gelöst werden müssen (Generationenvertrag, Kindererziehende versus Kinderlose, Arbeitende versus Arbeitslose, Gesunde versus Kranke) und dass es nicht möglich sein würde, diese mit Sicherungsinstrumenten aus dem 19. Jahrhundert zu lösen.

Ein Wort ging um im politischen Berlin: „Reformstau". Diesen aufzulösen war das Programm der ersten Jahre unter Schröder. Nach den nicht sehr geschickt unternommenen Suchbewegungen in der ersten Amtsperiode Schröders nach einem geeigneten Regierungsstil („Medienkanzler") drohte der Reformaktivismus als Reformaktionismus zu scheitern. Tatsächlich war das Pensum gewaltig. Eine Gesetzesinitiative jagte die andere, zahlreiche Einzelmaßnahmen, hinter denen jedoch kein Gesamtkonzept stand. Eine Rentenreform 1999/2000 wurde zerredet und ausgesetzt, später in leicht veränderter Form neu aufgetischt, mit einem Aufwand ohnegleichen beworben, aber von den Versicherten anfangs nicht angenommen. Die epochale „Riester-Rente" – nach einem Jahr ein Flop und nach einem weiteren Makulatur. Dass diese – trotz der anfänglichen „Zugeknöpftheit" der Versicherungswirtschaft in Sachen Vermarktung der „Riester-Rente" – Jahre später dennoch „spätzündete", ist nur Korrekturen bei den Provisions- und Zulassungsregelungen im Jahre 2005 zu verdanken.

Nach der Rentenreform stand 2001 auch noch eine Gesundheitsreform auf der Kippe. Ein zweiter Anlauf (Schmidt-Seehofer-Konsens im August 2003) nach der knapp gewonnenen Bundestagswahl kam als parteiübergreifender Kraftakt durch, stellt letztlich aber auch nur eine Ansammlung von Notmaßnahmen dar. Nie war deutlicher als in dieser Phase der Bundespolitik: Nach der Reform ist vor der Reform. Die dazu gehörigen Reformkommissionen (Hartz, Rürup, Süßmuth) verhedderten sich im Richtungsstreit und in Details, das „Bündnis für Arbeit" platzte, einzig (und ausgerechnet) den heftig umstrittenen Hartz-Reformen des Arbeitsmarktes und der Arbeitsverwaltung (zwischen 2003 und 2005 in vier Stufen umgesetzt) verschaffte man durch (aus Sicht der SPD) schmerzhafte Konsense mit den Unionsparteien eine gewisse Nachhaltigkeit, bevor das Ansehen ihres Namensgebers und Ex-Personalvorstands der Volkswagen AG Peter Hartz in der „VW- Korruptionsaffaire" Schaden nahm.

Was von der Amtszeit Schröders sozialpolitisch blieb, war die Bilanz einer Regierung, die angesichts des Drucks der notwendigen Strukturreformen und nur mit Pragmatismus und ohne gesellschafts- und sozialpolitische Visionen ausgestattet, einknicken musste. Es ist die Bilanz einer SPD-geführten Regierung, die sich auf den „dritten Weg" (die nicht sehr tragfähige Idee von einem zukunftsorientierten demokratischen Sozialismus irgendwo zwischen Zivilgesellschaft und Wirtschaftsmodernisierung) in die große, weite, globalisierte Welt machte, um am Ende doch wieder in der alten klientelistischen und verteilungspolitischen Provinz anzukommen. Die „großen Würfe" blieben aus, auch weil die unionsgeführte Opposition Strukturreformen nach Kräften bremste. Die in den ersten Regierungsjahren fehlende Richtung wurde 2003 mit der neoklassisch geprägten Agenda 2010 „nachgereicht". Diese überzeugte aber letztlich weniger die sozialdemokratische Gefolgschaft im Arbeitnehmerlager als vielmehr das Arbeitgeberlager. Was als politisches Taktieren mit der Absicht geplant war, der Opposition den Modernisierungswind aus den Segeln zu nehmen, endete 2005 in der Selbstblockade, der Ausweglosigkeit einer Vertrauensfrage im Bundestag und dann konsequenterweise in vorgezogenen Bundestagswahlen. Ausgerechnet auf ihrem geschichtlich ureigensten Terrain „Sozialpolitik" erschien die Sozialdemokratie in der entscheidenden Phase der von ihr angeführten Regierung desorientiert.

Die große Koalition war in Sachen Reformfähigkeit erfolgreicher als viele ihr nach den vorgezogenen Bundestagswahlen 2005 zutrauten. Keine der beiden Volksparteien konnte nach dem für beide im Grunde desaströsen Wahlergebnis mit einem Happyend rechnen. Umso bemerkenswerter sind die Wandlungen, die sich in beiden Parteien vollzogen haben. Die CDU ist nicht mehr die Partei Helmut Kohls und die SPD nicht mehr die eines Johannes Rau. Hinsichtlich ihrer sozialpolitischen Positionen sind beide Parteien jenseits ihrer jeweiligen Mitte „angekommen", die CDU links, die SPD rechts davon.

Diese vermeintliche Annäherung darf aber nicht überinterpretiert werden, geschweige denn über nach wie vor vorhandene fundamentale Differenzen hinwegtäuschen. Dass diese existieren, bewiesen die jüngeren Reformen. So etwa der Grundsatzstreit in der Gesundheitsreform 2006/2007 (Kopfpauschalen- versus Bürgerversicherungsmodell), in der Ausgestaltung und Finanzierung einer besseren Kinderbetreuungsinfrastruktur, der Diskussion um Kombi- oder Mindestlöhne bis hin zur Finanzierung einer dringend notwendigen „großen" Reform der Sozialen Pflegeversicherung. Insbesondere die Unionsparteien profitierten in den ersten Jahren der großen Koalition dabei von (alles andere als selbstverständlichen) Zustimmungswerten in der Bevölkerung. Deutlich ist auch, dass dieses Umfragehoch weniger von einer programmatischen Geschlossenheit herrührt als vielmehr von den wirtschaftlichen Rahmendaten und einer positiven Entwicklung am Arbeitsmarkt, die die Haushaltssituation entschärft und damit die politische Handlungsfähigkeit ungemein erleichtert. Die (sozialpolitische) Bilanz dieser Koalition wird man nach der Bundestagswahl 2009 ziehen dürfen.

1.4 Entwicklungsstadien der Sozialpolitik

Fassen wir zusammen: Eine *erste Entwicklungsphase* von Sozialpolitik beginnt damit, dass Elend und Not in der Verantwortung ungeschützter Sippenhilfe die Aufmerksamkeit und Verantwortung kirchlicher Gliederungen erregt. Deren

1.4 Entwicklungsstadien der Sozialpolitik

Orientierung hin zu niederen weltlichen Vorgängen gerät zur – als zwischenmenschliche Solidarität verkleideten, zunächst kirchlich, später auch weltlich organisierten – Almosenökonomie. Anfangs genügt ihr noch die Parallelexistenz von Elend und Reichtum, das der herrschenden christlichen Ideologie widersprechende tägliche Aufeinandertreffen von Haben und Nichthaben, um als Geben und Nehmen zu einer das Oben und Unten legitimierenden und festigenden sozialen Ordnung instrumentalisiert zu werden. Ein Widerspruch, der zum Handeln zwingt. Später entgleiten die sozialen Dimensionen des Elends der kirchlichen Organisations- und Instrumentalisierungskraft, es folgen Moralwende, Spaltung der Ethik und schließlich Repression. Die Menschen sind, wenn nicht verfolgt, auf sich allein gestellt – oder haben das Glück familiärer Versorgungsfähigkeit.

Im zweiten Übergang lösen die wirtschaftlichen Zwänge erneut Menschen aus ihren Bezügen, machen sie mobil, anfällig für Lebensrisiken, werfen sie aus der Gesellschaft. Aber die wirtschaftlichen Verhältnisse erlauben es wenigstens einem wachsenden Stand, sich und die Familien solidarisch zu unterstützen, wenn der Ernährer ausfällt. Diese Gruppensolidarität ist Vorbild für eine lange Kette korporatistischer Unterstützungssysteme und Vorläuferin vieler moderner Sicherungssysteme. In ihr kommen zwei Neuerungen zum Ausdruck: Hilfe aufgrund anderer Kriterien als Sippen- oder Haus- und Grundzugehörigkeit und erweitertes Schutzversprechen gegenüber den Angehörigen.

Im dritten Übergang sehen sich sowohl familiale wie auch berufliche Solidargemeinschaften und Selbsthilfeorganisationen (Zunftbüchsen, Bruderschaften und Gesellenvereine, später Hilfs- und Unterstützungskassen et cetera) mit der Bewältigung der sozialen Friktionen überfordert. Und dies in einer Phase flottierender Industrialisierung, ungezügelter kapitalistischer Produktion mit der Maschinisierung von Arbeit und Mensch. Die industrielle Verwertung menschlicher Arbeitskraft führt zur zunehmenden Sozialisierung der Verantwortung für die Produktionsgeschädigten. Die Menschen begehren auf, sozialrevolutionäre Ideen und Bewegungen fordern das Establishment heraus. Der autoritäre Staat sieht machtpolitisch die Chance, sich zentralistisch durch die Garantie gewisser sozialer Leistungen in einer politisch für ihn instabilen Zeit zu behaupten. Das vormals auf Armenhilfe und die rein Bedürftigen konzentrierte Wesen der Sozialpolitik wendet sich wirtschaftlich und politisch bedeutsamen Gesellschaftsgruppen zu. Damit ordnet er sie anderen höherrangigen Zielen (Machterhalt, Stabilisierung staatlicher Integrität) unter, verlagert auch ihre Funktion von der öffentlichen Ordnung zur Herrschaftsstabilisierung. Sein Interventionsversprechen als Entlastungsversprechen wandelte die korporatistischen Vorformen um in die uns bis heute bekannten Trägerstrukturen der Sozialversicherungszweige und landet – nunmehr in der Position als sozialer Rechtsstaat zugleich unvermittelt in der historischen Verantwortung für seine Bürgerinnen und Bürger.

Spätfolge des Strukturwandels, den die Industrialisierung hinterlassen hatte, ist eine gespaltene Gesellschaft, von der nur geringe Teile von den neuen Sozialversicherungen erfasst wurden, die auch stärker existenziell bedroht waren, als es das staatliche Sicherungsversprechen zulassen konnte. *In einem vierten Übergang* sieht sich der Sozialstaat selbst mit zunehmenden Problemdrücken konfrontiert und letztlich überfordert. Mit der Selbstverwaltung eröffnet der Sozialstaat korporatistischen Partnerschaften zwischen Arbeitnehmenden und Arbeitgebenden die Einlösung des staatlichen Versprechens gegen Beteiligung an politischen Einfluss- und Gestaltungsoptionen. Wohlfahrtsverbände und Kommunen vollzogen dies später als „zweite Sozialpartnerschaft" nach (vgl. Dietz 1999: 15-29).

Im fünften Übergang sahen sich die Sozialpartner mit wachsenden Ansprüchen einer durch Massenarbeitslosigkeit und durch den sozialen Wandel verunsicherten Gesellschaft konfrontiert (im wesentlichen auch aufgrund des sich verschärfenden Interessenkonfliktes zwischen niedrigen Beiträgen und hoher Leistungsfähigkeit der Systeme auf Arbeitnehmerseite sowie des Konfliktes zwischen Profit- und Stabilitätsinteressen auf der Arbeitgeberseite) und überließen die Gestaltungsmacht wieder weitgehend dem Staat, worauf dieser überwiegend mit Leistungskürzungen reagierte.

Im sechsten Übergang, unter den Vorzeichen bereits verfestigter, struktureller Massenarbeitslosigkeit und fortgesetzter Reformkrisen vor allem im Gesundheits- und Rentensystem, versucht der Staat, sozialpolitische Aufgaben sukzessive wieder dem Markt und dem Individuum zu überantworten. Diese Rücküberantwortung geschieht auf allen Ebenen, kommunal- wie bundespolitisch. Durch die Übernahme ehemals staatlicher Versorgungsverantwortung wird ein wachsender Sozialmarkt gestärkt und zusätzlich angeschoben durch den Konsens aller Parteien, die ihre politischen Programme liberalisieren und sich die Losungen „Mehr-Leistung-durch-mehr-Wettbewerb" und „Mehr Eigenverantwortung" auf die Fahnen schreiben.

Im sich abzeichnenden *siebten Übergang* werden sich auch der Sozialmarkt und die individuelle Vorsorgeverantwortung mit der Einlösung der Ansprüche einer doppelt alternden Gesellschaft überfordert zeigen. Mehr Leistungsbeziehende bei weniger Beitragszahlenden verursachen immer noch nicht vollständig abzuschätzende Kostensteigerungen für die Sicherungssysteme. Gerade die aktuell erwerbstätige Baby-Boom-Generation (die zwischen 1960 und 1970 Geborenen) wird in ferner Zukunft *trotz* der hohen Abgabenbelastung ihre erworbenen Ansprüche nicht in existenzsichernden Leistungen erfüllt sehen und zugleich *wegen* der hohen Abgabenbelastung weder ausreichend Ersparnisse noch Ansparzeit haben, um die Versorgungslücke durch Eigenvorsorge zu schließen. Obendrein – weil dies geburtenstarke Jahrgänge sind, die zwischen 2025 und

1.4 Entwicklungsstadien der Sozialpolitik

2035 Rente beziehen wollen – sind die dann zur Verfügung stehenden Mittel auf mehr Anspruchsberechtigte zu verteilen, somit wird individuell weniger zu erwarten sein. Zugleich gilt diese Generation als Anspruchsgeneration, groß geworden in einer teuren Konsumwelt. Ändert sich in den nächsten zwanzig bis dreißig Jahren nichts Grundlegendes in der Finanzierung der Altersabsicherung, wird diese Generation Opfer des Generationenvertrages sein.

Schließlich ist auch die Frage, wer sich unter Verschaffung wachsenden Einflusses in die Gestaltung einer sozialen Dienstleistungsgesellschaft in die Sicherungssysteme einbringen wird. Je mehr die Leistungsfähigkeit der Gesetzlichen Systeme sinkt und je mehr sie sich in eine Legitimationskrise verstricken und zugleich durch fortgesetzte Abwanderung in private Kranken-, Pflege- und Rentenversicherungen in eine ernste Finanzierungskrise geraten, desto wahrscheinlicher wird eine Diversifizierung sozialer Absicherung: Hier eine „liberalistisch" motivierte, staatliche Grundabsicherung gegen Armut, dort teure soziale Zwangsversicherungen, die nur noch einen kleinen Teil der erwerbstätigen Bevölkerung absichern und eine Vielzahl von kleinen, privat finanzierten (Zusatz-)Versicherungen gegen allerlei Wechselfälle des Lebens, die mehr schlecht als recht und nur bei hoher Zuzahlungsbereitschaft an einen expansiven Sozialmarkt den früheren, gesetzlich zugestandenen Sicherungsgrad erreichen.

Sicherlich werden es nicht mehr staatliche oder teilstaatliche Institutionen sein, wahrscheinlich wird auch der von den Vertreterinnen und Vertretern eines wohlfahrtspluralistischen Ansatzes so hoch gehandelte „aktivierte Bürger" an der riesigen Lücke scheitern, die er ausfüllen soll. Eine Renaissance der lokalen Ebene, eine Rekommunalisierung des Sozialen ist – wenn auch für Einzellösungen wünschbar – machtpolitisch unwahrscheinlich und auch nur unter deutlich veränderten Spielräumen für bestimmte Sicherungsbereiche denkbar. Eine Rückzentralisierung an den Staat („Sozialetatismus") ist unter den gegenwärtigen parteipolitischen Vorzeichen ebenso zweifelhaft. Betrieblicherwerbswirtschaftliche Lösungen im Sinne spätmoderner Unterstützungskassen werden Entlastungen nur für einen Teil industriell Beschäftigter bringen, der wachsende Teil prekärer Beschäftigungsverhältnisse im Dienstleistungssektor wird derlei nicht aufbauen können. Die Frage nach den künftigen, sozialpolitisch dominanten Akteuren bleibt offen und spannend.

Übersicht 1.2: Phasen staatlicher und sozialer Politik seit 1871

Phase	Zielgruppe/n	Wichtigste Gesetzgebungen
1871 – 1889: Konstituierungsphase des Deutschen Reiches, Hochindustrialisierung	Industriearbeiterschaft	1883 Krankenversicherungsgesetz 1884 Unfallversicherungsgesetz 1889 Alters- und Invaliditätssicherungsgesetz
1890 – 1914: Imperialismus und Hochrüstungspolitik	Arbeiterfamilien	1903 Kinderschutzgesetz 1908 Regelung der Höchstarbeitszeit für Frauen und Jugendliche 1911 Reichsversicherungsordnung, Hinterbliebenenrente 1911 Hausarbeitsgesetz
1919 – 1929: Konstituierungsphase der Weimarer Republik	Arbeitslose	1924 Reichsversicherungsordnung über die Fürsorgepflicht 1924 Angestelltenversicherungsgesetz 1927 Gesetz über die Arbeitsvermittlung und Arbeitslosenversicherung
1948 – 1953: Konstituierungsphase der Bundesrepublik (Rekonstruktionspolitik)	Kriegsopfer und -geschädigte	1948 Währungsreform 1950 Bundesversorgungsgesetz ab 1950 Wohnungsbauprogramme 1952 Lastenausgleichsgesetz
1954 – 1961: Ausbauphase der Bundesrepublik (Wahlklientelpolitik)	Angestellte, Rentner/innen	1953 Bundesversicherungsanstalt für Angestellte 1954 Kindergeldgesetz 1957 Rentenreform 1960 Wohngeldgesetz 1961 Bundessozialhilfegesetz
1969 – 1974: Modernisierung der Gesellschaft	Arbeiterschaft, Schüler/innen und Studierende	1969 Arbeitsförderungsgesetz 1969 Finanzausgleich zwischen Angestellten- und Arbeiterrentenversicherung 1970 Lohnfortzahlung 1971 Unfallversicherung für Schüler/innen und Studierende 1971 Bundesausbildungsförderungsgesetz 1972 Betriebsverfassungsgesetz 1972 Rentenreform
1990 – 1995: Vereinigungs-/Konsolidierungsphase	Rentner/innen und Arbeitslose in den neuen Ländern, Pflegebedürftige	1990-1993 Angleichung der Ostrenten, Beschäftigungsmaßnahmen 1995 Pflege-Versicherungsgesetz

1.4 Entwicklungsstadien der Sozialpolitik

1998 –: Modernisierung der Sozialversicherung	Rentner/innen, Arbeitslose, Arbeitnehmer/innen, Familien, Pflegebedürftige	2001 zweistufige Rentenreform (u. a. Altersvermögensgesetz) 2003-2005 Gesetz für moderne Dienstleistungen am Arbeitsmarkt I – IV (so genanntes „Hartz-Paket") 2006/07 Gesundheitsreform 2007 Kinderbetreuungsfinanzierungsgesetz 2008 Pflegereform

 Wichtige Literatur:

Butterwegge, Christoph: Krise und Zukunft des Sozialstaats. Wiesbaden ³2006.
Butterwegge präzisiert in dieser sehr gut lesbaren Einführung Grundverständnis, Entwicklungslinien und Lösungsprobleme des Sozialstaats und empfiehlt sich somit für alle, die eine vertiefende Anschlusslektüre zu diesem Kapitel suchen.

Geremek, Bronislaw: Geschichte der Armut. München 1991.

Tennstedt, Florian: Sozialgeschichte der Sozialpolitik in Deutschland. Göttingen 1981.
Der Historiker – und ehemalige polnische Außenminister – dokumentiert aus einer ungeheuren Quellenarbeit heraus das Nebeneinander von Barmherzigkeit und Repression im sozialen Wandel. Ein wichtiges, beinahe erzählerisches Buch, von dem man viel über die europäische Geschichte des Elends im Mittelalter und zu Beginn der Neuzeit lernt.
Tennstedts Buch macht dort weiter, wo Geremek quellengeschichtlich aufhört. Er beschreibt sehr lebendig Sozialpolitik in ihrem sozialgeschichtlichen Kontext zwischen Absolutismus und 1. Weltkrieg. Lehrreich und „spannend" geschrieben für alle, die mehr über die Epoche der Entstehung staatlicher Sozialpolitik erfahren wollen.

Schmidt, Manfred G.: Sozialpolitik in Deutschland. Historische Entwicklung und internationaler Vergleich. Wiesbaden ³2005.
Schmidts Fleißarbeit ist nur bedingt eine Einführung (Klappentext) und vielleicht nicht überall leicht lesbar, jedoch mit einer politikwissenschaftlich-historischen Analyse sozialstaatlichen Handelns seit 1871 und einem Kapitel zu international vergleichenden Aspekten eine hervorragende Zusammenfassung der „Sozialstaatspolitik" in Deutschland. Beides wird interessant zusammengefasst. In der mittlerweile dritten Auflage ist das Buch auf bestem Wege zu einem fachwissenschaftlichen Standardwerk.

2 Grundlagen und Grundfragen der Sozialpolitik

> *In diesem Kapitel gehen wir auf die Suche nach den inneren Prinzipien sozialer Sicherungssysteme und sozialstaatlicher Instrumente. Wir fragen dabei nach den Leitideen, den „Philosophien" denen ein Sozialstaat und die ihn unterstützenden Institutionen folgen. Des Weiteren fragen wir nach den Instrumenten sozialer Gliederung, also den „Werkzeugen", mit denen der Sozialstaat soziale Risikofolgen „repariert". Und letztlich wird untersucht: Welchen Zweck und welche Funktion hat soziale Sicherung?*

2.1 Grundlegende Prinzipien der Sozialpolitik

Im ersten Kapitel wurde versucht deutlich zu machen, dass Sozialpolitik nicht ohne eine Leitidee auskommt. Diese Leitidee orientiert sich zunächst an der zu unterstützenden gesellschaftlichen Gruppe und deren vorrangiges Problem, aber auch an Grundfragen, die die gesamte Gesellschaft betreffen.

So wäre – wie ausgeführt – beispielsweise die Sozialgesetzgebung im Kaiserreich so nicht denkbar gewesen, wenn es neben dem drängenden Problem der Arbeiterfrage nicht auch eine offene Demokratiefrage gegeben hätte. Hätten sich schon früher allgemeine Bürgerrechte durchgesetzt, hätte sich die Sozialpolitik mehr auf die Sicherungsrolle denn auf die Pazifizierungsrolle konzentrieren können. Ähnliches gilt auch für die junge Bundesrepublik. Hier spielt z.B. der Machterhalt der regierenden Parteien eine wichtige Rolle.

Die Abhängigkeit der Sozialpolitik auch von den mutmaßlichen Wählerinteressen ist ein Garant dafür, dass der Zustand der sozialen Sicherungssysteme ein stimmiger Spiegel der herrschenden gesellschaftlichen Verhältnisse darstellt. Hierin liegt auch der Grund dafür verborgen, dass Sozialpolitik selten präventiv oder vorausschauend ist. Nachgegeben wird aktuell drängenden Problemen, nicht zukünftigen. Wahlpolitische Einflüsse zwingen damit aber auch zum Handeln, bevor es der Druck der Verhältnisse tut. Aus sich heraus ist dies schon eine Art vorbauender sozialer Schutz. Die Angst der Regierenden vor dem Machtverlust bewahrt die Gesellschaft vor überbordenden sozialen Notlagen.

2.1 Grundlegende Prinzipien der Sozialpolitik

Gleichwohl bleiben die Regierenden *Reagierende*. Ohne wahlpolitisch motivierte Suggestionen hätte sich viel früher eine für den Moment unpopuläre, aber nachhaltigere Sicherungsarchitektur durchsetzen lassen, die einer Veraltung und diversen Fehlfunktionen im sozialen Netz vorbeugt. Damit ist angedeutet, dass Sozialpolitik *als Politik* nie alleine, sondern in einem politischen Gesamtkontext steht.

Welches sind aber die großen und kleinen Leitideen sozialer Politik? Einige haben ihren Ursprung in der Menschen- und Bürgerrechtserklärung der Französischen Revolution und deren Grundwerte: *Liberté, Egalité, Fraternité*. Während *Freiheit* und *Gleichheit* dort noch feierlich als Naturzustand (natürliche Gleichheit aller Menschen) betrachtet wurde und erst mit Hilfe der staatsphilosophisch-rationalen Gedanken der Aufklärung (Charles de Montesquieu, Jean-Jacques Rousseau, Immanuel Kant – der Staat habe die rechtliche Sicherheit jedes und jeder Einzelnen und seine/ihre rechtliche Gleichstellung gegenüber anderen zu garantieren) konkret realisiert wurden, sind Brüderlichkeit und Solidarität verschwisterte Begriffe, die auf das Gebot zur gegenseitigen Hilfe hinweisen.

Der Staat, alsbald per Verfassung zur Wahrung und Herstellung formaler politischer und rechtlicher Gleichheit verpflichtet, sieht sich in der Garantie sozialer Gleichheit jedoch überfordert. Dies gilt umso mehr, als er sich bereits mit den Grundrechten Gleichheit und Freiheit in einen unauflösbaren Konflikt begibt. Moderne demokratische Staaten verpflichten sich zumeist, größtmögliche soziale Gleichheit herzustellen. Indem sie dies tun, greifen sie jedoch in die Freiheitsrechte Einzelner ein. Andererseits ist soziale Gleichheit für die Schwächeren in einer Gesellschaft *Voraussetzung* für Freiheit.

Es ist ein unlösbarer, unvermeidlicher Zielkonflikt, der sich da auftut: Schützt der Sozialstaat die Selbstbestimmungsrechte des Individuums, will er die Fähigkeit zum Selbsterhalt nicht untergraben, muss er es zulassen, dass soziale Sicherheit persönlich definiert wird. Er kann dann aber nicht auf Gleichheit bedacht sein.

Will er also den Einzelnen gegenüber größtmögliche Freiheit zulassen, provoziert er eine ungleiche Gesellschaft. Will er aber größtmögliche Gleichheit anstreben, als egalitärer Fürsorgestaat handeln, muss er soziale Sicherheit vordefinieren, in Art und Umfang standardisiert und normiert anbieten. Er läuft sodann Gefahr, dass diese auch genutzt und irgendwann selbstverständlich wird. Und er läuft Gefahr, die Individuen zu entmündigen, zu Objekten einer Sozialstaatsbürokratie zu machen. Auch diese Position macht ihn nicht populärer, da er um die Rückwirkungen der Bürokratisierung der individuellen sozialen Sicherheit wissen muss: Entmündigung, Entfremdung, Unselbständigkeit, Stigmatisierung, Selbsterzeugung der eigenen Probleme, Fehlfunktionen im System.

Staatsphilosophisch entgeht man diesem Dilemma, wenn Gleichheit nicht absolut, sondern als *Chancengleichheit* verstanden wird. Nur dann ist Gleichheit gleichzeitig mit einem größtmöglichen Maß an Freiheit zu erreichen. Doch selbst diese Balance ist schwierig genug.

Je mehr ein Staat sich aber in die Rolle eines „Steuerstaats" begibt, desto zahlreicher und unübersichtlicher werden die Stellschrauben. Sie verleiten dazu, wie die Geschichte der Bundesrepublik zeigt, überall zu schrauben und zu justieren, mit immer mehr Rück- und Wechselwirkungen. Am Ende muss der Staat alles mit allem steuern: Gesundheit, Umwelt, Wirtschaft, Soziales, Migration, Bautätigkeit, Nahverkehr … Einher geht dies mit immer weiter sich ausdifferenzierenden Anspruchsgarantien. Sie beantworten allerlei kleine und kleinste soziale Fragen, die aber eigentlich keine sind, weil sie im Gespräch des Sozialstaats mit sich selbst entstehen.

Und noch mehr: Diese Ausdifferenzierungen, die zu einem Moloch an Regeln, Rechten und Ausnahmen anwachsen, zerstören die *Wirksamkeit* privater Hilfe, weil sie sie in ein staatliches Leistungskorsett zwängt. Viele sind der Meinung, dass dies die *Bereitschaft* zur gegenseitigen Hilfe und familialen Solidarität *an sich* schon untergrabe. Dem wiederum halten die aufmerksamen Beobachter sozialer Realitäten entgegen, dass dem tatsächlich nicht so sei, man betrachte nur die vielen Selbsthilfegruppen und -initiativen, das Ehrenamt, ohne dies die spirituelle, kulturelle, sportliche und soziale Vielfalt und Menschennähe in dieser Gesellschaft so gewiss nicht existierte, oder die Millionen Menschen, die zu Hause jahre-, jahrzehntelang im Stillen Angehörige pflegen. Was also stimmt denn nun?

Zerstört der Sozialstaat die Bewältigungskraft der Familie oder ist diese dem Sozialstaat zum Trotz stabiler als man glaubt? Vermutlich steckt in beidem Wahrheit. Sicherlich lässt die Integrationskraft und Schutzfunktion der Familie nach, oder besser gesagt, sie nimmt andere Formen an. Aber ist dies Segen und Fluch des Sozialstaats, der Familie in ihrer Existenzsicherungsfunktion unterstützen wollte und musste, sie langsam aber sicher aber dieser Existenzsicherungsfunktion beraubte? Oder ist nicht vielmehr *auch* die Art unseres Wirtschaftens und Konsumierens, das Wecken von Ehrgeiz und Sehnsüchten schuld daran, dass immer mehr Menschen glauben, sich nur noch außerhalb familialer Bindungen verwirklichen zu können?

Sie werden weniger, aber wo sie noch intakt sind, sind Familien stabil, wenn auch ihre Bewältigungskraft in einer modernen, mobileren Welt an Grenzen stößt. Aber wenn es darauf ankommt, funktionieren sie in aller Regel. Selbsthilfenetzwerke außerhalb des Privaten sind wichtig, wenn auch inszenierte, Ersatzfamilien im halböffentlichen Raum, die dort Halt und Hilfe geben, wo der öffentliche Staat nur buchstabengetreu und seriell Hilfe gewährt, nur auf

2.1 Grundlegende Prinzipien der Sozialpolitik

Antrag und auch nur mit dem Ziel der Wiederherstellung. Der Sozialstaat ist keine Veranstaltung der Herzenswärme und des In-den-Arm-nehmens. Er lässt wiederherstellen, meist auch nur zum Erhalt der Erwerbsfähigkeit, mehr nicht. So kombiniert er Chancengleichheit mit Freiheit. So vollzieht es sich in der Unfallversicherung, in der Arbeitslosenversicherung, in der Rentenversicherung, ja selbst in der Krankenversicherung und erst recht in der Sozialhilfe. Aber Familie wird dabei nicht zerstört, sie muss nur neue Äußerungsformen finden, neue Gestalt annehmen. Vielleicht findet sie so – auf dem Umweg über Selbsthilfegruppen, Vereine und andere anonyme Versuche, die „Kuscheleckenfunktion" der Familie zu ersetzen – zu sich zurück.

Kommen wir zur dritten Kategorie, der sozialen *Gerechtigkeit*. Vorwissenschaftlich würden wir als gerecht empfinden, dass das, was anderen zuteil wird, auch uns selbst nicht vorenthalten wird. Das kann man als inhaltsverwandt mit dem Gleichheitsbegriff auslegen. Aus Sicht des sozialen Staates allerdings verbindet sich damit zunächst ein juristisches Problem. Gerechtigkeit hat man nicht, man muss sie herstellen. Für Gerechtigkeit sorgt also der Staat mittels Gesetze und in der Hoffnung auf eine Auslegung derselben durch die Verwaltungen und Gerichte, die der Gerechtigkeitsabsicht entspricht beziehungsweise sie verwirklicht.

Die Prinzipien des *sozialen Rechtsstaates* sind unveränderlich und zeitlos gültig, sie sollen stabilisieren und regulieren. Soziale Gerechtigkeit, die zentrale Zielsetzung des Sozialstaates, lässt sich zugleich aber nicht ein für allemal verbindlich definieren. Ihre Ausgestaltung hängt ab von den wirtschaftlichen Verhältnissen (Konjunkturen), der sozialen Entwicklung (sozialer Wandel) und letztlich auch der gesellschaftlich vorherrschenden Vorstellung davon, was gerecht ist und was nicht. Das Gerechtigkeitsprinzip ist folglich ein überaus dynamisches Prinzip, das den Gesetzgeber verpflichtet, die sozialen Verhältnisse immer wieder neu zu regeln.

Soziale Gerechtigkeit wird dabei häufig als Verteilungsgerechtigkeit begriffen, denn wie anders sollte der Staat gerecht wirken, wenn nicht schon in der Einkommens- und/oder Vermögensverteilung. Dass manche mehr als andere verdienen, einnehmen, behalten dürfen, ist eine nicht abänderliche, „ungerechte" Tatsache. Aber man kann dafür sorgen, dass es wenigstens beim Abgeben etwas gerechter zugeht. Vornan steht also die Steuerpolitik, die sozial ausgleichend wirken soll. Reichere werden demnach vom Staat stärker besteuert als Ärmere. Die Idee der Umverteilung von oben nach unten ist die gerechteren Verteilung volkswirtschaftlicher Ressourcen.

Gleiches gilt für andere Abgaben. In den Sozialversicherungen gilt der Grundsatz, dass soziale Risiken in der Regel über Lohnersatzleistungen, Geldleistungen oder Sachleistungen ausgeglichen werden. So oder so, der Sozialstaat kann soziale Schäden nicht direkt durch soziale Dienstleistungen heilen oder lindern (das wäre eine Art allumsorgender Sozialetatismus mit staatlichen Krankenhäusern, Sozialstationen und Altersheimen), er muss sich Partner bedienen, die dies für ihn erledigen (Arztpraxen, kirchliche Kindergärten, privatgewerbliche Reha-Kliniken). Und diese muss er bezahlen. Es geht also nicht nur um *Recht*, sondern auch um *Geld*.

2.2 Instrumente der Sozialpolitik

2.2.1 Das Instrument „Anrechte"

Anrechte verwirklichen von allen sozialstaatlichen Instrumenten am ehesten die Selbstverpflichtung des Staates zum sozialen Rechtsstaat. Sie schaffen Verlässlichkeit für die gesetzesvollziehenden Sozialverwaltungen, geben vor allem aber auch den Bürgerinnen und Bürgern die Sicherheit, dass Sozialleistungen nicht willkürlich nach Kassen- oder Wetterlage gewährt werden. Dies spiegelt alleine schon das in vielen Sicherungsbereichen übliche Anrecht des individuell einklagbaren Leistungsanspruchs. Der soziale Rechtsstaat meint es dort ernst, wo er dem Individuum das Recht gibt, klagend vor ihn zu treten. Dies ist es vor allem, was einen „Sozialstaat" von einem „sozialen Staat" unterscheidet.

Diese Rechtssicherheit ist auch dort unverzichtbar, wo der Sozialstaat Vorsorgeleistungen gewährt, beispielsweise in Form der Altersrente. Hiermit wirkt er nicht nur beruhigend, sondern erzeugt nachgerade Staatstreue. Wieso sollten Bürgerinnen und Bürger dem Staat gegenüber loyal sein, sich an die Regeln halten und solidarisch handeln, wenn es der Staat selbst offen ließe, was jenseits der Erwerbsfähigkeit aus den Menschen würde? Nein, was uns auch immer passieren mag, wir haben die Gewissheit, dass wir ein Anrecht darauf haben, dass der Staat uns hilft.

Wie er dies tut und wie wir selbst in der Lage sind, unsere Anrechte auch in Form von Sozialleistungen zu verwirklichen, ist dabei zunächst eine völlig andere Frage. Dies zu diskutieren, hieße, sich empirisch mit der Frage auseinanderzusetzen, inwieweit Leistungsrecht auch im Ausnahmefall den berechtigten Zugang erschwert. Angesichts der Fülle von Einzelklagen kann dies hier natürlich nicht geschehen. Nur soviel kann man hier sagen: Man weiß, dass es durchaus nicht nur auf das verbindliche Vorhandensein von Anrechten alleine ankommt. Wie Menschen Leistungen erschließen, sich des Sozialstaats „bedienen", hat durchaus auch etwas mit Bildung, beruflicher Stellung und anderen Statusbedingungen zu tun, und zwar dergestalt, dass die weniger Gebildeten, beruflich weniger gut

2.2 Instrumente der Sozialpolitik

Gestellten und so weiter auch weniger gut Anrechte erschließen oder im Zweifel auch erwirken.

2.2.2 Das Instrument „Geld"

Mittels Geld verwirklicht der Sozialstaat Anrechte, und als Geldleistungen oder geldwerte Leistungen manifestieren diese sich gegenüber den Bürgerinnen und Bürgern. Dabei sei die Frage gestattet: Muss dies immer so sein? Schließlich ist eines der, historisch betrachtet, erfolgreichsten Sicherungssysteme der Welt, die Gesetzliche Krankenversicherung so angesehen, *weil* sie nach dem Sachleistungsprinzip verfährt. Kranke erhalten kein Geld, mit dem sie sich ärztliche oder andere Hilfe einkaufen, sondern können sich behandeln lassen, ohne vorher sorgenvoll einen Blick in das Portemonnaie werfen zu müssen. Das ist eine nicht zu unterschätzende Eigenschaft *dieses* Sicherungssystems, die einen Großteil seiner Akzeptanz und Stellung in der Gesellschaft ausmacht.

Nun wissen wir alle, die wir zum Arzt gehen, dass mit Zuzahlungen, Rezeptgebühren, Eigenanteilen und so weiter der Warencharakter gesundheitlicher Leistungen nicht mehr zu leugnen ist. Auch ohne die geringste Ahnung von Abrechnungsziffern und Fallpauschalen zu haben, merken wir das selbst – spätestens, wenn wir gar nicht mehr „behandelt" werden, sondern dies selbst auf dem Weg in die Apotheken tun (müssen).

Die Häufung der Preisschilder in der Krankenversicherung ist aber noch lange kein Abgesang vom Sachleistungsgebot. Sachleistungen werden, allen noch kommenden Preisschildern zum Trotz, auch das vorherrschende Verfahren bleiben müssen. Aber schon im Nachbarsystem, der Pflegeversicherung, ist dies völlig anders. Pflegebedürftigkeit, so würden wir annehmen, sei ein soziales Risiko, welches in hohem Maße individuelle Betreuung und greifbare Dienstleistung erfordert. Folgerichtig würde sich die volle sozialstaatliche Wirkung – zumindest nach Ansicht der Gesetzesautoren – auch erst dann entfalten, wenn die Pflegebedürftigen vorrangig Sachleistungen in Anspruch nähmen. Da man ihnen in der Pflegeversicherung jedoch die Wahl lässt, Sach- oder Geldleistungen oder eine Kombination aus beidem zu beantragen, durfte man sich nicht wundern, dass die überwiegende Mehrheit Geldleistungen wählte.

Ist die Sicherungsabsicht des Sozialstaates damit dahin? Oder kann es ihm nur recht sein, nicht zuletzt in der tröstlichen Hoffnung, dass die Versicherten lieber das Geld wollen, weil sie damit flexibler nach ihren Bedürfnissen umgehen können. Wäre vielleicht mehr bewirkt, hätten die Gesetzgebenden von vorneherein *nur* die „kostengünstigere" Geldleistung vorgesehen, wie es beispielsweise in der österreichischen Pflegeversicherung der Fall ist?

Die Wahl seiner Mittel ist für den Sozialstaat die schwierigste aller Aufgaben im Rahmen seiner Sicherungsverantwortung. Wie er sich auch entscheiden mag, Geld- oder Sachleistung, Pauschale oder Bedarfsdeckung, jede Lösung birgt ein Risiko. Meist versucht der Sozialstaat dieser Entscheidung durch Flucht auf dem einfachsten Weg zu entkommen – durch Gewährung standardisierter Geldleistungen. Formal betrachtet schafft er damit ein Höchstmaß an Egalität – und zugleich an Bedarfsungerechtigkeit. Je mehr er mit Standards zudem Leistungen normiert, sie „gleich" macht, entmündigt er die Individuen als Opfer der Sozialbürokratie, beraubt sie ihrer Individualität. In der Praxis vollzieht es sich so in der Arbeitslosenversicherung, der Pflegeversicherung und in der Sozialhilfe.

Ist er allerdings auf ein Höchstmaß an Bedarfsdeckung aus, muss er Leistungen in Form von Sachleistungen individualisieren. Er kann sich dann zwar sicher sein, auch höchsten Ansprüchen zu genügen. Er liefert aber die Hilfesuchenden an die Maschinerie professioneller Leistungserbringenden aus und macht sie von diesen abhängig. So gibt er auch die Kontrolle über die Leistungshöhen (und damit der Kosten) aus der Hand, denn die werden dann nicht mehr von ihm, sondern von den Leistungserbringenden im jeweiligen System definiert. So vollzieht es sich mit Kostenträgern und Ärzteschaft in der Gesetzlichen Krankenversicherung.

Sozialpolitik macht so auch sich selbst vom Automatismus der Sozialbürokratie und der Leistungserbringenden abhängig. Dieser Automatismus ist theoretisch gekennzeichnet durch mindestens vier schwerwiegende Effekte, die den Sozialstaat schon aus Kostengründen nicht ruhig schlafen lassen:

1. Bedarfsselbsterzeugung: Sozialsysteme, die definitionsautonom sind, die also Art und Umfang der von ihnen zu deckenden Bedürfnisse und somit ihre eigene Aufgabe selbst festlegen, neigen zur Verselbständigung, indem sie nach neuen Problemen suchen und diese auch finden, um sie anschließend auch lösen zu müssen. Diese Mischung aus systemischem Ehrgeiz, Beschäftigungsmaßnahme und berufsständischer Hybris kommt den Sozialstaat teuer zu stehen, denn es entstehen so auch unbenötigte Leistungen für Phantomprobleme.
2. Institutioneller Eigensinn: Leistungen werden nicht unter fiskalischen Vorzeichen oder unter dem Blickwinkel gesamtgesellschaftlichen Nutzens gesehen, sondern ausschließlich innerhalb der Sichtgrenze eigener wirtschaftlicher Interessen.
3. Beharrungsvermögen: Jegliche Korrektur am System wird vermutlich mit allen Mitteln aus dem System heraus blockiert. Somit ist jedes System tendenziell selbst nicht in der Lage, sich – im doppelten Wortsinne – zu „be-

2.2 Instrumente der Sozialpolitik

herrschen", sondern wird immer auf eigene Expansion aus sein. Es wächst und wird immer schwieriger selbstverwaltbar, bis es in Größe erstarrt.
4. Kooperationsunfähigkeit: Am effizientesten wäre ein Sozialstaat, wenn es ihm gelänge, die für ihn ausführenden Sicherungssysteme zu vernetzen, sie auf- und untereinander abzustimmen und klarzustellen, wer in welchem Fall welche Leistung erbringt. Im System steckten und entwickelten sich allerdings Facheliten. Diese sind auch notwendig, will man hochwertige Leistungen erbringen. Nur: Sie befördern auch immer fachliche Egoismen. Klientenbilder entstehen, Vorstellungen vom typischen Menschen, dem man zu helfen hat, und aus ihnen heraus eine Art Alleinzuständigkeitsgefühl. Hier paart sich schnell professionelle Überheblichkeit mit einer Art advokatorischem Alleinvertretungsanspruch („Vertretungsneid"). Akteure benachbarter Systeme werden so schnell zu Konkurrenten, mit denen man „Fälle" nicht „teilen" will.

2.2.3 Das Instrument „Beteiligung"

Der Sozialstaat Bundesrepublik gibt sein soziales Grundversprechen ab in Artikel 20 Absatz 1 und Artikel 28 Absatz 1 Grundgesetz. Nach allen Erfahrungen mit Veränderungen in den Sicherungsstrukturen und dem gesellschaftlichen Gefüge reicht es aber nicht aus, dass er dieses Grundversprechen eingelöst sieht, indem er auf seine „Eigenschaften" als „demokratischer und sozialer Rechtsstaat" verweist. Es reicht nicht aus, nur weil der Staat die Verwaltung der sozialen Rechte garantiert und organisiert. Vielmehr ist der Staat selbst mittlerweile der Ansicht, dass zur Lösung einer Reihe von Problemen (Entmündigung, Entfremdung, Unselbständigkeit, Stigmatisierung, Selbsterzeugung der eigenen Probleme, Fehlfunktionen im System, aber nicht zuletzt auch Finanznotlagen) nicht nur der „demokratische", sondern auch und vor allem der „soziale" Staat der Ausgestaltung durch seine Bürgerinnen und Bürger bedarf.

So jedenfalls diejenigen, die mehr Eigenverantwortung und soziales Engagement fordern. Diese Forderung versteckt sich immer mal wieder im Ruf nach mehr bürgerschaftlichem Engagement, jüngst im Slogan vom „aktivierenden Staat". Dieser deutet so seine eigene Hilfegarantie um in eine Garantie, aus Ansprüchen *Befähigungen* zu machen – Befähigungen zur Mithilfe, zur Eigenvorsorge, letztlich zur Vorbereitung darauf, dass Solidarität nicht vom Staat, sondern von den Bürgerinnen und Bürger ausgeübt wird. Ob man nun der Ansicht ist, dass hier die Entsolidarisierung staatlicherseits unter der Flagge der bürgerschaftlichen Solidarität segelt, muss an anderer Stelle diskutiert werden. Es zeigt aber, dass der Sozialstaats willens ist, neben seinen altbekannten Grundinstrumenten „*Anrechte*" und „*Geld*" ein drittes Instrument unverzichtbar zu machen, „*Beteiligung*".

Beteiligung meint hier nicht nur diffuse politische Vorstellungen von mehr Bürgerengagement, wie sich Menschen gegenseitig *im* Sicherungssystem helfen sollen. Sollen sie fürsorglich für vereinsamte Langzeitpatienten im Krankenhaus da sein, in Kindergärten mitbasteln oder in Pflegeheimen Spieleabende organisieren? Warum nicht!, mag es einem entfahren, aber ist das nicht ein bisschen zu träumerisch gedacht, um ein Grundpfeiler sozialstaatlicher Apparatur zu sein? Es können erfreuliche Einzelinitiativen sein – und es gibt sie erfreulicherweise auch. Beteiligung kann hier aber auch die Mitgestaltung von Sozialpolitik in Gremien und Initiativen meinen. Aber ist das seitens der Berufssozialpolitik ernsthaft gewollt? Beteiligung meint hier wohl eher auch, dass es auf das menschliche Zustandekommen und Ausgestalten von Sozialleistungen als Interaktion, als gemeinsamer Gestaltungsprozess zwischen Leistungsbeziehenden und Leistungserbringenden, zum Teil sogar als Aushandlungsprozess zwischen Leistungsbürokratie und Leistungsbeziehenden ankommt – trotz aller verbrieften Anrechte.

Damit wären wir wieder bei der *Beteiligung*. Und hier kommt endlich der potenziell oder tatsächlich von sozialen Risiken betroffene Mensch ins Spiel. Für abhängig Beschäftigte gehört zu den Anrechten untrennbar die Mitgliedschaft in den Gesetzlichen Sozialversicherungen, die Zugehörigkeit zu einer Versichertengemeinschaft, die sie mit ihrer Beitragszahlung erwerben. Das ist kein sozialromantisches Relikt aus den Tagen der Arbeiterbewegung, sondern dokumentiert mit Nachdruck, dass bei aller Einflussnahme durch den Staat per Gesetze, Verordnungen und Finanzausgleiche die Sozialversicherungen nicht dem Staat, sondern den Versicherten gehören. Dieser wichtigste Teil des Sozialstaats wird also nicht von ihm, sondern von den Versicherten selbst verwaltet. Hierdurch ist im Prinzip ein Einfluss der Versicherten auf das Tun der Sozialversicherungsträger (Krankenkassen, Berufsgenossenschaften oder Rentenversicherungsträger) gegeben.

In der Praxis aber nur formell. Tatsächlich sind die Verwaltungsstrukturen der Sozialversicherungen längst professionalisiert, mit Experten besetzt, die quasibehördlich agieren. Sie werden kontrolliert und in Bahnen gelenkt von Gremien, in denen hauptsächlich die Tarifpartner (Arbeitnehmer und Arbeitgeber) das Geschehen bestimmen (siehe auch Abschnitt 3.2). Über die Zusammensetzung der Gremien darf man mitentscheiden. Dazu finden nach § 45 SGB IV periodisch die so genannten Sozialwahlen statt. Betrachtet man allerdings die „Wahlbeteiligung", so wird man sich nicht darüber hinwegtäuschen lassen können, dass diese Pflichtübung keine echte Beteiligung garantiert, auch nicht, wenn man die in die Sozialselbstverwaltungen hinein verlängerte Tarifpartnerschaft als

2.2 Instrumente der Sozialpolitik

Gesamtvertretung von Mitgliederinteressen ansieht. Doch, machen wir uns nichts vor, auch dieses muss man anzweifeln. Die Selbstverwaltung hat sich den Verwalteten längst entfremdet.

Beteiligung meint weiterhin, dass wir in den Fluren (oder Servernetzen) der Sozialverwaltungen zur Mitwirkung gesetzlich verpflichtet sind. Das bezieht sich vor allem auf die Mitteilungspflicht relevanter Daten, die häufig zudem unter dem Kontrollaspekt zur Vermeidung von Leistungsmissbrauch stehen. Bei Geldleistungen endet in aller Regel damit schon die Mitwirkung. Mitwirkung kann aber elementar sein, wenn wir Sozialleistungen in Gestalt von Dienstleistungen entgegen nehmen. Ein wichtiges Wesensmerkmal personenbezogener sozialer Dienstleistungen gegenüber Geldleistungen ist ihre Diffusität und ihre Nichtstandardisierbarkeit. Sie werden dezentral erbracht, und ihre Qualität hängt unmittelbar von den Dienstleistenden ab. Verbraucherschutzorganisationen testen dies immer wieder gerne, indem sie Beratungsstellen oder auch schon mal Arztpraxen an verschiedenen Orten mit ein und demselben Problem konfrontieren und mitunter erstaunliche Unterschiede in der Reaktion entdecken.

Personenbezogene soziale Dienstleistungen sind so genannte „Uno actu"-Leistungen. Erbringung und Entgegennahme der Dienstleistung verlaufen bei ihnen zeit- und raumgleich. Diese Besonderheit verursacht den Dienstleistenden Probleme, denn einmal erbrachte Leistungen sind nicht wieder rückgängig zu machen. Aber nicht nur dies. Probleme bereitet auch die Erbringung selbst. Die Dienstleistenden sind auf die Kooperationsbereitschaft und -fähigkeit der Adressatinnen und Adressaten angewiesen, wie diese auf das fachliche Wissen und Können der Dienstleistenden angewiesen sind. Insofern sind sie bezogen auf den Produktionsprozess zugleich in einer Objekt- und Subjektrolle gespalten. Mancherorts werden sie deshalb als Ko-Produzierende oder „Prosumenten" der Dienstleistung gesehen, was allerdings nicht überschätzt oder gar als Kundensouveränität verklärt werden sollte.

Sicherlich ist es so, dass das Zusammenfallen von Erbringung und Entgegennahme es mit sich bringt, dass die Qualität der Dienstleistung erst nach ihrer Erbringung wertgeschätzt werden kann, sicherlich ist es auch so, dass dabei am Gelingen die Konsumierenden einen nicht geringen Anteil haben. Das alleine unterscheidet soziale Dienstleistungen als „Erfahrensgüter" (Bäcker u.a. 2007b: 513) aber noch nicht von nicht-sozialen, personenbezogenen Dienstleistungen, wie etwa das Haareschneiden. Soziale Dienstleistungen weisen sich in diesem Sinne nicht dadurch aus, dass der oder die Dienstleistende eine Leistung fachlich korrekt verrichtet. Spezifisch und damit problematisch werden soziale Personendienstleistungen erst dadurch, dass die Adressatinnen und Adressaten die Dienstleistenden überhaupt erst brauchen, um herauszufinden, welche Leistungen für ihre Bedarfe in Frage kommen.

Im Falle des Haareschneidens ist die Kompetenz Konsumierender groß genug, um über die Leistung vorab orientiert zu sein (qualitätsprägend ist nur noch ihre Ausführung). Für die Produktion sozialer Dienstleistungen kommt es aber entscheidend darauf an, ob die Adressatinnen und Adressaten in demselben Maße wie die Dienstleistenden um die „richtige" (bedarfsgerechte) Dienstleistung wissen. Wenn nicht, müssen Dienstleistende ihren Kompetenzvorsprung ausnutzen, um die Basis für eine bestimmte Dienstleistung zu schaffen.

In dieser Kompetenz liegt – losgelöst von der tatsächlichen Adressatenperson – gewissermaßen eine Vor-Leistung. Ihre Anwendung ist eine Art qualitätsentscheidende „Vor-Leistung". An ihr können die Dienstleistungsempfangenden nicht partizipieren. Genau diese „Vor-Leistung" aber macht zum Beispiel ärztliche oder Pflegeleistungen zu „Vertrauensgütern", denen die Erzeugung spezifizierter Bedarfe vorausgeht. Die Dienstleistenden bestimmen also nicht nur das Angebot, sie schaffen zugleich auch die Nachfrage. Wenn es dann um die Qualitätsbeurteilung angeht, stehen wiederum eher die Adressatinnen und Adressaten mit ihren subjektiven Qualitätsvorstellungen im Vordergrund. Entlang der Prozessachse „Vor-Leistung – Dienstleistung/Prosumption – Ergebniswahrnehmung" verlagert sich also das Akteursgewicht von den Dienstleistenden hinüber zu den Dienstleistungsempfangenden.

Wenn wir also von Beteiligung reden, müssen wir differenzieren. Als Versicherte wie als Leistungsbeziehende sind wir in einer passiven Rolle. Als idealtypische Dienstleistungsempfangende beginnen wir uns langsam zu wandeln. In einer aktiven Rolle sehen wir uns jedoch nur, wenn wir selbst nicht mit dem System in Kontakt treten, wenn wir selbst Sozialstaat sind oder spielen. Wann tun wir das? Zum Beispiel, wenn wir unser krankes Kind zuhause pflegen, wenn wir mit Nachbarn Hausmittelrezepte austauschen oder in Vereinen und Initiativen die Welt ein bisschen menschenwürdiger, demokratischer, sozialer machen wollen. Kurz, wenn wir den systemischen Strukturen die Rolle des Betroffenenanwalts entreißen.

Tendenziell wird dies natürlich vom Sozialstaat argwöhnisch betrachtet, auch weil er vermutet, dass sich die basisdemokratische Advokatenrolle im Zweifel nicht anders verhält als die systemische: bedarfsselbsterzeugend, eigensinnig, egoistisch, fordernd. Dass er dennoch mehr Engagement fordert, kann man als nicht so ernst gemeinten Entlastungsaufruf verstehen. Mehr Anrechte oder Geld werden die sich beteiligenden Individuen sicher nicht erhalten. Der Sozialstaat kann nicht willens sein, Sozialpolitik anders als nach den von ihm aufgestellten Spielregeln (Prinzipien) praktiziert zu sehen. Die Verteilungs- und Selbstlegitimierungsabsichten, die er mit diesen Spielregeln verbindet, sind für den Staat und seine Institutionen zu vital, als dass er sie teilen oder bürgerschaftlich aufgeweicht sehen wollte. Sehen wir uns diese Spielregeln genauer an.

2.3 Formale Prinzipien der Sozialpolitik

Die individuellste Form der sozialen Sicherung, die also dem liberalen Freiheitsgedanken und der Selbstbestimmung des oder der Einzelnen am nächsten kommt, ist das *Versicherungsprinzip* (siehe auch Übersicht 2.1). Es dient rein der individuellen Vorsorge und es liegt daher auch in der individuellen Verantwortung, sich nach diesem Prinzip sozial abzusichern oder nicht. Es ist kein Zwang, dies zu tun, bezieht sich nur auf die jeweilige Person und lässt die Wahl des Leistungsumfanges je nach Leistungsfähigkeit des oder der Einzelnen. Wer viel Sicherheit will und sie sich auch leisten kann, wird im „Schadensfall" viel bekommen.

Die Gesellschaft ist dabei außen vor. Es ist eine Absicherung auf Gegenseitigkeit, ein simples Tauschversprechen. Der Vorleistung stehen Gegenleistungen wie bei einem Sparbuch in Höhe der angesparten Eigenbeiträge (Sparprinzip) oder verhältnismäßig entsprechend dem Risiko und der Dauer und Höhe der angesparten Eigenbeiträge (Äquivalenzprinzip) gegenüber.

Überwiegend wird die Absicherung sozialer Grundrisiken jedoch nicht – zumindest nicht vollständig – dem oder der Einzelnen überlassen, sondern durch die Gemeinschaft der Versicherten in den gesetzlichen Sozialversicherungen getragen. Wie Individualversicherungen funktionieren jedoch nur die Altersrentenleistungen aus der Gesetzlichen Rentenversicherung nach einem relativen Äquivalenzprinzip. In der Mehrzahl gilt das *Solidarprinzip*. Dieses besagt, dass sich zwar die individuellen Beiträge dem Grunde nach an der Leistungsfähigkeit (Einkommen) bemessen, die Leistungen selbst aber entweder normiert (Unfall-, Arbeitslosenversicherung) oder bedarfsabhängig (Krankenversicherung) oder beides sind (Pflegeversicherung).

Am weitesten in ihrer Umverteilungswirkung geht dabei die Gesetzliche Krankenversicherung. In ihr zahlen nicht nur die Einkommensstärkeren für die -schwächeren mit, sondern auch die Erwerbstätigen für mitversicherte Familienangehörige, die „Gesünderen" für die „Kränkeren" und die Ledigen und Kinderlosen für die Familien. Zudem findet im System nochmals ein Risikoausgleich statt, nach welchem Krankenkassen (als Kostenträger) mit einer ungünstigeren Versichertenstruktur (überproportional mehr Ältere, chronisch Kranke und so weiter) im so genannten Strukturausgleich Beitragsmittel anderer, besser aufgestellter Kassen erhalten. So umstritten diese Regelung auch sein mag, sie macht doch deutlich, dass innerhalb dieses geschlossenen Solidaritätssystems die Krankheitskostenbewältigung keine wettbewerbliche oder trägeregoistische Aufgabe ist, sondern bewusst eine der gesamten Versichertengemeinschaft.

Wichtig ist in diesem Zusammenhang auch, dass nach dem Solidarprinzip nicht nur Leistungen gewährt werden und Vorsorge betrieben wird, sondern auch alle Mitglieder einer Gruppe (z.B. alle Arbeitnehmer) in der Solidarversicherung sind. Das Solidarprinzip funktioniert ja überhaupt erst dadurch, dass man auch als „kleines" Mitglied wie in einem riesigen Verein (in der Kranken- und Pflegeversicherung immerhin mehr als 50 Millionen Menschen) auf die kollektive Verantwortung aller anderen für das Ganze vertrauen kann. Wenn auch die Anrechte in allen Sozialversicherungen seit den siebziger Jahren nach und nach schrumpfen, Anrechte hat man, solange man Mitglied der Solidargemeinschaft ist. Auch diese Selbstverantwortung parallel zu der des Staates gehört untrennbar zum Solidarprinzip dazu.

Ein im bundesdeutschen Sicherungsnetz dominantes drittes Prinzip ist das *Versorgungsprinzip*. Es folgt einer völlig anderen Logik. Zwar ist auch hier die Solidargemeinschaft gefragt, aber nicht in einem eigenen, geschlossenen System wie beim Solidarprinzip, sondern als steuerzahlende Allgemeinheit. Aus ihren Abgaben an den Fiskus leistet der Sozialstaat Entschädigungen für erlittener Nachteile, Schäden oder Opfer. Dem Staat geht es dabei um Ausgleich für „Schicksalsschläge", die massenhaft erlebt wurden oder werden und mit denen man die Betroffenen nicht alleine lassen will, aus welchen Gründen auch immer.

Erstes Beispiel bundesrepublikanischer Gesetzgebung war das Bundesversorgungsgesetz, 1950 eingeführt noch als Fürsorgegesetz zur Unterstützung von Hinterbliebenen von Kriegsopfern und Personen, die durch Kriegsdienst und unmittelbare Kriegseinwirkungen Schädigungen erlitten hatten. Dem Charakter nach war es ein „Beschädigtenersatzrentengesetz". Nach mehreren Änderungen in den Jahren zwischen 1960 und 1967 bekam das Bundesversorgungsgesetz den noch heute gültigen Wiedergutmachungscharakter, der sich stärker die beruflichen und wirtschaftlichen Folgen von kriegsbedingten Gesundheitsschäden vornahm.

Andere Versorgungsgesetze aus der jüngeren Geschichte der Bundesrepublik sorgten beispielsweise für die Entschädigung von erlittenen Härten unter der SED-Herrschaft in der ehemaligen DDR, wie das 1. und 2. SED-Unrechtsbereinigungsgesetz. Diese – wie auch eine ganze Reihe anderer, „zielgruppenspezifischer" Versorgungsgesetze – ähneln allgemeinen Leistungsgesetzen nach dem Versicherungs- oder dem Solidarprinzip nur insoweit, als sie in ähnlicher Weise in der *Leistungsdifferenzierung* nach dem Kausalprinzip verfahren. Dieses besagt, dass ein eingetretener Schaden nicht automatisch einen Rechtsanspruch und Leistungen eröffnet, sondern zugleich auch ein vordefinierter Anspruchsgrund (Schadenursache und -höhe) vorliegen muss. Andere Leistungsprinzipien verfahren nach dem Finalprinzip, bei denen der „Schadensfall" und eine Bedürftigkeitsprüfung in der Regel ausreichen, um entsprechend des individuellen Bedarfes Leistungen auszulösen.

2.3 Formale Prinzipien der Sozialpolitik

Das Bundessozialhilfegesetz ist solch ein Leistungen „final" differenzierendes Gesetz. Es folgt wie auch das Bundeskindergeldgesetz, das Bundeserziehungsgeldgesetz, zum Teil aber auch die Arbeitslosenversicherung der Logik einer am Mindestbedarf orientierten *Fürsorge*. Ihr zufolge wird nicht vorgesorgt, solidarisch gesichert oder entschädigt, sondern staatliche „Barmherzigkeit" geübt.

Fürsorgeleistungen sind noch am ehesten Residuen, Überbleibsel mittelalterlicher Almosenzeiten. Sie sollen die drängenste, individuelle Not lindern. Dieses Versprechen, in der Not barmherzig zu sein, gibt der Staat aber nur unter der Bedingung, dass alle anderen vorstaatlichen Hilfemöglichkeiten ausgeschöpft wurden. Dieser, der katholischen Soziallehre entstammende, Leitgedanke der *Subsidiarität* bedeutet, dass eine größere Einheit der Gesellschaft nachrangig zu den jeweils kleineren Einheiten ist. Zuerst ist also die individuelle, dann die familiäre, schließlich die lokale, zum Schluss die staatliche Einheit in der Pflicht zur Hilfe. Damit die nächstgrößere Einheit einspringt, muss eine Überforderung aller vorrangigen Einheiten gegeben sein.

Ein fünfter und letzter Typus ist der des *Alimentations- oder Unterstützungsprinzips*. Diese Sonderform staatlicher Sozialpolitik zielt auf kleinere, Gruppen, denen der Sozialstaat aus unterschiedlichen Gründen besonderen Schutz zuteil werden lässt. Sein Motiv ist dabei das der „Unterhaltspflicht", um eine bessere Vorsorge oder Grundsicherung abseits der anderen Sicherungssysteme zu ermöglichen. Die „Alimentationen" haben somit den Charakter der Substituierung oder Subventionierung. Damit protektioniert der Sozialstaat, nimmt eine Gruppe enger unter seine Fittiche als andere. Das volumenmäßig gewichtigste Beispiel für Sozialleistungen dieser Art ist die Beamtenversorgung, bei der die besondere Schutzfunktion beziehungsweise Protektionsabsicht nicht besonders erläutert werden muss.

Ein weiteres Beispiel ist die Absicherung der Landwirte. Bis zur Agrarsozialreform 1995 waren Bäuerinnen nicht eigenständig abgesichert. Mit dieser Reform wurde auch die Altershilfe für Landwirte abgelöst, die den Landwirten zusätzlich zur eigenen Altersversicherung ein Zubrot gewährte. Aktuell gewährt der Staat den Landwirten einen Beitragszuschuss zur Altersversicherung. Da in dieser ein einkommensunabhängiger Einheitsbetrag erhoben wird, wird Landwirten mit geringeren Einkünften ein Zuschuss gegeben, wenn das Einkommen eine bestimmte Grenze nicht überschreitet.

In den Genuss besonderer staatlicher Unterstützung kommen schließlich auch diejenigen Studierenden und Schülerinnen und Schüler, die nach dem Bundesausbildungsförderungsgesetz (BAföG) Zuschussleistungen erhalten. Zuschussleistungen wurden allerdings nur in der Zeit vor der Umstellung auf Volldarlehen im Wintersemester 1983/84 und nach dem 20. BAföG-Änderungsgesetz

1999 gewährt. Diese Alimentierung ist eine gezielte Unterstützung junger Menschen aus einkommensschwachen Haushalten, die wegen der hohen Kosten während der Ausbildungsphase unter Umständen kein oder nur ein durch Erwerbsarbeit behindertes Studium aufnehmen und beenden könnten. Motiv ist hier Chancengerechtigkeit.

Die Übersicht 2.1 zeigt: Sozialleistungen in der Bundesrepublik sind hochgradig heterogen. Anspruchs- und Leistungsdifferenzierungen folgen keinem einheitlichen Modell, noch nicht einmal einem untereinander vergleichbaren Gerechtigkeitskonzept, sondern sind in höchst unterschiedliche Logiken verpackt. Es dürfte nicht verwundern, wenn es hierzulande Sozialleistungen gäbe, die selbst Sozialexperten in den Sozialverwaltungen völlig unbekannt sind.

Mindestens so unbekannt wie kompliziert dürften selbst viele der „gängigeren" Sozialleistungen für die Mehrzahl in der Bevölkerung sein. Dieser Wildwuchs an Gesetzen, Verordnungen, Richtlinien und Ausführungsbestimmungen nebst länderspezifischen Regelungen, Ausnahmeregelungen für dies und das, Übergangs- und Ausschlussbestimmungen, all dies ist Ergebnis eines über viele Jahrzehnte hinweg gewachsenen Sozialstaats, der sich mal aus historischer Notwendigkeit, mal aus wahlpolitischen Gründen mal um die eine, mal um die andere Bevölkerungsgruppe kümmerte.

Gesagt sei dies nur, weil in letzter Zeit im Zusammenhang mit den notwendigen Reformen der von Jens Alber (1987) geprägte Begriff der „Entwicklungspfadabhängigkeit" die Runde macht. Dieser wäre aber gründlich missverstanden, wolle man ihn so interpretieren, dass ein Sozialstaat immer wieder Sozialpolitik nach einem einmal eingeschlagenen Weg betreibt, selbst wenn er anderswo erfolgreichere Modelle vorfindet. Nur so viel sollte man sagen: Der Sozialstaat ist prinzipientreu, aber jeweils nur in Bezug auf die Entwicklung eines Sicherungstypus. Dass er Alterssicherung auf einem einmal eingeschlagenen Pfad fortentwickelt, gibt noch lange keine Gewähr dafür, dass er für alle anderen Sicherungssysteme denselben Pfad einschlägt. Er wird sie vielmehr auf ihrem ureigensten Pfad weiterführen.

Sich selbst treu geblieben ist der Sozialstaat dabei nur in einem Punkt: Er schafft mit jedem neuen Gesetz ein neues kleines Prinzip. Keines der Sicherungsgesetze ist anderen der Art nach identisch. Möglicherweise ist dies gar kein gewollter Effekt. Die großen Sozialreformen – im Sinne von Neuerungen, nicht nur von Änderungen oder Expansionen – liegen in zeitlich größeren Abständen auseinander, so dass den sich verändernden wirtschaftlichen und sozialen Rahmenbedingungen entsprechend für eine kleinere oder größere Gruppe bei besserer oder schlechterer Haushaltslage zwangsläufig Unterschiedliches herauskommen muss.

2.3 Formale Prinzipien der Sozialpolitik

Übersicht 2.1: Leistungsprinzipien im Sozialstaat

	Individuelle Verantwortung	Soziale Verantwortung		
			Staatliche Ebene	
Hierarchie	Personale Ebene	Vorstaatliche Ebene (Gruppenorganisation)		
Leitgedanke	Autonomie	(geschlossene) Solidarität	(offene) Solidarität	Subsidiarität	Protektion
Prinzip	*Versicherungsprinzip*	*Solidarprinzip*	*Versorgungsprinzip*	*Fürsorgeprinzip*	*Alimentations-/ Unterstützungsprinzip*
Grundzüge	Sicherung individueller Risiken nach individueller Leistungsfähigkeit, Sparprinzip oder Äquivalenzprinzip, Vereinbarung auf Gegenseitigkeit	kollektive Verantwortung („Zusammenschluss der Versicherten"), sozialer Ausgleich, relatives Äquivalenzprinzip, gleiche Leistungen bei gleichen Beitragssätzen aber ungleichen Beitragszahlungen (absolut höhere Beiträge bei höheren Einkommen)	Übernahme/ Milderung von Lasten und Härten durch Allgemeinheit (Solidargemeinschaft)	Selbstverpflichtung der Allgemeinheit zur Milderung/Beseitigung individueller Not (Barmherzigkeit) Hilfegarantie nur bei Überforderung der betroffenen Ebene, Individualisierung und Bedürftigkeitsprüfung (kasuistisch strukturiert)	Fürsorge- und Unterhaltspflicht des Staates gegenüber einem besonders schutzwürdigen Personenkreis, Zuschuss zur Eigenvorsorge außerhalb pflichtgesetzlicher Systeme

Gerechtigkeitskonzept	Vorsorgegerechtigkeit	Leistungs-/Vorsorgegerechtigkeit	Ausgleichende Gerechtigkeit	Austeilende Gerechtigkeit	Sekundierende Gerechtigkeit / Chancengerechtigkeit
(Um-)Verteilungslogik	Tausch	Teilhaberschaft	Wiedergutmachung	Subsistenzerhalt / Mindestbedarf	Substituierung / Subventionierung
Finanzierung	Erwerbspersonen oder Wohnbevölkerung	Belastung des Faktors Arbeit (AG/AN)	Steuerpflichtige	Steuerpflichtige	Steuerpflichtige, geringfügige Eigenbeteiligung
Organisation	spezialisierte privatwirtschaftliche Versicherungsgesellschaften	Selbstverwaltete, parastaatliche Versicherungsträger	Staat beziehungsweise von ihm beauftragte Institutionen	Staat beziehungsweise von ihm beauftragte Institutionen	Staat beziehungsweise von ihm beauftragte Institutionen
Kapitalverwaltung	separiertes Kapital	separiertes Kapital; Umlageverfahren oder Kapitaldeckungsverfahren	allgemeine Mittel des Staates	allgemeine Mittel des Staates	allgemeine Mittel des Staates
Leistungsdifferenzierung	Kausalprinzip	Kausalprinzip	Kausalprinzip	Finalprinzip	Finalprinzip
Anspruch, Zugang	Beitragszahlung + „Versicherungsfall", (begründungspflichtig ist Betroffene/r)	Mitgliedschaft (Beitragszahlung) + „Versicherungsfall" oder Bedürftigkeit (bedarfsorientiert, begründungspflichtig ist Leistungserbringer/in)	(meist unverschuldet) erlittene Nachteile, Schäden oder Opfer (begründungspflichtig ist Betroffene/r)	Bedürftigkeit „dem Grunde nach" (begründungspflichtig ist Betroffene/r)	Eigenanteil + allgemeiner Rechtsanspruch (begründungspflichtig ist Betroffene/r)

2.3 Formale Prinzipien der Sozialpolitik

Art der Leistung	Geldleistung	Geld-/Sach-/Dienstleistung	Geldleistung	Geld-/Sachleistung	Geldleistung
Leistungssysteme	Private Personenversicherungen (Lebens-, Kranken-, Unfallversicherungen), zum Teil auch betriebliche Altersvorsorge und Gesetzliche Rentenversicherung	Gesetzliche Kranken-, Rentenversicherung, zum Teil auch Gesetzliche Unfallversicherung, Pflegeversicherung und Arbeitslosenversicherung	Bundesversorgungsgesetz, Schwerbehindertengesetz, Bundesvertriebenengesetz, Opferentschädigungsgesetz, Häftlingshilfegesetz, Soldatenversorgungsgesetz, Zivildienstgesetz, 1. und 2. SED-Unrechtsbereinigungsgesetz, Infektionsschutzgesetz, zum Teil auch Gesetzliche Unfallversicherung	Bundessozialhilfegesetz, Wohlgeldgesetz, Bundeskindergeldgesetz, Bundeserziehungsgeldgesetz, zum Teil auch Ausbildungsförderung, Pflegeversicherung und Arbeitslosenversicherung	Beamtenversorgung, Sondersysteme für Landwirte, Künstler et cetera, zum Teil auch Ausbildungsförderung, Pflegeversicherung und Arbeitslosenversicherung

Die Frage, was dabei die dominierenden Faktoren sind, die den Staat zu Neuerungen veranlassen, ist einer langen Gelehrtendebatte würdig. Einigkeit scheint hierzu nur insoweit zu bestehen, dass man keinesfalls von zeitlich unveränderlich starken Einflussfaktoren sprechen kann. Jede Zeit hat offensichtlich Triebkräfte, die sozialpolitische Innovationen vorantreiben. Zehn Jahre später können sie schon wieder „entmachtet" sein.

Die vergleichende Forschung hat sich auf wirtschaftliche Prosperität, Beschäftigungsanstieg, wachsende staatliche Ressourcen, wachsende Innovationsneigung bei gleichzeitig schwachen Gegenmehrheiten eingependelt, Bedingungen, unter denen sozialpolitische Innovationen scheinbar leichter fallen als unter anderen Vorzeichen (vgl. dazu Schmidt 1998: 160ff., kritisch dazu vgl. Dietz 2002: 100ff.). Eine Reihe von durchaus großen Sozialreformen fiel aber in Perioden, auf die solche Zustandsbeschreibungen beileibe nicht zutreffen. Wären diese sozialpolitisch besonders günstigen Bedingungen eine abschließende Aufzählung – eine Reihe von Sozialgesetzen dürfte es ihnen zufolge heute nicht geben. Offensichtlich spielen noch andere Faktoren eine entscheidende Rolle, die zeitliche Nähe zu Wahlen etwa, soziale Bewegungen, engagierte Einzelpersonen, die Gesetze gegen Widerstände „durchsetzen", oder auch „Große Koalitionen". Was es auch immer sei, die Regierenden müssen sich von einer bestimmten Sozialpolitik etwas versprechen.

2.4 Funktionen von Sozialpolitik

Im ersten Kapitel ging es um die Entwicklung bestimmter sozialpolitischer Aktivitäten. Aus der Geschichte ist zu lernen, dass Sozialpolitik nicht „zwecklos", nur aus Barmherzigkeit und Menschenliebe heraus entsteht. Man mag feststellen, dass die gegenseitige Hilfe oder die Hilfe durch Dritte vordergründig fast immer mit Humanität legitimiert wurde und wird, sich letztlich aber noch mehr mit ihr verband. Ohne Antriebskräfte von außen, nur aus sich heraus, handelt(e) keine Institution, Organisation oder Gemeinschaft, schon gar nicht der Staat. Er handelt auch nicht „bedingungslos". Vielmehr wird er immer – nachdem er sich zur Aktivität aufgefordert sieht und zur Handlung bereit ist – bestimmte Absichten mit seinen Aktivitäten verbinden.

Diese Absichten sind ebenso konstitutiv wie die Antriebskräfte selbst. Es reicht für den Sozialstaat nicht aus, sozialpolitische Maßnahmen auf den Weg zu bringen, nur weil er sich dazu genötigt sieht. Er muss zugleich auch eine Vorstellung davon entwickeln, was diese Aktivitäten bewirken. Und: Er muss für sich klären, welche Instrumente er dazu zur Verfügung hat und wie er diese *so* ein-

2.4 Funktionen von Sozialpolitik

setzt, dass externe Antriebe wie auch Maßnahmenabsichten in Einklang gebracht werden.

Verkürzt kann man also festhalten, dass sozialpolitische Maßnahmen immer einen Zusatznutzen erfordern. Sozialleistungen sind „meritorische Güter", also (öffentliche) Güter, die durch den Staat oder mit Hilfe des Staates hergestellt werden und bei ihrer Produktion oder Konsumption einen weiteren, staatlicherseits erwünschten Nutzen entstehen lassen. Für Bismarck und alle anderen Politikerinnen und Politiker bis heute verband und verbindet sich beispielsweise mit der Krankenversicherung mehr als nur der Nutzen, den die oder der Kranke aus dem Heilungsversprechen des Systems zieht. Der staatliche Nutzen besteht darin, dass die Gesellschaft ökonomisch von der Wiederherstellung der Arbeitsfähigkeit der Kranken profitiert beziehungsweise sich Krankheit als massenhaftes soziales Risiko nicht zu einer sozialen und politischen Krise auswächst. Dieser Zusatznutzen kann dabei entweder als Abwehr systemgefährdender Effekte (Arbeitsunfähigkeit) oder als Förderung systemerhaltender Effekte (Arbeitsfähigkeit) interpretiert werden.

Selbst, wenn das Ergebnis in der Praxis für die Betroffenen negativ bleibt (Arbeitsfähigkeit kann trotz Inanspruchnahme des Leistungssystems nicht wiederhergestellt werden), kann der Zusatznutzen ein positiver sein. Das bedeutet auch, dass es nicht alleine, vielleicht noch nicht einmal vorrangig auf den Anlass sozialstaatlicher Eingriffe (Lösung eines bestimmten sozialen Problems) ankommt. Für den Staat kann der Zusatznutzen schwerer wiegen als der eigentliche Nutzen. Das bedeutet aber auch, dass der Zusatznutzen meritorischer Güter nicht immer ökonomischer Natur sein muss. Er kann als politischer Nutzen dienen, ebenso zugkräftig aber auch als kultureller Nutzen daherkommen. Der Nutzen sozialpolitischer Eingriffe wird sich also immer *in der Summe* ihrer Wirkungen bewerten lassen müssen.

Dazu finden wir bei F. X. Kaufmann eine idealtypische Aufgliederung von Wirkungen sozialstaatlicher Interventionen (Kaufmann 1997: 34-48). Kaufmann sieht den Gesamtnutzen sozialer Sicherung im Zusammenspiel, in der „wechselseitigen Komplementarität" (ebd.: 46) der folgenden Wirkungen:

- Ökonomische Wirkung: Soziale Sicherung ist danach zur Marktwirtschaft insoweit „komplementär", als es die Humankapitalbildung, die Arbeitsbereitschaft und dadurch schließlich die Steigerung der Produktivität fördert.
- Politische Wirkung: Soziale Sicherung verhindert soziale Stratifikation zwar nicht, ist aber auf deren Milderung aus. Sie entschärft die Gefahr politischer Krisen als Folge ökonomischer Krisen. Sie befriedet damit und lenkt ökonomische Macht- und Interessengegensätze in Konfliktaustragungsfor-

men, die „sozialverträglich" in die eine und produktionssichernd in die andere Richtung wirken.
- Kulturelle Wirkung: Soziale Sicherung schafft und stabilisiert ein „Leitbild" einer weitgehend als gerecht akzeptierten Gesellschaftsordnung und erhöht damit die Legitimität staatlicher Intervention beziehungsweise die des Zusammenwirkens von Staat und Gesellschaft insgesamt (siehe wiederum politische Funktion).
- Soziale Wirkung: Soziale Sicherung vollzieht ihre „Wohlfahrtsproduktion" in erster Linie an privaten Haushalten. Sie schafft damit zugleich die Voraussetzungen, in denen private Ressourcen einerseits und eine Sozialwirtschaft andererseits stabilisiert wird, was somit wiederum entsprechende Rückwirkung auf ökonomische Funktionen hat.

Kaufmanns Verständnis von sozialstaatlichem Wirken hat Mängel. Es ist streng funktional, wenn auch „multifunktional" (ebd.: 47). Es erlaubt also an sich noch keine nähere Betrachtung, wer welchen Nutzen von Sozialpolitik hat, *für wen* sie wirkt. Ist immer nur der Staat Nutznießer? Oder schließt der Sozialstaat in seine Nutzenüberlegungen neben den Bürgerinnen und Bürgern andere „Nutzeninteressenten" mit ein? Zudem kann darüber gestritten werden, wo die Trennungslinien zwischen den Funktionen verlaufen.

Das Trennschärfenproblem ist insoweit aber auch vernachlässigbar, als die Gesamtliste eine universale sein soll. Die Aufmerksamkeit ist auf ihre Wechselwirkung zu lenken. Das suggeriert zwar, sozialstaatlicher Erfolg sei nur im Konzert – als Arrangement – möglich, gerade weil jeder der vier Teile einen Idealzustand sozialstaatlicher Maßnahmeneffekte formuliert, der schon für sich genommen vielleicht nicht immer vollständig erreichbar ist. Das ist aber nicht das Entscheidende. Jede Einzelwirkung für sich alleine wäre jedenfalls nicht hinreichend, um Sozialstaatlichkeit und deren Entwicklung zu erklären. Was das Funktionsschema aber erklärt, ist das Optimum an sozialstaatlich erreichbaren Zielen und insofern das Maximum an sozialstaatlichen Motiven, soziale Sicherung zu betreiben.

Allerdings – und da liegt der wesentliche Mangel einer solchen idealtypischen Wirkungsbeschreibung – macht Kaufmann keinen Unterschied zwischen *kollektivem* und *individuellem* Nutzen. Man stellt diesen Mangel sehr leicht fest, wenn man nach den Interessen fragt, die andere Nutznießer an Sozialpolitik haben.

Nehmen wir in einem Beispiel hierzu an, der Sozialstaat plane eine enorme Ausweitung der Betreuungsangebote für Kinder im Vorschul- und Schulalter. Damit beabsichtigt er, der Unvereinbarkeit von Familie und Beruf entgegenzuwirken, zweifellos ein großes Problem. Er verschaffte allen Erziehenden dadurch

2.4 Funktionen von Sozialpolitik

mehr soziale Sicherheit, bräuchte dafür aber auch mehr Geld, das er in Form einer Erziehungssteuer einfordern könnte. Menschen, die zur Zielgruppe dieser Maßnahme zählten, würden diese Verbesserung von Sozialpolitik sicherlich einerseits begrüßen, andererseits den Aspekt der finanziellen Mehrbelastung betrachten, sie also ablehnen. (Noch) nicht betroffene Bürgerinnen und Bürger, die Wirtschaft und andere Akteure würden den Nutzen dieser Maßnahme ebenfalls primär unter dem Steuerbelastungsaspekt betrachten und die Maßnahme unter Umständen ablehnen, weil die eingesetzten Ressourcen an anderer Stelle fehlten.

Eine positive Wirkung auf der einen Seite (soziale Funktion) träfe in diesem Fall auf eine negative Wirkung auf einer anderen Seite (ökonomische Funktion). Nur: Welche Wirkung schwerer wiegt, ist nicht eindeutig. Nach Kaufmann ist erfolgreiche Sozialpolitik eine Frage der Synergie, also der wechselseitig positiven Verstärkung, die in unserem Beispiel aber nicht existiert.

Auch die sozialstaatlichen Akteure wissen um dieses Für und Wider. Kann also diese spezifische Sozialpolitik für Kinder und ihre Eltern nicht durchgesetzt werden, alleine schon weil sie *nicht nur* nützt? Oder kann sie trotz der „Nichtkomplementarität" durchgesetzt werden, weil der Nutzen der direkten Wirkung (mehr Erwerbschancen für Eltern) höher bewertet wird als der der Folgewirkung (höhere steuerliche Belastung)? Welcher Nutzen überwiegt, der auf der *individuellen Seite* (Zielgruppe) oder der auf der *kollektiven Seite* (alle Steuerpflichtige)?

Um diese Fragen zu beantworten, müsste man in diesem Gemengelage von Wirkungen unter- und entscheiden zwischen *Funktionen* von Sozialpolitik, die unter Umständen andere überlagern. Es geht also nicht nur darum, welche Wirkungen Sozialpolitik erzielt, sondern – früher ansetzend – welche Wirkungen sie erzielen *soll*. Zu fragen ist also nach der Wirkungsabsicht. Dabei ist auch die „Wirkebene" (kollektive oder individuelle Wirkung) zu unterscheiden. In der folgenden Tabelle ist die Kaufmannsche Aufgliederung in diesem Sinne ergänzt worden.

Übersicht 2.2: Wirkungsabsichten von Sozialpolitik für ... in Korrelation mit ...

		Individualebene			
		Ökonomische Funktion	Politische Funktion	Kulturelle Funktion	Soziale Funktion
Kollektivebene	Ökonomische Funktion		Sozialverträglichkeit (Modernisierungsakzeptanz)	Konsumteilhabe und -akzeptanz	Sicherung/Wiederherstellung erwerbsmäßiger Subsistenz
	Politische Funktion	Produktivitätssicherung/ -steigerung		Gerechtigkeitsempfinden	Akzeptanz staatlicher Intervention
	Kulturelle Funktion	Wirtschaftsordnungslegitimierung	Herrschafts- (Staatsordnungs-) legitimierung		Stabilisierung staatsentlastender privater Lebensformen
	Soziale Funktion	Stabilisierung staatsentlastender Sozialwirtschaft	Pazifizierung	Sozialordnungslegitimierung	

Es geht auf der kollektiven Seite überwiegend um Legitimierung gesellschaftlicher Verhältnisse, auf individueller Seite um die Akzeptanz ihres Zustands oder auch ihrer Veränderung. Nimmt man nun beispielsweise die Einführung der Krankenversicherung 1883 zum Maßstab, so sieht man in der Wechselbeziehung zwischen politischer und sozialer Funktion, dass die Absicht auf kollektiver Ebene und individueller Ebene sich unterscheidet. Individuell ging es um Akzeptanz des Staates und seiner sozialpolitischen Intervention. Kollektiv ging es um Pazifizierung. Zudem bediente die Krankenversicherung auch ökonomische und kulturelle Funktionen. Man kann auch sagen: Die Gesetzliche Krankenversicherung war deswegen langfristig so beständig, weil sie bei sehr vielen Funktionen eine positive Wechselseitigkeit herstellte.

Suchte man nach der positiven Wechselseitigkeit in unserem Beispiel der verbesserten Kinderbetreuung, so fände man auf individueller Seite nur eine

2.4 Funktionen von Sozialpolitik

Wechselbeziehung zwischen ökonomischer und kultureller beziehungsweise sozialer Funktion darin, dass Eltern (individuell) stärker am Erwerbs- und Konsumleben teilnehmen könnten. Ob dies (kollektiv) produktivitätssteigernd wäre, sei noch dahingestellt. Eventuell würde eine solche Maßnahme noch das Gerechtigkeitsempfinden bedienen. Pazifizierende Wirkung wäre nicht sonderlich relevant, da die Nichtverwirklichung der Maßnahme vermutlich keinen großen Protest auslösen würde.

Am ehesten noch würde der Staat auf der kollektiven Wirkebene sozialkulturell ein positives Signal für mehr Kinder in der Gesellschaft setzen, allerdings unter Umständen um den Preis, dass Kinderlose dieses nicht mittragen. Es könnte andererseits sogar sein, dass deren Protest gegen die Maßnahme ernster genommen würde als der Protest der Eltern gegen deren Nichteinführung. Möglicherweise würde der Sozialstaat in seinen Absichten mehr wechselseitige Verstärkung zwischen den Funktionen herstellen, wenn er anstelle einer neuen Steuer für neue Betreuungsmöglichkeiten das Kindergeld deutlich anheben würde.

Es ist offenbar, dass mit einer klugen Sozialpolitik sozusagen „mehrere Fliegen mit einer Klappe geschlagen" werden können. Aber die wechselseitigen Beeinflussungen machen das Geschäft so komplex, dass wenige Spielräume bleiben. Politik muss dabei ständig die Interessen und die Einflussstärke der Ziel- und anderer Gruppen im Auge behalten. Welche Akteure dabei eine wesentliche Rolle spielen, ist Gegenstand des folgenden Kapitels.

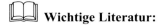 **Wichtige Literatur:**

Grasse, Alexander / Ludwig, Carmen / Dietz, Berthold (Hrsg.): Soziale Gerechtigkeit – Reformpolitik am Scheideweg. Wiesbaden 2006
Die zahlreichen Autorinnen und Autoren in diesem Band unternehmen den Versuch der Analyse, kritischen Betrachtung und Reformoptionen von sozialstaatlichem Handeln, wenn es sich nach Maßstäben der Gerechtigkeit messen lassen soll. Die auf hohem Niveau diskutierenden Beiträge sehen dabei die Frage gesellschaftlicher Integration als eine an, die maßgeblich über die Zukunftsfähigkeit (post-)moderner Demokratien und Wirtschaftssysteme entscheiden wird. Damit ist soziale Gerechtigkeit mehr als nur ein ethisches „Problem". Zudem kann soziale Gerechtigkeit nicht länger isoliert diskutiert und erstritten werden, sondern erzwingt Lösungen in Mehrebenensystemen. Daher nimmt der Band nicht nur die kommunale, regionale und nationale Situation Deutschlands in den Blick, sondern gibt auch der europäischen und internationalen Perspektive breiten Raum.

Kaufmann, Franz-Xaver: Herausforderungen des Sozialstaats. Frankfurt a. M. 1997.
Ders.: Sozialpolitik und Sozialstaat – Soziologische Analysen. Wiesbaden 2005.
Beide Titel kann man getrost als Summe der Kaufmannschen Analysen des Sozialstaats hinsichtlich Konzeption, Merkmale und Erfolgsbedingungen des deutschen Sozialstaats werten. Insofern stellen beide Beiträge unverzichtbare Quellen in der Diskussion um die Herausforderungen eines sich permanent Modernisierungsprozessen in der Gesellschaft ausgesetzten Sozialen Staates sowie den Reformperspektiven dar.

Tragl, Torsten: Solidarität und Sozialstaat. Theoretische Grundlagen, Probleme und Perspektiven des modernen sozialpolitischen Solidaritätskonzeptes. München und Mering 2000.
Als Dissertation zwar in der Diktion etwas hölzern, beinhaltet dieses Buch Entwicklung, Typologie und Tragfähigkeit des Solidaritätsbegriffs und versucht sich an einer Modernisierung desselben. In der Summe ist es ein aufschlussreiches Handbuch über und ein differenziertes Plädoyer für eine – nach Tragl überfälligen – Theorie der Solidarität in der Gesellschaft.

3 Akteure der Sozialpolitik

> *Wie jede Politik muss auch Sozialpolitik erdacht, durchdacht, mehrheitlich beschlossen und umgesetzt werden. Dazu braucht es im Sozialstaat neben den staatlichen Instanzen entsprechende Co-Akteure, die sich an der sozialpolitischen Willensbildung, Entscheidungsfindung und der Leistungserbringung beteiligen. Jeder der Co-Akteure erwartet und leistet jedoch vom und im Sozialstaat Unterschiedliches. In diesem Kapitel wird es darum gehen, die wichtigsten Akteure und Co-Akteure vorzustellen.*

Wenn wir für einen Moment noch einmal die Informationen aus dem ersten und zweiten Kapitel Revue passieren lassen, sehen wir, dass das Zustandekommen von Sozialpolitik einer Vielzahl an äußeren Einflussfaktoren unterliegt und von einer nicht immer vorhersehbaren Motivation ausgeht. Kurz gesagt: Es ist nicht immer die richtige Zeit für Sozialpolitik, sie muss ihre Zeit finden. Sie braucht auch ihre Zeit. Und was zu einer bestimmten Zeit die einen wollen, muss nicht immer von allen unterstützt werden.

Sozialpolitik braucht ein Terrain und Akteure. Keine Bundesregierung wird etwas durchsetzen können, wenn sie sich nicht einer Aushandlungsfläche und der darauf mit ihr agierenden Co-Akteure sicher ist. Formal ist die Aushandlungsfläche das Parlament, de facto aber bereits im vorparlamentarischen Raum die politischen Parteien und die vielen weiteren Diskussionsorte, in denen Politikerinnen und Politiker mit Vertreterinnen und Vertretern von allerlei Verwaltungen, Verbänden, Organisationen, Initiativen und Unternehmen zusammentreffen. Traditionell sind die Tarifpartner (Arbeitgeber- und Arbeitnehmerorganisationen) die wichtigsten Akteure. Denn sie sind es, die die Selbstverwaltungsorgane der Sozialversicherungsträger kontrollieren, was aber längst nicht (mehr) für alle selbstverwalteten Sozialversicherungen gilt.

Häufig korrespondiert die Akteursfrage mit der Frage nach den grundlegenden Sicherungsprinzipien, die es umzusetzen gilt: Mal aus Gründen der eigenen Organisationshistorie, mal aus Gründen klientelpolitischer Strategien bevorzugen Verbände und Einflussgruppen im Grundsatz eher das Versicherungsprinzip, das Solidarprinzip oder das Fürsorgeprinzip. So stehen die Gewerkschaften traditionell dem Solidarprinzip näher als die Arbeitgeberseite, die die überwiegende Zahl der Sozialleistungen entweder als private Vorsorgeleistung (Versicherungsprinzip) oder als eine staatliche Basisleistung ansieht (Fürsorgeprinzip). Derzeit und auch künftig wird insbesondere um die Zukunft der Solidarsysteme gerungen. Deren Zukunft entscheidet sich also auch entlang der Frage, welche Akteure sich für ihren Erhalt stark machen und wie durchsetzungsfähig sie sind/sein werden.

In Summe ist die Vielfalt der daraus entstandenen Sicherungssysteme und der in diesen Agierenden so groß, dass eine Übersicht bereits an dieser Stelle Not tut:

Übersicht 3.1a: Sicherungs(teil)systeme und zuständige Träger/Behörden – Sozialversicherungen

Sozialversicherungen	Träger/Behörden	Rechtsgrundlage/n
Gesetzliche Krankenversicherung	Gesetzliche Krankenkassen (Orts-, Ersatz-, Betriebs-, Innungskrankenkassen)	SGB I, SGB IV, SGB V
Gesetzliche Unfallversicherung	Gewerbliche Berufsgenossenschaften, Landwirtschaftliche Berufsgenossenschaften, Unfallversicherungsträger der öffentlichen Hand	SGB I, SGB IV, SGB VII
Gesetzliche Rentenversicherung	Bundesversicherungsanstalt für Angestellte, Landesversicherungsanstalten, Seekasse, Bundesknappschaft	SGB I, SGB IV, SGB VI
Arbeitslosenversicherung/ Arbeitsförderung	Bundesanstalt für Arbeit mit untergeordneten (Landes-)Arbeitsämtern	Arbeitsförderungsgesetz/ SGB III, SGB I, SGB IV
Soziale Pflegeversicherung	Gesetzliche Pflegekassen (= Krankenkassen, siehe oben)	SGB I, SGB IV, SGB XI

3 Akteure der Sozialpolitik

Übersicht 3.1b: Sicherungsteilsysteme und zuständige Träger/Behörden – Sondersysteme

Sondersysteme	Träger/Behörden	Rechtsgrundlage/n
Beamtenversorgung (Pensionen, Familienzuschläge, Beihilfen)	Jeweils oberste Dienstbehörde bei Bund, Ländern, Kommunen, Gemeindeverbänden oder öffentlich-rechtlichen Körperschaften, Beschäftigungsbehörde, Pensionsregelungsbehörden	vor allem Beamtenversorgungsgesetz, Beihilfevorschriften des Bundes und der Länder
Altersversicherung der Landwirte	Landwirtschaftliche Alterskassen	Bundesversorgungsgesetz
Sicherung freier Berufe	Künstlersozialkasse (für Künstler und Publizisten), berufsständische Versorgungswerke bei den Berufskammern (Ärzte, Apotheker, Rechtsanwälte, Notare, Architekten, Wirtschaftsprüfer und so weiter)	Künstlersozialversicherungsgesetz, Landesrecht und Kammersatzungen bei Kammerberufen
Zusätzliche Altersversorgungswerke	Versorgungsanstalt des Bundes und der Ländern, Kommunale Zusatzversorgungskassen, Seemannskasse, Zusatzversorgungskasse für Arbeitnehmer in der Land- und Forstwirtschaft, und andere	überwiegend per Satzungsrecht
Ausbildungsförderung für Schüler/innen und Studierende	je nach Landesrecht Ämter für Ausbildungsförderung bei den Kommunalverwaltungen, Hochschulen, Studentenwerken und so weiter Verwaltung der Darlehen: Bundesverwaltungsamt, Deutsche Ausgleichsbank	Bundesausbildungsförderungsgesetz

Übersicht 3.1c: Sicherungsteilsysteme und zuständige Träger/Behörden – Versorgungssysteme

Versorgungssysteme	Träger/Behörden	Rechtsgrundlage/n
Medizinische und berufliche Rehabilitation und Integration von Behinderten und Schwerbehinderten	Hauptfürsorgestellen, überörtliche Sozialhilfeträger, Jugend- und Sozialämter bei den Kreisen und kreisfreien Städten, Träger der Sozialversicherung (vor allem Rentenversicherungsträger und Bundesanstalt für Arbeit)	Schwerbehindertengesetz, SGB IX und andere, Bundessozialhilfegesetz, Kinder- und Jugendhilfegesetz (SGB VIII)
Integrationshilfen für Spätaussiedler	Verwaltung: Bundesverwaltungsamt, Heimkehrerstiftung, Otto-Benecke-Stiftung, Stiftung für ehemalige politische Häftlinge Finanzierung: Bund, Bundesanstalt für Arbeit, Unfall- und Rentenversicherungsträger	Kriegsfolgenbereinigungsgesetz, Bundesvertriebenengesetz
Entschädigungen für entstandene Härten	Versorgungsämter, Landesversorgungsämter (Kriegsopfer-, Soldaten-, Zivildienst-, Häftlingsversorgung und so weiter) Hauptfürsorgestellen bei den Kreisen und kreisfreien Städten (Leistungen der Kriegsopferfürsorge) Heilbehandlung durch Krankenkassen	Bundesversorgungsgesetz, Kriegsfolgenbereinigungsgesetz, Bundesvertriebenengesetz, Opferentschädigungsgesetz, Häftlingshilfegesetz, Soldatenversorgungsgesetz, Zivildienstgesetz, Infektionsschutzgesetz, Strafrechtliches Rehabilitierungsgesetz, Verwaltungsrechtliches Rehabilitierungsgesetz, Einigungsvertrag, Einigungsvertragsgesetz, 1. und 2. SED-Unrechtsbereinigungsgesetz

3.1 Der föderale Sozialstaat

Übersicht 3.1d: Sicherungsteilsysteme und zuständige Träger/Behörden – Fürsorgesysteme

Fürsorgesysteme	Träger/Behörden	Rechtsgrundlage/n
Familienleistungsausgleich (Kindergeld, Erziehungsgeld)	Kindergeld: Bundesanstalt für Arbeit, Familienkassen bei den Arbeitsämtern Erziehungsgeld: meist örtliche Jugend-, Bezirks-, Versorgungsämter oder Landesbehörden	Bundeskindergeldgesetz; Bundeserziehungsgeldgesetz, Landesrecht
Kinder- und Jugendhilfe	Jugendämter bei den Kreisen und kreisfreien Städten, nach Maßgabe des Landesrechts auch leistungsfähige kreisangehörige Gemeinden	Kinder- und Jugendhilfegesetz/SGB VIII
Sozialhilfe	Kommunen beziehungsweise übergeordnete Behörden als örtliche beziehungsweise überörtliche Sozialhilfeträger	Bundessozialhilfegesetz
Wohngeld	Wohngeldstellen nach Landesrecht bei den Gemeinden, Kreisen und kreisfreien Städten	Wohngeldgesetz
Ausländische Flüchtlinge und Asylbewerber/innen	Oberste Landesbehörden (meist Innen- oder Sozialministerien), örtlich zuständige Kommunalbehörden (meist Sozialämter)	Asylbewerberleistungsgesetz

Übersicht 3.1e: Sicherungsteilsysteme und zuständige Träger/Behörden – Indirekte Sozialleistungen

Indirekte Sozialleistungen	Träger/Behörden	Rechtsgrundlage/n
Steuerrechtlicher Ausgleich außergewöhnlicher Belastungen	Finanzverwaltungen	Einkommensteuergesetz, Vermögensbildungsgesetz

3.1 Der föderale Sozialstaat

Bleiben wir aber zunächst beim Formalen. Im Grundgesetz ist die soziale Aktivität des Staates festgelegt in Artikel 20 Absatz 1: „Die Bundesrepublik Deutschland ist ein demokratischer und sozialer Bundesstaat." Damit ist verfassungsmäßig verankert, dass soziale Verantwortung und Föderalismus untrennbar zusammen gehören. Verfassungsrechtler sprechen dabei auch vom „kooperativen Föderalismus" und meinen damit die Zusammenarbeit von Bund und Ländern sowie der Länder untereinander. Dies gilt nicht nur allgemein, sondern *gerade* für die soziale Verantwortung aller Staatsebenen.

Nachdruck erhält dieses Grundrecht durch die Regelungen zur Gesetzgebungskompetenzen der föderativen Ebenen. Die Verantwortung für das Arbeits- und Sozialrecht wird mit Artikel 74 GG ausdrücklich über die „konkurrierende Gesetzgebung" (Artikel 72 GG) Bund und Ländern gleichermaßen zugeschrieben. Dem Bund wird im Sozialrecht keine ausschließliche Gesetzgebung zugestanden, noch nicht einmal eine, die den Ländern Rahmenvorschriften vorgibt. Solange und soweit er von der eigenen keinen Gebrauch macht, überlässt der Bund den Ländern die Gesetzgebungsbefugnis, es sei denn, es besteht ein besonderes Bedürfnis nach länderübergreifender Regelung (Stichwort: Einheitlichkeit der Lebensverhältnisse, Artikel 72 Absatz 2 GG). Dies ist insbesondere bei den Sozialversicherungen der Fall. Soweit die verfassungsgemäße Gesetzgebungskompetenz.

Jede Bundesregierung machte bisher aber vom Vorrang in der konkurrierenden Gesetzgebung fleißig Gebrauch. Unabhängig davon, wer ein Thema auf die Tagesordnung setzt (hierbei haben die Bundesländer bisweilen eine antreibende Rolle gespielt) – sobald ein soziales Problem akut sichtbar wurde, wurde die Bundespolitik früher oder später initiativ. Dass sie dabei die Interessen der Länderebene schon in die Planungen mit einfließen lässt, ist vor allem dem Umstand geschuldet, dass Sozialgesetze in aller Regel Bundestag *und* Bundesrat passieren müssen. Nicht selten mussten Gesetzesentwürfe in Vermittlungsausschüssen umgeschrieben werden, weil die Ansichten zwischen den politischen Mehrheiten in Bund und Ländern zu weit auseinander lagen.

Beim Bund beschränkt sich die sozialpolitische Aktivität weitgehend auf die Gesetzgebung. Das Spezifische am deutschen Sozialstaat ist unter anderem auch, dass weder Bund noch Länderselbst zentrale Sicherungssysteme mit eigenen Organisationen oder Einrichtungen selbst „unterhalten". Dazu werden Helfer und Helfershelfer in Form von Behörden, Verbänden, Organisationen und Körperschaften benötigt. Diese möchten natürlich mitreden, wenn es um die gesetzliche Ausgestaltung ihrer eigenen Tätigkeitsfelder geht. Angesichts der Komplexität des parlamentarischen Räderwerks und der Komplexität sozialrechtlicher Materie wird deren Einfluss jedoch oft überschätzt.

Wichtig ist auch: Der Sozialstaat behandelt nicht alle Helfershelfer gleich. Manche sind „gleicher", haben einen anderen Status. Diesen differenziert von Winter (1997: 351ff.) beispielsweise als *inkorporierten, akkreditierten oder marginalen Status*.

- Inkorporiert sind Verbände und Organisationen, die „vom Staat als unverzichtbarer Partner anerkannt sind und die dauerhaft und häufig in fest institutionalisierten Organen und Gremien mit staatlichen Instanzen zusammenarbeiten" (ebd.: 353). Sie tragen einen Großteil der Verantwortung in der Umsetzung von Sozialpolitik, nicht zuletzt auch personell und finanziell. Dafür, dass sie dem Staat diese Last abnehmen, werden sie vom Staat an weit reichenden Entscheidungen beteiligt, erhalten Einfluss, dürfen also mitregieren. Das verschafft diesen Organisationen eine öffentliche Stellung. Je dichter eine Organisation in die Nähe des Staates rückt und von diesem in seiner Nähe nicht nur geduldet wird, desto staatlicher wird seine Position. Viele würden etwa die Bundesagentur für Arbeit als eine staatliche Behörde bezeichnen. Sie ist es aber ebenso wenig wie der TÜV.
- Relativ ähnlich sind dem auch Verbände und Organisationen mit akkreditiertem Status. Sie sind jedoch nicht als quasi-staatlich mit einer relativen Macht von und im Staat ausgestattet und sind auch nicht an inkorporierte staatliche Zwänge und Vorgaben gebunden. Sie verhalten sich dementsprechend auch anders. Ihre Möglichkeiten, Dinge mit den Mitteln der Öffentlichkeitsarbeit einzufordern oder mittels lobbyistischer Arbeit gegenüber Parlamentariern und Ministerialen sind insofern auch unverbindlicher, aber auch vielfältiger und offener.
- In etwas größerem Abstand zum Staat stehen Akteure mit marginalem Status. Sie lassen sich am wenigsten in staatliche Pläne und Abläufe einbinden, stehen dafür aber auch oftmals „vor der Tür", wenn es in vorparlamentarischen Raum, auf den entscheidenden Spielflächen um wichtige Entscheidungen geht. Typischerweise sind marginale Akteure auch ressourcenschwach (ebd.: 354), haben als kleinere, randständige Akteure nicht die Möglichkeiten der Einflussnahme, um eigene Interessen durchzusetzen.

Übersicht 3.2: Einfluss- und Leistungswege in der Sozialpolitik

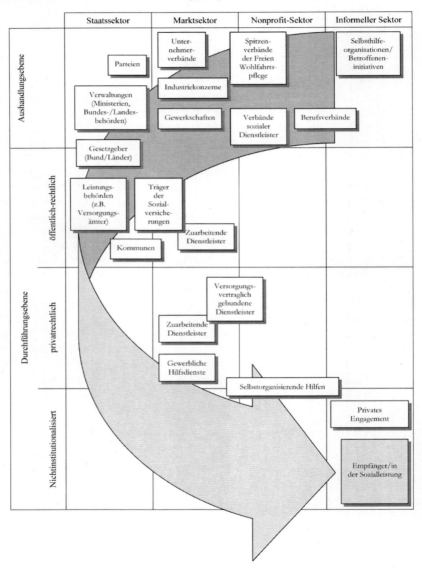

3.2 Der soziale Interessenstaat

Übersicht 3.2 soll die Menge der Akteure veranschaulichen, die eine sozialpolitische Aktivität von der politischen Aushandlung bis zur Durchführung durchläuft. Sicher ist nicht jeder der dort aufgeführten Mitspieler im politischen wie im sozialen Alltag gleichermaßen gut „aufgestellt". Wichtiger sind jedoch die Akteure auf der Durchführungsebene und sollen weiter hinten noch gesondert vorgestellt werden, weil sie es sind, durch die wir als Sozialbürgerinnen und Sozialbürger mit dem Sozialstaat in Kontakt treten.

Zunächst aber noch: Zwar wollen viele Akteure an der Sozialpolitik mitwirken, aber es stellt sich dann die Frage: Warum möchten sie mitspielen und was treibt die Akteure an, was sind ihre Interessen? Wie im ersten Kapitel gezeigt, besitzt noch nicht einmal der Sozialstaat selbst ein reines, unvermischtes Interesse an sozialer Sicherung. Wie kann man es von seinen Helfershelfern erwarten? Motiviert sie eine eigene soziale Verantwortung für das Gemeinwesen? Alleine wohl kaum. Ist es die Anerkennung durch den Staat und seine Machteliten, die Nähe zu den Mächtigen? Oder sind es andere Gründe?

Folgt man der Mehrzahl der wissenschaftlichen Publikationen zu dieser Frage, erhält man keine einheitliche Antwort. Daraus kann man schlussfolgern, dass es *ein* Interesse nicht gibt, sondern soziale Verbände und Organisationen von mehreren Impulsen „angetrieben" werden. Demnach muss ein bestimmtes sozialpolitisches Interesse eine Äußerungsform finden, es tritt nicht in Reinform auf, es wird – mit den Worten von Winters (1997) – „transformiert".

- Identitätsinteresse: Soziale Verbände haben eine Geschichte, ein Selbstverständnis, eine *Corporate Identity*, wie man heutzutage sagt. Diese strahlt im besten Falle auf alle ab, die in dieser Organisation arbeiten oder mit ihr zusammenarbeiten. Jedes Unternehmen hat eine ausgefeilte Identität (nicht zu verwechseln mit äußerem *Image*). Das spezifische Interesse ist nun, dass man diese Identität in der Sozialpolitik widergespiegelt sehen möchte. Man möchte ihr seinen Stempel aufdrücken, seine spezifische Weltanschauung einhauchen. Beispiel: Unternehmen und Unternehmensverbände sind zwar keine ausgesprochenen sozialen Organisationen, nehmen aber auf Sozialpolitik Einfluss. So wie sie es tun, lässt erkennen, dass sie unternehmerischen Grundideale wie individuelle Freiheit, Risikobereitschaft, Eigenständigkeit und Selbstverantwortung auf Sozialpolitik übertragen. Dies endet meist in der stehenden Forderung nach weniger Staat und mehr Eigenvorsorge.
- Erwerbswirtschaftliches Interesse: Alle Akteure im Sozialstaat verdienen an ihm und durch ihn Geld. Dabei geht es mitunter noch nicht einmal um Gewinne in einem privatgewerblichen Sinne. Es geht auch darum, ob die

Menge des Geldes, die man verwalten darf, in den Verteilungskämpfen eine stärkere Position verschafft. Im Übrigen ist das Interesse an Geld genau deswegen anders gelagert als das an den Anrechten, die man verwalten darf. Im Zweifel wäre man lieber eine Organisation, die über viel Geld für wenige Anrechte verfügt, als eine Organisation, die für weitgehende Anrechte wenig Geld zur Verfügung hat. Auch hier können wir das oben stehende Beispiel verwenden: Die Forderung nach mehr Eigenvorsorge und weniger Staat hat natürlich auch einen wirtschaftlichen Hintersinn. Je weniger der Staat absichert, desto mehr wird es – so das Kalkül – der/die Einzelne mit Hilfe privater Absicherungen tun und/oder motivierter sein. Letztendlich kostet der schlanke Sozialstaat die kostenbeteiligte Wirtschaft weniger als ein mächtiger Sozialstaat.

- Advokatorisches Interesse: Traditionell sind viele der sozialpolitisch aktiven Verbände in Deutschland von ihrer Geschichte her „Sozialanspruchsvereinigungen". Das heißt, sie gründen ihre Existenz in der Durchsetzung sozialer Ansprüche derjenigen, die sie als ihre Klientel bezeichnen. Dazu gehören fast alle Akteure im Sicherungssystem. Ihre sozialpolitische Legitimation haben sie also nicht aus sich heraus, sondern mit Verweis auf eine Betroffenengruppe. Oder anders formuliert: Man wird in seinen sozialpolitischen Forderungen ernster genommen, wenn man deutlich macht, dass man ja gar nicht egoistisch für sich selbst, sondern stellvertretend für andere fordert. Indem man eigenes Interesse hinter das einer schutzwürdigen, sprach- und fürsprachelosen Gruppe benachteiligter Menschen stellt, erhält die Forderung einen moralischen Nachdruck und der, der sie ausspricht, erntet den Ruf eines hochanständigen, seriösen Fürsprechers. Doch natürlich sind nicht immer alle Akteure so uneigennützig und selbstlos, sondern setzen sich selbst so gerade taktisch in eine bessere Position. Wo die Trennlinie zwischen dem verläuft, was eine sprachlose Gruppe will, und dem, was der für sie sprechende Verband will, kann man auf Seiten des Staates nur schwer oder nicht feststellen. Sobald eine Organisation eine Position eines schwächeren Akteurs als die seine übernimmt, instrumentalisiert er sie, bemäntelt mit ihr eigene Positionen. Beispiel: Die Wirtschaftsverbände fordern die Absenkung der Sozialversicherungsbeiträge für alle Beschäftigten, um deren Kaufkraft zu stärken. Jeder weiß, dass in fast allen Systemen der Arbeitgeberbeitrag dem der Arbeitnehmenden entspricht. Es ginge also im Kern doch nur wieder um ureigenstes Interesse, bemäntelt mit der Fürsprache für die abgabenbelasteten Versicherten.
- Professionspolitisches Interesse: Nahezu jeder Akteur hat mit seiner spezifischen Rolle im Sicherungssystem eine größere Nähe zu einzelnen sozialen Berufen. Diese haben selbstverständlich eigene Vorstellungen von Sozial-

politik. Nicht nur, dass ihnen Sozialpolitik Arbeitsplätze garantiert, sie also auch wieder erwerbswirtschaftlich motiviert wären, eine bestimmte Sozialpolitik zu fordern. Sie haben daneben zum Beispiel auch eine feste berufliche Ethik, eine Auffassung von der Güte der eigenen Arbeit. Diese mag in der Regel, muss aber nicht zwingend mit mehr Geld verbunden sein. Man muss derlei Interesse also von dem erwerbswirtschaftlichen trennen. Große ständische Berufe (etwa die Ärzteschaft) haben eigene Berufsorganisationen. Andere Berufe werden durch große Organisationen mitvertreten, sofern sie in diesen zahlenmäßig bedeutsam vertreten sind und sie insofern für die Binnenkultur der Organisation eine bestimmte Rolle spielen (so zum Beispiel die Pflegekräfte, die keine eigene Kammer haben und auch ansonsten in kleineren Berufsverbänden zersplittert sind, finden eine mächtige Fürsprache durch die Wohlfahrtsverbände). Wie gut dieses gelingt, ist wiederum eine Frage advokatorischer Interessenstransformation.

Entscheidend ist dabei noch nicht einmal, wie welches Interesse vorgetragen wird. Entscheidend ist unter anderem auch, dass man in seiner Interessensphäre authentisch bleibt. Mit anderen Worten: Jeder Akteur hat seine Herkunft, seine Klientel und seine spezifische Rolle. Diese Position ist allen anderen Akteuren bekannt. Und diese würden Akteursforderungen misstrauisch begegnen, die sich von dieser Position entfernen. Nehmen wir als Beispiel noch einmal die Wirtschaftsverbände: Einmal angenommen, diese würden eine bessere medikamentöse Versorgung von, sagen wir einmal, Rheumakranken fordern – man würde zwar um der Patientinnen und Patienten willen Beifall spenden, aber sich schon sehr wundern. Da man allerorten um die Advokatoren-Taktik weiß, würden alle nach dem eigentlichen Interesse hinter der Forderung suchen. Da Wirtschaftsverbände typischerweise erwerbswirtschaftlich argumentieren, würde man einem advokatorischen Vorstoß noch mehr argwöhnen, als einem unverhohlen vorgetragenen „Mehr Geld für Schmerzmittel und die Pharmaindustrie".

Oder ein anderes Beispiel: Wohlfahrtsverbände klagen mit Nachdruck über die hohe Arbeitsbelastung von Pflegekräften in Pflegeeinrichtungen und fordern höhere Pflegesätze, um dringend benötigtes Personal einstellen zu können. Kommt hier erwerbswirtschaftliches Interesse (mehr Geld aus den Sozialkassen), advokatorisches Interesse (bessere Pflege für die Pflegebedürftigen) oder professionspolitisches Interesse (Verbesserung der Arbeitsbedingungen für Pflegekräfte) zum Ausdruck?

3.3 Öffentliche Träger von Sozialleistungen

Der Sozialstaat, das sind also Bund und Länder. Sie setzen das Recht, haben dabei aber auch die dritte staatliche Ebene, die Kommunen, in ihrer Selbstverwaltungs- und in ihrer finanziellen Autonomie zu berücksichtigen. An der Gesetzgebung selbst sind die Kommunen jedoch nicht beteiligt (das wäre praktisch ohnehin nicht zu bewerkstelligen). Jedoch werden ihre Spitzenverbände (Deutscher Städtetag, Deutscher Städte- und Gemeindebund, Deutscher Landkreistag) in Gesetzgebungsverfahren einbezogen. Ansonsten haben die Länder den Auftrag, kommunale Interessen zu wahren und mitzuvertreten.

Oft genug gelingt dies – aus Sicht der Kommunen – nicht. Dass es aber gelingen sollte, ist wichtig, denn Städte und Gemeinden sind seit den Tagen der städtischen Armenfürsorge die letzte Instanz im sozialen Netz. Sie sind unter den Gebietskörperschaften diejenigen, die am nächsten an den Bürgerinnen und Bürgern „dran" sind. Und sie führen eine Reihe wichtiger sozialpolitischer Aufgaben für den Bund und die Länder aus, so zum Beispiel die Kinder- und Jugendhilfe, die Altenhilfe und die Sozialhilfe. Gerade auf kommunaler Ebene kommt Sozialpolitik handfest zustande, wird als Beratung und intervenierende Hilfe konkreter und persönlicher als die von fernen, zentralisierten Sozialverwaltungen ausgezahlten Hilfebeträge.

Vieles wird auch auf kommunaler Ebene per Geld geregelt, etwa die Sozialhilfe, die in allen Kommunen den mit Abstand größten Haushaltsposten ausmacht. Hier ist die Kommune in einer für sie nicht immer leichten Rolle der Ausfallbürgin, die einspringen muss wenn vorgelagerte Sozialversicherungsstaat anrechte- und geldmäßig nicht oder zu wenig greift. Versagt sie, hat das gesamte soziale Netz versagt. Sie repräsentiert den dezentralisierten Sozialstaat, der dort wirkt, wo es unmittelbar die Lebensbedingungen der Menschen betrifft.

Dazu braucht die kommunale Ebene nicht nur Geld, sondern auch Gestaltungsspielräume. Diese Doppelwertigkeit – Ausführungsorgan und selbstverwaltete Gestalterin (für manche ein Konflikt) – spiegelt sich in den Begriffen „Pflichtaufgaben" und „freiwillige Aufgaben" wider. Pflichtaufgaben sind alle Maßnahmen, die den Kommunen aufgrund von Bundesrecht (z. B. Bundessozialhilfegesetz – BSHG, Kinder- und Jugendhilfegesetz – KJHG) oder Landesrecht (z. B. Landesgesetze für den öffentlichen Gesundheitsdienst) übertragen worden sind. Freiwillige Aufgaben sind Tätigkeiten, deren Erbringung und Ausgestaltung alleine im Ermessen der Kommune liegen (z. B. Familienberatungsstellen oder Familienfreizeiten).

Die Ambivalenz zwischen Verwalten und Gestalten spiegelt sich aber auch in den Begriffen Subjekt- und Objektförderung wider. Subjektförderung meint Maßnahmen, in welchen die Kommune nachrangig oder alleinzuständig Sozial-

3.3 Öffentliche Träger von Sozialleistungen

gesetze umsetzt, Anrechte und Geld verwaltet und unmittelbar *im Einzelfall* wirkt. Objektförderung meint Planungs- und Finanzierungshoheit gegenüber *Strukturen*, mit deren Hilfe der Sozialstaat wirkt (Infrastruktur, Beratungsangebote, Hilfeeinrichtungen). Mit beidem soll die Kommune Sachwalterin des Wohls der Bürgerinnen und Bürger sein und zugleich dem Sozialstaat zu seiner spezifischen Verwirklichung verhelfen.

Kommunen sind es auch, die unter den öffentlichen Trägern von Sozialleistungen an oberster Stelle genannt gehören. Sie verteilen als örtliche und überörtliche Träger der Sozialhilfe immerhin jährlich ein Finanzvolumen, das beispielsweise das der Sozialen Pflegeversicherung bei weitem übersteigt. Die Kommunen sind auch in der Kinder- und Jugendhilfe in der Pflicht. Nicht direkt dazugehörig, aber im gleichen Zielgruppenbereich sind nach Landesrecht in vielen Bundesländern zudem kommunale Stellen (z. B. Jugendämter) für den Vollzug des Bundeserziehungsgeldgesetzes verantwortlich.

Die in der Summe bedeutendsten öffentlichen Träger von Sozialleistungen sind jedoch gar keine Behörden von Gebietskörperschaften, sondern die Träger der Gesetzlichen Sozialversicherungen. Sie sind rechtsfähige Körperschaften des öffentlichen Rechts, unterliegen einer staatlichen Aufsicht, verwalten sich aber selbst und geben sich – freilich im Rahmen der Sozialgesetzbücher – über Satzungen auch ihr eigenes Recht (§ 29ff. SGB IV). Die entscheidenden Organe der Selbstverwaltung sind die (ehrenamtlichen) Vertreterversammlungen und die (hauptamtlichen) Vorstände.

Die Vertreterversammlung beziehungsweise der Verwaltungsrat als das jeweils oberste Beschlussorgan trifft grundsätzliche Entscheidungen, soweit diese im rechtlichen Rahmen von der Selbstverwaltung zu treffen sind, und wählt auf Vorstandsvorschlag die Geschäftsführung des jeweiligen Trägers. Ihre Zusammensetzung ergibt sich – wie bei einer Parlamentswahl – aus der alle sechs Jahre stattfindenden „Sozialwahl", die nächste ist im Jahre 2005. Gewählt werden dabei von den Versicherten Listen (Fraktionen) aus der Gruppe der Versicherten (Unabhängige Listen, Gewerkschaftslisten). Die Arbeitgeber (Unternehmen, Unternehmensverbände) bestimmen ihre Vertreter. Beide Wählergruppen sind gleichstark (paritätische Selbstverwaltung). Der Vorstand überwacht die laufenden Geschäfte und Verwaltung (Geschäftsführung) und ist gesetzlicher Vertreter des Versicherungsträgers.

Diese „Regel" gilt für die Unfall-, die Renten- und die Mehrheit der Krankenversicherungsträger. Allerdings gibt es auch viele Ausnahmen von der Regel. Unterschiedliche Selbstverwaltungsstrukturen haben die Ersatz- und die Betriebskrankenkassen, die landwirtschaftlichen Kranken- und Unfallversicherungen sowie die knappschaftlichen* Renten- und Krankenversicherungen. Sie unterscheiden sich wesentlich in der Zusammensetzung der Vertreterversammlungen. So sind zum Beispiel in der knappschaftlichen Selbstverwaltung die Arbeitnehmer mit zwei Dritteln in der Mehrheit. Gänzlich anders aufgebaut ist der Träger der Arbeitslosenversicherung, die Bundesanstalt für Arbeit. Sie ist unterhalb ihrer Hauptstelle in Nürnberg in allen Bundesländern in Landesarbeitsämter untergliedert, denen wiederum die örtlichen Arbeitsämter unterstellt sind. Die Selbstverwaltung vollzieht sich folglich auch auf allen drei Ebenen. Überdies sind im Verwaltungsrat und den Verwaltungsausschüssen die öffentlichen Gebietskörperschaften (Bund, Länder und Kommunen) vertreten (Drittelparität).

So wie der Staat Arbeitgeber und Gewerkschaften als so genannte Sozialpartner in der Tarifpolitik Autonomie garantiert, gestattet er ihnen gleichermaßen enormen Einfluss in der Selbstverwaltung der Sozialversicherungen. Diskussionswürdig wäre jedoch die Frage, ob diese starke Position noch immer gerechtfertigt ist. Denkbar wäre immerhin eine stärkere Orientierung an den Interessen der Kranken, der Rentner oder der Arbeitslosen durch eine gesetzlich festgelegte Drittel- oder Viertelparität – immerhin handelt es sich um die eigentlich „Betroffenen". Aus Tradition (siehe Kapitel 1) und aus dem Zutrauen in eine echte Interessenvertretung zugunsten der Versicherten belassen die Gesetzgebenden den Interessengegensatz zwischen Kapital und Arbeit der Tarifpartner auch in den Sozialversicherungen. Dieser Umstand macht die – zumindest in der Kranken- und Rentenversicherung überholte – Beschäftigungs- und Lohnbezogenheit dieses wichtigsten Teils sozialer Sicherung aus (siehe auch Kapitel 5). Er ist nur historisch begründet, nicht aber angesichts einer immer differenzierteren Erwerbsstruktur. Wieso sollen Verbeamtete, freiberuflich Tätige und Selbständige nicht auch in einer Gesetzlichen Krankenversicherung zur Solidargemeinschaft beitragen? Was macht ihr Kranksein anders als das der abhängig Beschäftigten?

Eine Sonderstellung im Sozialversicherungssystem haben die Gesetzlichen Krankenkassen. Sie fungieren stellvertretend für andere Zweige als Zahlstelle der Sozialversicherungen, nehmen also nicht nur die Krankenversicherungsbeiträge, sondern auch die zur Renten-, Arbeitslosen- und Pflegeversicherung ein. Zusammen mit den anderen Versicherungsträgern verwalten sie das Geld der gesetzlich Versicherten, was sie in eine quasi-staatliche Position rückt.

Die Sozialversicherungsträger sind für ihren jeweiligen Bereich Vertragsgeber, steuern und kontrollieren nahezu den gesamten Markt in ihrem jeweiligen System (Gesundheits- und Pflegedienstleistungen, Arznei- und Hilfsmittelvergabe, Arbeitsplatzsicherheit, berufliche Rehabilitation, Umschulungen, Integrationsmaßnahmen und berufliche Bildung).

---

* = eigener Sozialversicherungszweig der im Bergbau Beschäftigten

3.3 Öffentliche Träger von Sozialleistungen

Woher kommt das? Der Staat delegiert die Verantwortung für eine adäquate Versorgung seiner Bürgerinnen und Bürger an die Kostenträger, aber diese delegieren weiter. Sie haben die Strukturverantwortung, müssen also – mit Ausnahme des Kassenarztwesens im Rahmen der Krankenversicherung, wo den Kassenärztlichen Vereinigungen die Strukturverantwortung (gebiets- und fachmäßige Zulassung von niedergelassenen Kassenärzt/inn/en) übertragen wurde – für eine hinreichende Dienstleistungslandschaft (Einrichtungen, Dienste, Personen) und Dienstleistungsqualität sorgen, tragen diese jedoch nicht selbst. Sie bedienen sich dabei ihrerseits geeigneter Organisationen und Unternehmen, die für sie die Leistungen erbringen.

Nun darf aber nicht jeder Dienstleistende machen, was er will. Soziale Sach- und Dienstleistungen sollen schließlich in einer einigermaßen vergleichbaren Menge und Qualität erbracht werden. Dazu schließen die Kostenträger Leistungsverträge (Versorgungsverträge, Leistungsvereinbarungen) mit den Leistungserbringenden ab. Da es aber in keinem System eine zentrale Allzuständigkeit gibt, müssen Vereinbarungen der Kostenträger selbst eine verbindliche Grundlage haben. Hierzu steht den Kostenträgern auf der Ebene der Spitzenverbände, auf Bundes- sowie teilweise auch auf Regional- oder Landesebene ein selbständig arbeitendes Ausschusswesen zur Seite, welches der Staat in inhaltlichen Fragen nur allzu gerne gewähren lässt. Diese Verhandlungsrunden zwischen den Vertragspartnern haben weit reichenden Einfluss (a) auf die Gesetzesausführung, dort wo die Gesetzgebenden nur Rahmenvorschriften erlassen, und (b) auf den Verwaltungsvollzug, dort wo die Gesetzgebenden es den Vertragspartnern überlassen, *wie* und *nach welchen Richtlinien* Leistungen erbracht werden sollen.

Betrachtet man volkswirtschaftlich dieses von den Sozialversicherungsträgern verantwortete Gesamtsystem in Summe, so kommt man zu einem Volumen, das problemlos alle anderen Volkswirtschaftsbereiche in der Bundesrepublik in puncto Umsatz und Beschäftigungszahlen übersteigt. Schon alleine das Gesundheitssystem ist mit mehr als 4,2 Millionen Beschäftigten und einem Jahresumsatz von 240 Mrd. Euro (= 11% des Bruttoinlandsproduktes)[*] der zweitstärkste Wirtschaftszweig nach dem Handel – weit vor dem Baugewerbe oder dem verarbeitenden Gewerbe.

Diese Verantwortung zwingt die Sozialversicherungsträger in eine Doppelrolle. Die Menge der Anrechte und Leistungen sind nur mit den Mitteln der Bürokratie, einer behördlichen Apparatur voll von Leistungsrecht, Versichertennummern und Antragsformularen in den Griff zu bekommen. Sozialversicherungsträger fungieren so als Hilfsstaat. Anderseits sind sie gehalten, Leistun-

---

[*] = Zahlen für 2005; Quelle: BMG/Statistisches Bundesamt.

gen für ihre Mitglieder – seien es Arztleistungen, Leistungen von Reha-Kliniken, ambulanten Pflegediensten, Dentallabore, Sanitätshäuser oder Personalagenturen – nach den Grundsätzen der Wirtschaftlichkeit und der Leistungsqualität zu organisieren. Hier sind sie massenhafter Auftraggeber im Sinne und im Dienste ihrer Mitglieder, der Versicherten, haben diesen gegenüber als Berater und stellvertretender Vertragspartner ein Maximum an Leistungswirksamkeit und Zufriedenheit herzustellen. So fungieren sie als Dienstleister und Marktakteur.

In dieser Doppelrolle – zwischen dem staatlichen und dem Marktsektor (siehe Übersicht 3.2) – entwickelten sich die Versicherungsträger je nach Systemerfordernissen unterschiedlich. Krankenversicherungen (z. B. AOK, Barmer Ersatzkasse, Techniker Krankenkasse oder die zahlreichen kleinen und kleinsten Betriebskrankenkassen) sind längst auf dem Weg zu einer marktwirtschaftlichen Dienstleistungsmentalität, umwerben und umsorgen ihre Versicherten mehr und mehr als „Kunden" im Wettbewerb mit der privaten Versicherungswirtschaft. Die Rentenversicherungsträger (Bundesversicherungsanstalt für Angestellte und die Landesversicherungsanstalten) hingegen sind in ihrem System „konkurrenzlos", weil ihnen keine Versicherten „weglaufen" können. Sie erheben keinen Anspruch auf „Marktanteile", sondern verwalten gesetzliche (Renten-)Ansprüche. Sie verteilen und versorgen auf Antrag, sind also eher dem traditionellen Behördengebaren verhaftet.

Die Berufsgenossenschaften als Träger der Gesetzlichen Unfallversicherung handeln eher im Hintergrund, haben ohnedies als „Arbeitsunfallverhüterinnen" eher die Unternehmen als die Versicherten im Blick. In einem radikalen Wandel des Selbstverständnisses und der Strategie ist wiederum die Bundesagentur für Arbeit befindlich. Ihr wurde im Rahmen der Arbeitsmarktreform 2003-2005 verordnet, aus einer durch und durch föderal-behördlichen Struktur heraus ein modernes Dienstleistungsunternehmen zu werden. Eine Metamorphose, an deren Ende Arbeitslosen keine Versichertennummer, sondern eine „Kundennummer" zugeteilt wird.

3.4 Leistungsvertraglich gebundene Dienstleister

3.4.1 Wohlfahrtsverbände

Eine deutsche Besonderheit liegt in der Stellung der Freien Wohlfahrtspflege im Sozialstaat. Sie sind den öffentlichen Trägern von Sozialleistungen auf das Engste verbunden, allen voran den Sozialversicherungsträgern und den Kommunen. Zu den Kostenträgern bestehen versorgungsvertragliche Bindungen. Mit den Kommunen ist die Verknüpfung der Wohlfahrtsverbände derart eng, dass daraus

3.4 Leistungsvertraglich gebundene Dienstleister

eine „zweite" Sozialpartnerschaft erwachsen ist, sowohl auf lokalpolitischer Ebene als auch auf Sachfragenebene. Die Wohlfahrtsverbände in Deutschland, namentlich

- der Caritas-Verband (CV),
- das Diakonisches Werk (DW),
- das Deutsche Rotes Kreuz (DRK),
- die Arbeiterwohlfahrt (AWO),
- der Deutsche Paritätische Wohlfahrtsverband (DPWV) und
- die Zentralwohlfahrtsstelle der Juden in Deutschland,

mögen sich in ihrer Verankerung und Grundorientierung in den großen Religionsgemeinschaften (Caritas, Diakonie, Zentralwohlfahrtsstelle), in sozialdemokratischer Historie (AWO) oder als Sammelbecken bürgerlicher Selbsthilfe und kleinerer sozialer Gruppierungen (DPWV) in Herkunft, Weltanschauung und Struktur extrem unterscheiden, in einem sind sie sich jedoch sehr ähnlich. Sie alle hatten und haben es zum Ziel, Menschen in Armut und sozialen Notlagen zu helfen, Menschen, die zu den „Randgruppen" der Gesellschaft gehören, die vereinsamen oder nicht mehr weiter wissen. Dies ist ihr geschichtlicher Werdegang, den wahrscheinlich keiner der Wohlfahrtsverbände heute zu leugnen oder zu vernachlässigen bereit wäre, auch wenn sie sich selbst längst zu „Wohlfahrtsunternehmen" entwickelt haben.

Das staatliche Pendant dazu – wenn man die Verantwortung für diese Menschen betrachtet – war und bleibt die Kommune als örtliche Sozialhilfeträgerin. Auch deren Aufgabe, in ihrer Gemeinde, ihrer Stadt oder ihrem Kreis Notleidende und Ausgegrenzte zu unterstützen, ist eine historisch gewachsene. Auf dieser Ebene kommen sich beide Sozialpartner sehr nahe, ermitteln sozialpolitische Handlungsbedarfe, sorgen für eine entsprechende Infrastruktur und sind wirtschaftlich geradezu wie in einer Symbiose voneinander abhängig.

Das Tätigkeitsspektrum der Wohlfahrtsverbände reicht von der Beratung verschuldeter Familien über Suppenküchen für Obdachlose bis hin zur Trägerschaft von Jugendhilfeeinrichtungen, Altenpflege-/-wohnheimen und Krankenhäusern. Sie sind innerhalb der Sozialwirtschaft der mit Abstand größte Arbeitgeber mit einer marktbeherrschenden Stellung in vielen Bereichen des Sozial- und Gesundheitswesens. Sie sind die entscheidenden Helfershelfer, die der Staat zur Realisierung nichtmonetärer Leistungen braucht, sieht man einmal von den freiberuflich niedergelassenen Ärzten ab. Und sie sind Träger von „Marktvorteilen" im Sozialen, die jedenfalls in dieser Kombination nicht kopierbar sind: Barmherzigkeit, Menschenliebe, Leitbildfestigkeit, fachliche Verantwortung, Kompetenz und eine starke Verwurzelung in ihren Standorten.

Dennoch bröckelt die langjährige Dominanz insbesondere der großen Wohlfahrtsverbände, woran der Sozialstaat selbst nicht schuldlos ist. Einerseits verband er mit einer Reihe jüngerer Sozialreformen die Leistungserbringung mit einem weitgehend offenen „Dienstleistungsmarkt", in dem sie mit mehr oder weniger gleichberechtigt agierenden, privatgewerblichen Dienstleistern konkurrieren, so geschehen im Kinder- und Jugendhilfegesetz und in der Sozialen Pflegeversicherung. Andererseits strebt er auf allen Ebenen seiner gebietskörperschaftlichen Behördenlandschaft ein *New Public Management* an, eine Modernisierung und Rationalisierung von Verwaltungsabläufen und Verwaltungsselbstverständnissen nach industriellem Vorbild. Ausgerechnet die Kommunalverwaltungen scheinen hiermit am weitesten zu sein (vgl. Dietz 1999).

Zugleich sind aber vor allem die kirchlich verankerten Wohlfahrtsverbände vom Bedeutungsverlust ihrer ureigensten Traditionen und Leitbilder betroffen. Barmherzigkeit und Menschenliebe haben scheinbar in einer beschleunigten Interessenkampfgesellschaft nicht mehr den alten Stellenwert und werden sicherlich vom Großteil der in dieser groß gewordenen Playstation-Generation als verweichlicht und uncool völlig missverstanden. Doch nicht nur dies, es gibt eine große Interessenvielfalt im Inneren. Wohlfahrtsverbände haben einen gewaltigen Rollenkonflikt, der nur bisher nicht offen ausgetragen und leicht zu ertragen war, weil er von der weltanschaulichen Klammer gut zusammengehalten wurde. Je schwächer diese Klammer wird, desto stärker treten diese Rollenkonflikte (zur Differenzierung der folgenden Interessensbegriffe vgl. von Winter 1997: 122ff.) zutage, nämlich zugleich

- als Träger einer sozial- und gesellschaftspolitischen Mission zu überzeugen (Identitätsinteresse), daneben
- Anwalt und Sprachrohr der Schwachen zu sein (advokatorisches Interesse),
- die in ihnen versammelten fachlichen Kompetenzen berufsethisch und fachlich aufzunehmen und weiterzuentwickeln (professionspolitisches Interesse) und
- als Träger von Einrichtungen der Sozialwirtschaft und Anbieter sozialer Dienstleistungen, also als Arbeitgeber und Vertragspartner betriebswirtschaftlich hart und in konzernähnlicher Manier strukturell auf die Ertragslage achten zu müssen (erwerbswirtschaftliches Interesse).

Schließlich sind die Wohlfahrtsverbände extrem wichtig, wenn es um fachliche Stellungnahmen und Grundpositionen geht. Wer also in der oben genannten Rollenvielfalt noch keinen Konflikt erkennt, wird dies spätestens beim Anerkennen eines starken – nach Verband unterschiedlichen – wahlpolitischen Interesses tun müssen.

3.4.2 Privatgewerbliche Dienstleister

Je mehr sich freigemeinnützige Organisationen „gewerblich" verhalten, desto schwieriger wird es natürlich, die Trennlinie zu den kommerziellen Dienstleistenden zu ziehen. Maßgeblich ist jedoch, dass diese in der sozialpolitischen Machtfrage immer noch als Nebenakteure angesehen werden. Und sie sind es auch, weil sie als privatgewerbliche Anbieter von Sozialleistungen oft Nischenanbieter sind (Privatkliniken), die in der „halböffentlichen" Versorgungslandschaft nur durch Spezialisierung bestehen können, oder aufgrund der Betriebsgröße (wie im Pflegesektor deutlich zu sehen) kein so großes Strukturgewicht haben oder als Entlastungsinstrument dienen (wie die Personalserviceagenturen im Bereich der Arbeitsförderung). Nun wollten die Gesetzgebenden im Zuge jüngerer Sozialreformen, dass sich soziale Dienstleister dem Dienstleistungsmarkt stellen müssen und sich auf dem Wege größerer Konkurrenz effizienter (kostengünstiger) darstellen. So zum Beispiel in der Kinder- und Jugendhilfe oder im Bereich der Pflegeversicherung. Ob auf dem Wege einer Konkurrenzsituation eine bessere Sozialdienstleistung herzustellen ist, ist eine Frage, die schnell im Wirtschaftsideologischen endet und auch hier nicht beantwortet werden kann. Fakt ist aber: Der Sozialstaat verfolgt mit einer gewissen Vergewerblichung nicht nur Kostenziele, sondern auch Strukturziele. Wissenschaftlich wird dies als der Weg von einem korporatistischen in einen pluralistischen Sozialstaat bezeichnet.

Was heißt das? Sehr viele Leistungsbereiche wurden von Organisationen dominiert, die sich analog öffentlicher Verwaltungen entwickelten. Ineffizienz, Erstarrung und Distanz zu den Menschen waren die Folge. Um dies nun zu modernisieren, macht man sich private Formen zu Nutze, die bisher im sozialpolitischen Spiel marginal waren. Da die traditionellen Beziehungsformen der schon inkorporierten Partner auf diese nicht anzuwenden sind, wird das Verhältnis zwischen Sozialstaat und korporatistischen Helfershelfern für alle vereinheitlicht und versachlicht. Sozialpolitik wird nun nicht mehr auf dem Wege der politischen Aushandlung umgesetzt, sondern per Vertrag (vgl. unter anderem Evers/Olk 1996, Heinze/Schmid/Strünck 1999).

Mit der Pluralisierung verbinden viele nicht nur die Hoffnung auf einen weniger kostspieligen, sondern auch einen besseren Sozialstaat. Für viele wiederum funktioniert dies nur mit einem geöffneten, vielfältigen Sozialmarkt. Worauf wir uns einzustellen haben ist also, dass uns nicht mehr geholfen wird, sondern uns Hilfe *angeboten* wird. Ein solcher Angebotssozialstaat ist jedoch mit steigender Zahl kleinerer, nicht-inkorporierter Akteure schwer zu koordinieren. Auch wenn sich privatgewerbliche Dienstleistende zusammenschließen und Verbände gründen, letztlich sind sie Akteure auf eigene Rechnung – und somit Konkurrenten.

Ihr Interesse im und am Sozialstaat ist und bleibt vorrangig ein erwerbswirtschaftliches. Es fehlen Geschichte, Tradition und Selbstverständnis, die eine Identität und eine Fürsprecherrolle legitimieren könnte. Ja, selbst ein professionspolitisches Interesse ist nicht in Sicht. Damit haben privatgewerbliche Dienstleistende im Inneren zwar auch keine Rollenkonflikte auszuhalten, aber sie sind eben auch profillos. Sehr viel sozialpolitisches Engagement – auch als Gegengewicht zum Staat – ist von ihnen nicht zu erwarten. Je mehr sich der Sozialstaat vermarktet, desto „kälter" wird er uns erscheinen, er wird uns fremder, je mehr Sozialleistungen zu Discount-Ware werden.

3.4.3 Freiberufliche Dienstleister

Ärzte, Apotheker und andere für den Sozialstaat tätige Berufe sind freiberufliche Akteure. Sie unterschieden sich von gewerblichen Dienstleistenden nicht, was das individuelle privatwirtschaftliche Risiko ihres Berufs und damit die Gewinnerwartung und ein primär erwerbswirtschaftliches Interesse angeht, wohl aber in ihrer rechtlichen Stellung. Sehen wir einmal vom Steuerrecht ab, so liegt die Besonderheit in erster Linie darin, dass es sich um so genannte Kammerberufe handelt. Freiberufler sind in der Regel in berufsständischen Kammern (z. B. Ärztekammer) zusammengeschlossen. Deren Aufgabe ist es, nach außen das Berufsbild zu vertreten und zu stärken, nach innen die „standesgemäße" Ausübung des Berufes durch Qualifizierungsstandards zu reglementieren und zu kontrollieren. Das schließt das Recht ein, bei Verstößen gegen die Standards und die Berufsethik auch zu sanktionieren, „schwarze Schafe" also zu bestrafen oder unter Umständen sogar auszuschließen.

Schon in wirtschaftlicher Hinsicht nimmt vor allem die Kassenärzteschaft eine Sonderstellung ein. Ihr Lohn ergibt sich aus Leistungsvereinbarungen, die die Versicherungsträger nicht mit jedem/jeder Einzelnen abschließen, sondern mit den Kassenärztlichen Vereinigungen. Diese verwalten ein Budget und verteilen dieses nach einem festgesetzten Leistungskatalog, der jeder Einzelleistung per Ziffer einen bestimmten Wert zuweist. Die Gesamtvergütungen werden jährlich zwischen den Kassenärztlichen Vereinigungen und den Landesverbänden der Krankenkassen vertraglich neu festgelegt. Was der Hausarzt oder Facharzt dann im Einzelfall tut, wird einer Ziffer zugeordnet und quartalsweise mit den Kassenärztlichen Vereinigungen abgerechnet. Diese wiederum dividieren das festgesetzte Budget durch die abzurechnenden Einzelleistungen („Punkte") und erhalten so einen Punktwert, der mit dem ebenfalls festgelegten, aktuell geltenden Geldwert eines Punktes multipliziert wird. So weiß man, welches Honorar für welche Einzelleistung gezahlt wird. Aufgrund der Zuzahlungsregelungen

3.4 Leistungsvertraglich gebundene Dienstleister

sieht die zahnärztliche Vergütung etwas anders aus. Sie hat zudem ein eigenes kassenärztliches Parallelsystem.

Die Kassenärztlichen Vereinigungen ihrerseits sind also von der Kassenärzteschaft selbst getragene Zahl- und Kontrollstellen. Die Kassen haben keinen Einfluss auf die Verteilung, sondern nur auf die Höhe des zu verteilenden Kuchens. Die Vergütungsmodi ermöglichen es den Kassenärztinnen und -ärzten sogar, ihr Einkommen selbst zu steuern. Sie wissen, wie viel ihre Leistungen einbringen werden und können ihre Quartals- oder Jahreshonorare über die Leistungsmenge nach oben „korrigieren", indem sie *mehr* „behandeln". Und sie alleine entscheiden über die Diagnose und die Therapie. Da niemand kontrolliert, was und wie viel an Diagnostik und Therapie bei einem Patienten mindestens und maximal nötig ist, eröffnet das natürlich der Manipulation Tür und Tor.

Es wäre billig, die Kassenärzteschaft in Bausch und Bogen als Trickser zu beschuldigen, wenn auch immer wieder Einzelne beim Tricksen erwischt werden. Schließlich dürfen Kassenärzte wegen des Sicherstellungsgebots, welchem sie sich mit ihrer Zulassung „unterwerfen", keine Behandlung verweigern, egal, ob ihr Budget ausgeschöpft ist oder nicht. Das heißt, dass manche Praxen in bestimmten Zeiten (etwa bei Grippewellen) am Ende des Quartals gratis arbeiten. Außerdem, so mag es manchen entschuldigend entfahren, kennt man Trickserei auf Abrechnungen ja auch von Installateuren, Autowerkstätten oder Telefongesellschaften. Aber der Verweis auf Selbstbedienung anderswo entschuldigt nichts. Nach wie vor: Kein anderer Dienstleistungsbereich im Sozialstaat bekommt eine so umfassende und weit reichende Definitionsmacht über sein Tun zugestanden. Dass dieses Teilsystem sich so verselbständigt hat, dass es die Bedarfe und die Kosten selbst erzeugt, ist schon seit langem in der Kritik. Nur ist es politisch bisher nicht gelungen, das Verteilungssystem gegen die Interessen der Kassenärztlichen Vereinigungen zu reformieren.

Fragt man dementsprechend nach dem spezifischen Interesse im Sozialstaat, so wäre die Antwort „erwerbswirtschaftliches Interesse" sicher nicht falsch, dennoch aber zu einfach. Die berufliche Ethik, die eigene berufsständische Historie und die gesellschaftliche Stellung der Dienstleistung (Gesundheit als höchstes Gut) sorgen dafür, dass wohl kein Akteur im Sozialstaat ein so besonderes Verhältnis zu den Menschen hat. Diese entlohnen es ihm mit dem nach wie vor sehr herausgehobenen Status von Medizinerinnen und Medizinern und einem hohen Vertrauensvorschuss. Man darf es Ärztinnen und Ärzten durchaus abnehmen, wenn ihre – wie auch die der Wohlfahrtsverbände – eigenwirtschaftlichen Interessen von Motiven, die in ihrer Nähe zu den (hilfebedürftigen) Menschen gründen, nicht zu trennen sind. Denn sie haben die Kluft zwischen Ethos und Geld in Menschengestalt jeden Tag vor Augen. Identität, Professionalität und Gewinnmaximierung enden auch hier in einer advokatorischen Synthese.

3.4.4 Zuarbeiterdienste und Gewerbliche Hilfsdienste

Viele Akteure im Sozialstaat könnten ihre Arbeit gar nicht wirkungsvoll verrichten, wenn ihnen nicht eine ganze Kette gewerblicher Dienstleistender zuarbeiten würde. Der Hausarzt kommt nicht mehr ohne externes Labor aus, der Zahnarzt nicht mehr ohne externe Zahntechniker, der Apotheker nicht mehr ohne externe Arzneilieferdienste, das Krankenhaus und das Pflegeheim nicht mehr ohne externe Wäscherei, die Reha-Klinik nicht mehr ohne externe Hilfsmittelhersteller, das Arbeitsamt nicht mehr ohne externe Bildungsträger und so weiter und so fort. Überall dort, wo der Sozialstaat mehr als nur Geldleistungen gewährt, endet die Servicekette erst beim Hersteller von mikroelektronischen Bausteinen für medizinische Geräte und beim Hersteller von Metallrohren für Gehhilfen.

Hinter jedem Akteur steht also noch ein Akteur, der ein Interesse daran hat, wie die Auftragslage ist. Besonders deutlich wird dies im Gesundheits-, Pflege- und Reha-Wesen. Jeder möchte etwas verkaufen. Das System konstruiert kostspielige Abhängigkeiten. Warum sonst muss ein Pharmakonzern Millionen ausgeben, um der rezeptausstellenden Ärzteschaft kostenlose Verkaufsfahrten in luxuriöse Tagungshotels in herrlichster Umgebung mit Golfplatz zu gönnen? Damit wir uns nicht missverstehen, da kommt kein Neid auf, nur weil das anderen akademischen Berufen *so* nicht widerfährt. Vielmehr sieht man darin die eigentlichen Ineffizienzen des Systems. Es fällt daher den Gesetzgebenden mitunter auch schwer, bestimmte Sachleistungen aus den Anrechtekatalogen herauszustreichen. Nicht, weil sie um die Versorgung der Versicherten fürchteten, sondern weil sie wissen (oder eingeredet bekommen), dass aufgrund dieser Entscheidung ein ganzer Produktionszweig zusammenbrechen könnte.

3.5 Selbsthilfe und ehrenamtlich Engagierte

Selbsthilfegruppen und ehrenamtlich Engagierte sind unverzichtbare Akteure im Sozialstaat. Sie betreuen Kranke, Kinder und Jugendliche in Einrichtungen, kümmern sich um pflegebedürftige, behinderte, arbeits- oder obdachlose Menschen, geben Halt, Lebenshilfe, stabilisieren seelisch. Sie springen dort in die Bresche, wo der Sozialstaat nicht allen Bedürfnissen nachkommen kann oder will, wo nicht bedarfsdeckend gearbeitet werden kann, wo schlicht das Geld für eine bessere Versorgung fehlt. Sie verschaffen der verregelten Leistungserbringung ein mitmenschliches Antlitz. Tausende und abertausende von Freizeitstunden werden tagtäglich in Deutschland eingesetzt für die Hilfe anderer. Experten, die in der Lage sind, dieses Potenzial in Arbeitszeiten nach Tariflöhnen in Euro

3.5 Selbsthilfe und ehrenamtlich Engagiert

und Cent auszurechnen, kommen auf astronomische Personalkostensummen, wollte man etwa alle diese Leistungen durch Festangestellte erbringen.

Viele, die über Sozialreformen nachdenken, hoffen auf eine stärkere Beteiligung der Menschen, auf mitmenschliche Solidarität. Allen voran die Regierenden, die – wie bereits erwähnt – einen modernen Solidargedanken in der Zivilgesellschaft befördern wollen und zugleich an die öffentlichen Sozialhaushalte denken. Eigeninitiative und Selbsthilfe sind aber nicht so steuer- und planbar, wie es manch ein Sozialpolitiker gerne hätte. Ja, mitunter sind Selbsthilfeinitiativen nachgerade unbequem, sie sind Kritiker des Systems und seiner Fehlfunktionen. Viele, vielleicht die allermeisten Selbsthilfegruppen sind entstanden, gerade weil sie *am* System Vieles nicht gut fanden und sich *im* System niemand um sie kümmerte. Ihr spezifisches sozialpolitisches Interesse ist so individuell, dass es nur auf der Ebene des Identitätsinteresses einigermaßen in unser Schema passt. Von Winter (1997: 124f.) fügt oben genannter Differenzierung von Interessenstransformationen daher auch die der *direkten* Interessentransformation hinzu. Mit ihr kommt zum Ausdruck, dass sich Interessen selbst organisieren, sofern sie sich innerhalb einer Gruppe homogenisieren lassen. Stellvertreterorganisationen und Umwege über andere Akteure sind insofern nicht unbedingt im Interesse der noch sprachlosen Gruppe, die beschließt, ihre Interessen selbst in die Hand zu nehmen und durchzusetzen.

Wo und wie Selbsthilfe und Betroffeneninitiativen auch immer stattfinden mögen, ob in Dienstagskreisen, in Kirchengemeinden oder in Räumlichkeiten der Volkshochschule – sie sind einerseits Akteure bewusst außerhalb des Systems, benötigen andererseits aber auch immer Hilfe und Anerkennung von (systemimmanenten) Profis. Schließlich geht es nicht nur um die gegenseitige Hilfe nach innen oder die Vertretung von Gruppeninteressen gegenüber dem Äußeren, sondern auch immer um die Überwindung von Sprachlosigkeit, Isolation und Anonymität.

Die Zahl der Selbsthilfegruppen im Gesundheitswesen ist mittlerweile so groß, dass in diesem Rahmen noch nicht einmal eine Übersicht Platz hätte. An anderer Stelle im Sozialstaat (etwa im Bereich der Sozialhilfe) ist Selbsthilfe und ehrenamtliches Engagement bescheidener, zumindest unauffälliger. Kann der Sozialstaat dieses immense Potenzial nicht besser nutzen? Nein. Ehrenamtliche sind Akteure, die nur in ihrer Marginalität funktionieren.

Ehrenamt ist in seiner Motivation, zeitlich, räumlich wie auch in der Art und Weise nicht steuerbar und nicht planbar. Ehrenamtliche wollen sich engagieren, aber nach eigenen Regeln, Möglichkeiten und Zielvorstellungen. Nur wenige sind *so* engagiert, dass sie sich vor den Karren eines Dienstplanes spannen lassen. Die Regel ist das nicht. Ehrenamt ist zudem Laienarbeit. Viele Ehrenamtliche engagieren sich in einem bestimmten Bereich, weil sie dort Lebenserfahrungen gesammelt haben. Diese weiterzugeben, ist enorm wichtig. Aber ehrenamtliche Arbeit kann die professionelle Distanz, die soziale Dienstleistungen brauchen, nicht im notwendigen Maße aufbringen. Oder um es anders zu formulieren: Die Stärke des Ehrenamtes liegt dort, wo die Profis Schwächen haben, auf der empathischen Seite sozialer Berufe.

Somit täte der Sozialstaat gut daran, dieses Potenzial auch *entsprechend* zu nutzen. Alle Phantasien von einem preiswerten, sensiblen und flexiblen Sozialdienstleistungsmarkt mit vielen freiwilligen Kräften, die von wenigen hochqualifizierten Fachkräften angeleitet werden, sind nicht alltagstauglich. Sicher täte der soziale Staat gut daran, dieses Potenzial nicht verkümmern zu lassen, sondern im Gegenteil zu stärken. Ob dies mit Urkunden und öffentlichen Lobpreisungen in jedem Einzelfall hinreichend getan ist, sei dahin gestellt. Jedes System und jeder der in diesem arbeitenden professionellen Akteure hat sich die Frage zu stellen, ob die besten Formen des Umgangs mit sich selbst organisierender Hilfe im Sinne der Menschen, auf die sie sich bezieht, bereits gefunden worden sind.

Wichtige Literatur:

Dietz, Berthold/Eißel, Dieter/Naumann, Dirk (Hrsg.): Handbuch der kommunalen Sozialpolitik. Opladen 1999.
Die Beiträge der rund 50 Autorinnen und Autoren in diesem Handbuch stellen zusammengenommen eine der umfassendsten Darstellung kommunaler Sozialpolitik in Deutschland dar. Auch wenn er speziell der lokalen Ebene gewidmet ist, so erhält man mit diesem Band zugleich einen breiten Überblick über Grundlagen, Praxisprobleme und Reformoptionen der Sozialpolitik generell.

Schmidt, Manfred G.: Das politische System Deutschlands – Institutionen, Willensbildung, Politikfelder. München 2007.
Was als allgemeine Einführung in das politische System und die in ihm stattfindenden Willensbildungs- und Entscheidungsprozesse gemeint ist, taugt besonders für die Akteursfrage in der Sozialpolitik, da sie von einem in der Sozialpolitik beheimateten und beschlagenen Autoren stammt.

Winter, Thomas von: Sozialpolitische Interessen. Konstituierung, politische Repräsentation und Beteiligung an Entscheidungsprozessen. Baden-Baden 1997.
Thomas von Winters Habilitationsschrift mag unhandlich und nicht immer leicht verständlich formuliert erscheinen – und sicher ist sie nicht als Einführung gedacht. Gleichwohl ist sie ein ausführliches, fundiertes und lehrreiches Fachbuch über sozialpolitische Interessen und ihre Repräsentation.

4 Soziale Probleme und Zielgruppen der Sozialpolitik

> *Anhand der wichtigen Felder Arbeitswelt, Familie, Kinder und Jugendliche, alte Menschen, Krankheit, Behinderung sowie ethnische Minderheiten werden sozialpolitische Handlungsbedarfe und Handlungsformen skizziert. Auf der Basis politischer, wirtschaftlicher und gesellschaftlicher Strukturen und Prozesse werden für die genannten Felder soziale Lagen beschrieben, um die sozialpolitische Relevanz zu verdeutlichen.*

Sozialpolitik hat viele Gesichter. Und viele dieser Gesichter sind uns inzwischen so vertraut, dass wir sie gar nicht mehr als etwas Besonderes erkennen. Krankenversicherungsschutz ist heute so selbstverständlich, dass übersehen werden kann, unter welchen erheblichen Mühen er im 19. Jahrhundert erkämpft wurde. Kindergeld ist ebenso alltäglich, und dass Arbeitslosengeld, Grundsicherung oder „Hartz IV" gezahlt werden ist weithin beobachtbar und aus unserem Sozialsystem kaum mehr wegdenkbar. Wie ausgeprägt die Sozialstaatlichkeit in Deutschland ist, wird manchen erst bewusst, wenn Bilder aus den afrikanischen Slums und amerikanischen Ghettos auf dem Fernsehschirm erscheinen oder wenn deutsche Politiker und Regierungen über den Um- bzw. Abbau sozialer Leistungen beraten. Die Bilder von fernem Elend können aber nicht darüber hinwegtäuschen, dass auch in Deutschland Armut und Not bestehen, dass allein erziehende Mütter große Probleme haben, dass immer mehr Menschen durch das soziale Netz fallen. Und bei der politischen Diskussion gilt es nicht nur die Finanzen der Sozialpolitik zu betrachten, sondern die sozialen Probleme der Adressaten zu würdigen.

Anhand einiger besonders bedeutsamer sozialpolitischer Felder und Zielgruppen soll im Folgenden beispielhaft (und bewusst unvollständig) aufgezeigt werden, wie sich die soziale Lage und die soziale Sicherung in Deutschland darstellen.

4.1 Arbeitswelt

Das ökonomisch bedeutsamste soziale Feld ist weiterhin die Arbeitswelt. Von ungefähr 82 Millionen Einwohnern Deutschlands waren 2007 ca. 39 Millionen Erwerbspersonen, für die die Berufstätigkeit die wichtigste Unterhaltsquelle ist. Von ihren Einnahmen unterstützen sie direkt fast ein weiteres Drittel der Bevölkerung, also z.B. ihre Kinder, Ehepartner oder Eltern. Ein weiterer Teil der Bevölkerung (ca. 25 Prozent) lebt zum geringeren Teil von Vermögenserträgen und zum überwiegenden von Renten und Pensionen, von Arbeitslosenunterstützung oder Sozialhilfe (vgl. Stat. Bundesamt 2002: 85ff.). Aktuelle Arbeitserträge sind demnach für ungefähr drei Viertel der Bevölkerung der finanzielle Grundstock für ihre soziale Sicherheit.

Tab. 4.1: Einwohner, Erwerbstätige und Arbeitnehmer (in: 1000 Personen)

Jahr	2000	2002	2004	2006
Einwohner	82 188	82 483	82 501	82 366
Erwerbspersonen	41 752	42 022	42 725	42 438
Erwerbslose	3 065	3 396	3 931	3 432
Erwerbstätige (Inländer)	38 687	38 626	38 794	39 006
Arbeitnehmer	34 686	34 528	34 572	34 614
Selbständige	4 001	4 098	4 222	4 392

Quelle: www.destatis.de/basis/d/vgr/vgrtab10.htm (Lesedatum: 5.6.2003)
www.destatis.de/jetspeed/portal/cms/Sites/destatis/Internet/DE/Content/Statistiken/Arbeit
smarkt/ILOArbeitsmarktstatistik/Tabellen/Content50/EinwohnerErwerbsbeteiligung,temp
lateId=renderPrint.psml (Lesedatum 5.8.2007)

Erwerbstätigkeit, egal ob abhängige Beschäftigung, Freiberuflichkeit oder Selbstständigkeit, bedeutet für die Menschen jedoch nicht nur die finanzielle Sicherung des eigenen Daseins und der von ihnen abhängigen Personen. Über die Arbeit wird zudem der soziale Status entscheidend mitgeprägt, von ihr ist die gesellschaftliche Teilhabe abhängig und durch sie werden Lebenschancen geprägt. Arbeit gibt Sinn und bestätigt den Menschen. Einerseits fordert sie die körperlichen, geistigen und seelischen Kräfte, andererseits birgt sie auch die Gefahr der psycho-physischen Überlastung und enthält Gefährdungen für die Gesundheit und das Leben.

Die Gestaltung der Arbeitswelt ist in vielerlei Hinsicht sozialpolitisch relevant:

- Je größer der Anteil der Erwerbstätigen in der Bevölkerung ist, desto geringer wird die Zahl derjenigen, die als Arbeitslose auf öffentliche Hilfen angewiesen ist.
- Je größer die Zahl der Berufstätigen ist, desto mehr Geld fließt in die Solidarkassen; das verbessert die Lage der Sozialleistungsempfänger oder reduziert den Anteil der Sozialversicherungsbeiträge für den einzelnen (was das verfügbare Einkommen erhöht).
- Je besser sich die Arbeitsbedingungen hinsichtlich z.B. des Unfallschutzes und der Krankheitsprävention darstellen, desto geringer wird die Zahl der Berufsinvaliden.
- Je mehr die Betriebe in die Rationalisierung von Arbeitsprozessen investieren, desto mehr wird menschliche Arbeit durch Maschinen ersetzt, wird diese überflüssig und bringt die Betroffenen als Arbeitslose in die Abhängigkeit von Sozialleistungen.

Schon diese kurze Skizze deutet an, welche soziale Brisanz in der Arbeitswelt liegt. Es ist deshalb verständlich, dass die soziale Frage bei allen Regelungen in der und für die Arbeitswelt eine wichtige Rolle spielt.

Zu einem Teil werden die sozialen Belange im Bereich der Arbeitswelt vom Gesetzgeber geregelt. So beruht die Lohnfortzahlung im Krankheitsfall auf gesetzlicher Grundlage, werden Arbeitsschutzmaßnahmen vom Staat gefordert und kontrolliert, ist die Sozialversicherungspflicht per Gesetz geregelt, setzt der Staat die Rahmenregelung für Jugendarbeitsschutz und vieles andere mehr. Der Staat regelt hauptsächlich Mindeststandards der Arbeitsbeziehungen. Zudem greift er jedoch auch durch die Beeinflussung bzw. Festsetzung der Lohnnebenkosten (u.a. Sozialversicherungsbeiträge) in die soziale Dimension der Arbeitswelt ein.

Ein sehr großer Teil der sozialen Regelungen in den Arbeitsbeziehungen findet jedoch jenseits der unmittelbaren Einflussnahme des Staates statt. Die konkreten Arbeitsbedingungen werden von den Tarifpartnern, das sind die Arbeitgeber bzw. Arbeitgeberverbände einerseits und die Gewerkschaften als Arbeitnehmerorganisationen andererseits, im Rahmen der Tarifautonomie geregelt. Zumeist überbetrieblich, in einigen Fällen jedoch auf betrieblicher Ebene verhandeln die auch als Sozialpartner bezeichneten Akteure die vielfältigen Dimensionen der Arbeitsbeziehungen.

Mit am bekanntesten dürften aus den Medienberichten die Lohn- und Gehaltstarifverhandlungen sein. Ein Arbeitgeberverband verhandelt mit der Fachgewerkschaft dabei die Entgelterhöhungen für die nächsten ein bis zwei Jahre. Mitunter prallen die Positionen dabei hart aufeinander: Bieten die Unternehmer eine Lohnerhöhung von vielleicht zwei Prozent, so fordern die Gewerkschaften fünf Prozent mehr. Können sich die Beteiligten nicht zügig einigen, greifen die

Arbeitnehmer vielleicht zum Druckmittel des Warnstreiks oder Streiks. Tarifverhandlungen gehen jedoch über das alljährliche Gezerre um Lohnpunkte weit hinaus. So müssen auch Lohngruppeneinteilungen, Arbeitszeiten, Urlaubsansprüche, Kündigungsfragen, Probezeiten, Sonderurlaub, Kurzarbeit und anderes mehr geregelt werden.

Neben diesen Tarifverträgen, die häufig als Flächentarifverträge für alle Betriebe einer Branche in einer Region abgeschlossen werden, sind auch die Betriebsvereinbarungen sozialpolitisch relevant[1]. In diesen Vereinbarungen einigen sich das Unternehmen und dessen Betriebsrat auf konkrete Ausgestaltungen betrieblicher Belange. Bei der Einführung neuer Techniken für Produktion oder Verwaltung, der Verabschiedung eines Sozialplans im Rahmen des Arbeitsplatzabbaus oder bei der Ausgestaltung betrieblicher Sozialleistungen (Betriebsrente, Firmenwohnungen etc.) ist die Betriebsvereinbarung die Regelungsebene.

Die kleinste Ebene der sozialrelevanten Normsetzung ist dann der individuelle Arbeitsvertrag in dem sich der Unternehmer und der Beschäftigte auf Sonderregelungen einlassen können (z.B. Bereitstellung eines Firmenfahrzeugs, Sonderzahlungen und Provisionen).

Abb. 4.1: Norm-Ebenen im Arbeitsverhältnis

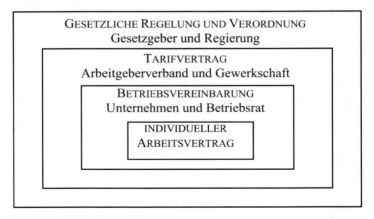

Grundsätzlich gilt, dass die Tarifverhandlungen die gesetzlichen Standards nicht verletzen dürfen, dass Betriebsvereinbarungen nur ergänzend zum Tarif möglich

---

[1] Die Institution des Flächentarifvertrags ist seit einigen Jahren in einer heftigen Diskussion und im Umbruch. So sank die Zahl der Mitarbeiter in tarifgebundenen Betrieben von 1996 bis 2006 von 69 auf nunmehr 57 % (Fischer u.a. 2007: 47). Dies bedeutet, dass die Zahl der betrieblichen Vereinbarungen deutlich zunimmt.

4.1 Arbeitswelt

sind und dass individuelle Verträge nicht hinter den übergeordneten Vereinbarungen zurückstehen können. Mit jeder ergänzenden Regelung kann es für den Arbeitnehmer eigentlich nur besser werden.

Angesichts der sozialen Bedeutung der Arbeitsregelungen lastet eine enorme Verantwortung auf den Tarifpartnern, der sich sowohl die Arbeitgeber als auch die Gewerkschaften sehr bewusst sind. Dennoch treffen die unterschiedlichen, jeweils Interesse geleiteten Sichtweisen immer wieder konflikthaft aufeinander. So wird die Forderung nach einer Lohnerhöhung von den Gewerkschaften als notwendige Anpassung angesehen, um eine soziale Deklassierung der Arbeitnehmer zu verhindern. Die Arbeitgeber entgegnen vielfach darauf, dass eine zu hohe Gehaltssteigerung die Unternehmen in ihrer Wettbewerbsfähigkeit bedrohe und ein sozialschädlicher Arbeitsplatzabbau die Folge sei. Die Tarifvereinbarung ist deshalb meist ein Kompromiss, der die Belange beider Sozialpartner mehr oder minder berücksichtigt. Bislang hat sich in der Bundesrepublik Deutschland das System der Tarifautonomie und der sozialen Verpflichtung von Arbeitgeber- und Arbeitnehmerverbänden als recht erfolgreich und leistungsfähig erwiesen. Die Gestaltung der Arbeitswelt wird weithin den sozialen Anforderungen gerecht – auch wenn nicht übersehen werden kann, dass manche Defizite bestehen, dass die Situation der Arbeitslosen strukturell weitgehend ausgeblendet wird und dass gerade niedrig Qualifizierte auf der Schattenseite des Arbeitslebens stehen.

Die Herausforderung an den Sozialstaat und die Sozialpolitik ist es zum einen, die Bedingungen auf dem Arbeitsmarkt so zu gestalten, dass für möglichst viele Menschen die Existenzsicherung durch eigene Arbeit ermöglicht wird. Zum anderen richtet sie sich jedoch auf diejenigen, die als Arbeitslose oder von Arbeitslosigkeit Bedrohte in ihrer sozialen Sicherheit gefährdet sind. Die monatlichen Pressekonferenzen des Vorstands der Bundesagentur für Arbeit verdeutlichen regelmäßig die Dimension und auch Brisanz des Arbeitslosigkeitsproblems. Wenn fast jeder zehnte (in manchen wirtschaftlich problematischen Regionen sogar jeder fünfte bis sechste) Erwerbsfähige und -willige arbeitslos ist, zeigt sich hinter den bloßen Zahlen ein soziales Problem erheblichen Ausmaßes.
Mit einem breiten Spektrum an aktiver und passiver Arbeitsmarktpolitik versucht die Bundesanstalt für Arbeit die wirtschaftliche und soziale Gefährdung zu mindern. Die aktive Arbeitsmarktpolitik umfasst z.B. berufliche Bildung (Umschulung und Weiterbildung), Arbeitsbeschaffungsmaßnahmen und Förderung von beruflicher Wiedereingliederung. Die passive Arbeitsmarktpolitik hingegen bezieht sich hauptsächlich auf Soziales Geld, also Arbeitslosengeld, Arbeitslosengeld II, Konkursausfallgeld oder Vorruhestandsgeld. Seit 1970 haben sich die jährlichen Aufwendungen der Bundesanstalt von weniger als 4 Milliarden DM (entspricht ca. 2 Milliarden Euro) auf mehr als 55,3 Milliarden Euro im Jahr

2006 (Bundesanstalt für Arbeit 2007: 12) um ca. 2850 Prozent erhöht. Die Leistungen der BA wurden 2006 zu 92 Prozent durch Beiträge der Erwerbstätigen und der Betriebe zur Arbeitslosenversicherung finanziert.

Hinter den abstrakten Daten zum Ausmaß der Arbeitslosigkeit in Deutschland verbergen sich teilweise dramatische soziale Lagen der Betroffenen. Der Verlust der Arbeitsstelle bedeutet nicht nur merkliche finanzielle Einbußen in den Haushaltsbudgets mit den Risiken der Armut und Verschuldung bis hin zum Wohnungsverlust, sondern wirkt vor allem auch psychisch belastend. Depression, Zukunftsängste, gestörtes Selbstwertgefühl, Schuld- und Versagensempfinden sind nicht seltene Folgen für die Arbeitslosen und auch deren Angehörige (vgl. auch Bäcker u.a. 2007a: 510ff.). Wenn diese Gefühlslage dann auf die weit verbreiteten Ansichten stößt, dass wer Arbeit suche auch welche finde, und führende Politiker eine stärkere Bereitschaft zur Aufnahme auch geringer qualifizierter Jobs einfordern, so fördert dies die psychischen Belastungen. Zudem wird damit der falsche Eindruck vermittelt, dass Arbeitslosigkeit ein individuelles Schicksal oder ein Randgruppenphänomen sei.

Abb. 4.2: Entwicklung des Arbeitsmarkts

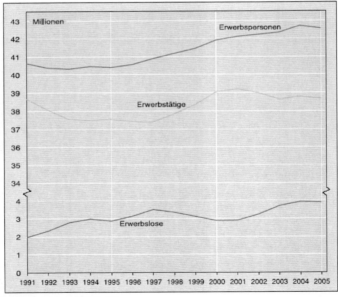

Quelle: Stat. Bundesamt 2006: 86

Seit den 1980er Jahren ist jedoch offensichtlich, dass Arbeitslosigkeit eine Massenerfahrung ist. Wuchs in dieser Zeit aus demographischen und soziokulturellen Gründen die Arbeitsnachfrage durch die geburtenstarken Jahrgänge der zwischen 1955 bis 1965 Geborenen und die stärker berufsorientierten Frauen, so setzte gleichzeitig eine technologisch bedingte Rationalisierung der Arbeitsprozesse ein. Zudem sind globale Konjunktureinflüsse erschwerend hinzugekommen. Die Arbeitslosigkeit bedroht unter diesen Bedingungen nicht mehr nur begrenzte Sektoren der Arbeitnehmerschaft, sondern so gut wie alle. Sie zieht sich durch alle Berufssparten, erreicht Niedrig- und Hochqualifizierte, betrifft Arbeiter, Angestellte und auch Manager. Gleichwohl zeigen sich spezifische soziale Ungleichheiten in Bezug auf die Arbeitslosigkeit. Cirka 78 Prozent der Arbeitslosen finden innerhalb des ersten Jahres wieder Beschäftigung, etwas mehr als ein Fünftel ist jedoch von Langzeitarbeitslosigkeit (mehr als ein Jahr) betroffen (Bundesagentur für Arbeit 2006: 71). Etwa 20 Prozent der Arbeitslosen der letzten Jahre war auch nach zwei Jahren ohne Arbeit (Geißler 2002: 260). Innerhalb dieser Gruppe sind drei Risikogruppen besonders gefährdet langfristig vom Arbeitsmarkt ausgegrenzt zu werden: Ältere, Menschen mit gesundheitlichen Problemen sowie Niedrigqualifizierte. So lag die Quote der Langzeitarbeitslosigkeit für Über-55-jährige bei mehr als 55 %, während sie bei den Unter-25-jährigen knapp 8 % betrug (vgl. BpB 2005: 55) Kumulieren sich dann eventuell noch die vorgenannten Risiken, z.B. bei älteren Personen ohne abgeschlossene Berufsausbildung, so ist eine Vermittlung schon fast unmöglich, was dann die soziale Lage verschlechtert, Armut fördert und soziale Integration behindert.

Die sozialpolitische Relevanz der Arbeit kann kaum überschätzt werden. Eine hohe Erwerbstätigenquote ermöglicht ein hohes Maß an eigenständiger Existenzsicherung, bietet die Grundlage für eine breite Beteiligung an der sozialen Solidargemeinschaft und reduziert die öffentlichen Aufwendungen für Arbeitslosengeld und Sozialhilfe. Eine hohe Arbeitslosigkeit hingegen forciert gesellschaftliche Segregation, führt zu erheblichen finanziellen Belastungen beim Staat und den Sozialversicherungen und begrenzt die Betroffenen in ihrer Persönlichkeitsentfaltung.

4.2 Familie

Während die soziale Gestaltung der Arbeitswelt weiterhin das ökonomisch bedeutsamste Feld der Sozialen Sicherung für unsere Gesellschaft darstellt, ist die soziale Lage der Familie eines der wichtigsten Felder der Sozialpolitik. Es würde an dieser Stelle zu weit führen, die ausgiebige wissenschaftliche Diskussion über die Definition und Funktion der Familie nachzuzeichnen, den Wandel der Familie zu beschreiben und den sozialgeschichtlichen Hintergrund zu referieren. Dieser Verzicht bedeutet aber einige Verkürzungen für die folgende sozialpolitische Beschäftigung mit der Familienpolitik.

Zumeist wird in der Soziologie unter Familie eine nach Geschlecht und Generationen differenzierte Kleingruppe mit einem spezifischen Kooperations- und wechselseitigen Solidaritätsverhältnis verstanden, dessen Begründung in allen Gesellschaften zeremoniell begangen wird und die besondere biologische und soziale Reproduktionsfunktionen innehat. Vom Soziologischen in die allgemeine Sprache übersetzt heißt dies, dass eine Familie sich durch die eheliche (Gründung mit zeremonieller Hochzeitsfeier) heterosexuelle (Geschlechtsdifferenzierung) Partnerschaft (Kooperationsverband) auszeichnet, aus der Kinder (Generationsdifferenzierung) hervorgehen (biologische Reproduktion). Eltern sorgen für ihre Kinder und erziehen sie (soziale Reproduktion) und die erwachsenen Kinder kümmern sich um ihre alt werdenden Eltern (wechselseitiger Solidaritätsverband). Die Normalfamilie der modernen Industriegesellschaft war und ist die Kleinfamilie, also der Familienverbund von zwei Generationen (Eltern/Kinder). Die Familie gilt in unserem Kulturkreis als kleinste und ursprüngliche gemeinschaftliche Einheit.

Die Familie erfüllt in unserem Sozialsystem idealerweise eine ganze Reihe von Funktionen:

- Durch die Aufzucht von Kindern trägt sie zur Bestandserhaltung des Volkes bei.
- Dank des ausgeprägten Solidaritätsverbundes und der elterlichen Sorgepflicht wird entsprechend des Subsidiaritätsprinzips die soziale Sicherung der nachwachsenden Generation gestützt.
- Die Erziehung und Sozialisation der Kinder ist eine wesentliche Voraussetzung für die gesellschaftliche Integration.
- Die wechselseitige Solidarität liefert den Grundstock für die Versorgung und Pflege der Seniorinnen und Senioren durch ihre Kinder.

Familienideal und Familienrealität klaffen jedoch häufig auseinander. Einige Stichworte sollen genügen, die soziale Problematik aufzuzeigen:

- Die „Normalfamilie" ist nicht mehr die allgemeingültige Norm der Lebensgestaltung. Single-Haushalte, kinderlose Partnerschaften, Stieffamilien, Wohngemeinschaften treten heute verstärkt als anerkannte Lebensformen neben die Familie.
- Die Zahl der Eheschließungen hat sich gegenüber dem Jahr 1950 von 11,0 Ehen je 1000 Einwohner auf 4,8 im Jahr 2004 mehr als halbiert.

4.2 Familie

- Fast jede zweite eingegangene Ehe wird wieder geschieden. Im Jahr 2004 wurden 214.000 Scheidungen vollzogen.
- 2004 erlebten 169.000 minderjährige Kinder die Scheidung ihrer Eltern.
- 2004 gab es in Deutschland 2,5 Millionen allein erziehende Väter und Mütter. (Stat. Bundesamt 2006: 35ff.)
- Waren 1900 noch Ein- und Zweipersonenhaushalte fast Ausnahmen, so stellen sie gut 100 Jahre später über 70 Prozent der Haushaltsformen dar, während Haushalte mit fünf und mehr Personen heute schon fast ungewöhnlich sind.
- Kinderreichtum ist ein Einkommens- bis Armutsrisiko. Paare mit zwei und mehr Kindern in ihrem Pro-Kopf-Einkommen verschlechtern sich um 13 bis 27 % gegenüber Ein-Kind-Familien. Kinderlose, beidseitig erwerbstätige Paare im mittleren Alter stehen sich um das Doppelte (101 %) besser als Paare mit zwei Kindern.
- Unter den Sozialhilfeempfängern ist der Anteil der Ehepaare mit Kindern und noch deutlicher der Anteil allein erziehender Frauen überproportional.
- Von den Sozialhilfebeziehern waren 2004 38 Prozent Kinder und Jugendliche unter 18 Jahren. Ihr Bevölkerungsanteil beträgt jedoch weniger 20 Prozent (vgl. Stat. Bundesamt 2006: 207ff.).

Abb. 4.3: Haushaltsgrößen in Deutschland

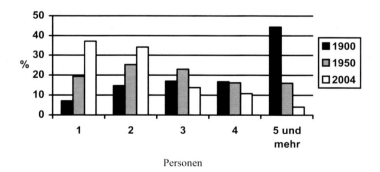

Quelle: Stat. Bundesamt 2006: 34.

Trotz dieser Daten wären Aussagen über die „Auflösung" oder gar den „Zerfall" der Institution Familie zu weit gehend, denn noch immer ist für die überwiegende Zahl der Menschen in der Bundesrepublik die Familie ein Lebensideal. Der größte Teil der Ehen wird nicht geschieden und der überwiegende Teil der Kinder wächst bei ihren leiblichen und in erster Ehe verheirateten Eltern auf (vgl. Tab. 4.2). Zudem leisten viele Familien nach der eigenen Kinderphase auch einen erheblichen Anteil an der Pflege und Versorgung der Großelterngeneration.

Tab. 4.2: Familien mit ledigen minderjährigen Kindern nach Familientyp 2005

Familientyp	Insgesamt		Davon mit ... ledigen minderjährigen Kind(ern)		
			1	2	3 und mehr
	in 1 000	in %	in % von Spalte 1 insgesamt		
Ehepaare	6 654	74,8	47,3	40,2	12,5
Lebensgemeinschaften	682	7,7	68,6	25,2	6,2
allein Erziehende	1 558	17,5	68,4	25,2	6,4
Zusammen	8.894	100,0	52,6	36,4	11,0

Quelle: Statistisches Bundesamt 2006: Fachserie 1 Reihe 3: Haushalte und Familien. Wiesbaden.

Während einerseits die Familie wichtige gesellschaftliche Funktionen hat, verliert sie andererseits an Attraktivität und gerät unter erheblichen sozialen Druck. So ist zwar weiterhin die moralische Anerkennung der Familie in der bundesdeutschen Gesellschaft hoch, während hingegen die materielle und gesellschaftliche Anerkennung unzureichend und das familiäre Umfeld „strukturell rücksichtslos" (Kaufmann 1995) ist. Dies zeigt sich unter anderem bei Arbeitszeitregelungen, den Anforderungen an die Mobilität der ArbeitnehmerInnen, in der gesellschaftlichen Geringschätzung der Hausfrauen-/-männer- und Mutter-/Vaterrolle gegenüber der Erwerbsarbeit und deren mangelhafter Anerkennung in der sozialen Sicherung der Frauen. Die finanzielle Benachteiligung von Familien gegenüber kinderlosen Lebensformen ist immens. Während die so genannten DINKS (= double income, no kids) berufstätig sind, sich einen ansprechenden Lebenswandel gönnen können und in ihrer Lebens- und Freizeitgestaltung keine Rücksichten auf Nachwuchs nehmen müssen, tragen Eltern erhebliche Verantwortung, schränken sich in Teilen ihrer Lebensgestaltung deutlich ein und ziehen Sozialversicherungsbeitragszahler für Morgen auf, die dann die Rente der DINKS finanzieren. So droht eine gesellschaftliche Spaltung „in einen Familien- und Nicht-Familiensektor, wobei der zweite Sektor ökonomisch und sozial bessergestellt ist, sowohl hinsichtlich des Lebensstandards (verfügbares Pro-Kopf-Einkommen) als auch hinsichtlich der beruflichen Karriere und der sozialen Absicherung. Die Entscheidung über Kinder und deren Zahl wird damit zu einem wichtigen Element sozialer Ungleichheit" (Bäcker u.a. 2007b: 278).

4.2 Familie

Um die Position der Eltern weiter oder wieder zu stärken und Familien zu unterstützen ist eine sozialpolitische Kraftanstrengung nötig.
Im Blickpunkt steht dabei häufig zuerst das Kindergeld. Als Leistung gemäß des Versorgungsprinzips erhalten Eltern nach der Erhöhung im Jahr 2002 monatlich je 154 Euro für das erste, zweite und dritte sowie 179 Euro ab dem vierten Kind. Nach einem Urteil des Bundesverfassungsgerichts, in dem gefordert wird, das Existenzminimum für Kinder steuerlich oder zuschussmäßig zu sichern, wird mittelfristig das Kindergeld weiter steigen (wobei Beträge um 300 € je Kind derzeit in der Diskussion sind).

Neben dem Kindergeld als direktem Finanztransfer stehen noch weitere Formen der Familienförderung und des Familienlastenausgleichs:

- Eltern erhalten Kindererziehungszeiten in der Rentenberechnung anerkannt.
- Eltern können zur Erziehung ihrer kleinen Kinder bis zu einem Jahr Elternzeit (vor 2007 Erziehungsurlaub nehmen) während dessen sie von ihrem Arbeitgeber nicht gekündigt werden dürfen. Eltern bekamen bis 2006 ein Erziehungsgeld von 300 bis 450 Euro pro Monat (je nach Laufzeit von 24 bzw. 12 Monaten) und seit 2007 das Elterngeld in Höhe von 67 % des zuvor bezogenen Nettoeinkommens.
- Erziehungs- und Betreuungskosten können steuerlich geltend gemacht werden, so dass die Steuerbelastung für Eltern sich gegenüber Kinderlosen vermindert.
- Kinder sind i.d.R. bei den Krankenversicherungen ihrer Eltern kostenlos mitversichert und genießen als Kindergartenkinder, Schüler und Studierende gesetzlichen Unfallschutz.
- Zur Förderung des Wohneigentums von Familien wird ein sog. Baukindergeld bzw. eine Kinderzulage gezahlt [2]
- Beamte und Angestellte im öffentlichen Dienst erhalten erhöhte Familien- bzw. Kinderzuschläge für ihre Kinder und auch manche andere Arbeitgeber zahlen bei Elternschaft erhöhte Löhne und Gehälter.
- Sozialpolitisch bedeutsam im Rahmen der Familienpolitik ist auch die Gewährung von Ausbildungsförderung (BAFöG) nach dem Versorgungsprinzip mit Bedürftigkeitsprüfung.

Soziale Familienpolitik kann jedoch nicht bei den reinen Finanztransfers Halt machen. Eine ständige Forderung der Familienpolitik ist, dass Eltern in ihrem Verantwortungsbereich entlastet und ihnen eine Teilhabe am wirtschaftlichen

---

[2] Nach Wegfall der Wohnungsbauförderung ist jedoch auch dieses Instrument eingestellt worden und gilt nur noch für Projekte, die vor dem 1.1.2006 begonnen wurde. Regional werden jedoch noch Förderungen angeboten.

und sozialen Leben erleichtert werden sollen. Vor allem die Vereinbarung von Familie und Beruf steht ganz oben auf der familienpolitischen Tagesordnung. Zwei Forderungen werden dabei seit Mitte der 1990er und auch heute diskutiert. Um die Berufstätigkeit beider Eltern zu ermöglichen, bedarf es verlässlicher Kindergarten- und Schulzeiten. So lange die Kinderbetreuungszeiten in diesen Institutionen nicht einmal eine vormittägliche Halbtagsbeschäftigung ermöglichen, werden (insbesondere) Frauen an der Berufstätigkeit gehindert. Die Einführung der so genannten „verlässlichen Grundschulzeit" (i.d.R. 8.00 bis 13.00 Uhr) in einigen Bundesländern strebt Verbesserungen an. Die Auseinandersetzung um Ganztagsschulen hält noch an, wird jedoch häufig weniger unter sozialpolitischen, sondern unter familienideologischen Aspekten geführt, die einerseits die Bedeutung des elterlichen Erziehungs- und Betreuungsauftrags betonen bzw. andererseits die erzieherischen und ökonomischen Chancen einer außerfamiliären Betreuung betrachten. Die SPD/Grüne-Regierung unter Bundeskanzler Schröder war im Jahr 2000 mit ihrem Vorhaben einen Rechtsanspruch auf Teilzeitbeschäftigung durchzusetzen gescheitert, der die zeitliche Vereinbarung von Beruf und Familie ermöglichen sollte.

Insgesamt ist festzustellen, dass die Familienpolitik noch deutliche Defizite aufweist. Die wirtschaftliche und soziale Benachteiligung von Familien ist signifikant. Eine wenig kinderfreundliche Gesellschaft trägt ihr Übriges dazu bei, dass Elternschaft inzwischen vielfach mehr als Belastung denn als soziale Bereicherung empfunden wird. Hatte die rot-grüne Bundesregierung noch einen „Nationalen Aktionsplan für ein kindergerechtes Deutschland 2005-2010" aufgelegt, wird auch von der seit 2005 agierenden Großen Koalition die Familienpolitik deutlich forciert. Neben monetären Leistungen wie dem Elterngeld wird auch die Kinderbetreuung intensiviert. Insbesondere innerhalb der CDU/CSU stößt die von der Familienministerin Ursula von der Leyen vorangetriebene Politik als familienpolitischer Paradigmenwechsel jedoch auch auf deutliche Vorbehalte und Widerstände.

4.3 Kinder und Jugendliche

Es sind besonders die Kinder und Jugendlichen, die von den gesellschaftlichen und wirtschaftlichen Bedingungen betroffen sind. Kinder und Jugendliche stehen als sozial schwache Bevölkerungsgruppe unter dem besonderen Schutz des Staates – sie sind von ihren Eltern abhängig, von Problemen in ihrem sozialen Umfeld besonders intensiv betroffen, wirtschaftlich schwach, körperlich und geistig in der Entwicklungsphase und bedürfen als Orientierung Suchende der Unterstützung der Gesellschaft in Form von Betreuung und Erziehung.

4.3 Kinder und Jugendliche

Die sozialpolitische Zielsetzung für Kinder und Jugendliche konzentriert sich weniger auf die wirtschaftliche Dimension der Sozialen Sicherheit, denn diese wird überwiegend unter familienpolitischen Aspekten betrachtet. Vielmehr stellt sie die soziale Entwicklung, die Erziehung und Betreuung in den Mittelpunkt. Im Kinder- und Jugendhilfegesetz (KJHG) wird dem jungen Menschen ein „Recht auf Förderung seiner Entwicklung und auf die Erziehung zu einer eigenverantwortlichen und gemeinschaftsfähigen Persönlichkeit" zuerkannt. Zuvörderst ist es das Recht und die Pflicht der Eltern, die Pflege und Erziehung der Kinder zu leisten, wobei die staatliche Gemeinschaft über diese Aufgabenerfüllung wacht. Hierzu gehört auch die öffentliche und freie Jugendhilfe, die – zumeist die elterliche Fürsorge ergänzend, jedoch in Notfällen auch ersetzend – zum Ziel hat, junge Menschen in ihrer individuellen und sozialen Entwicklung zu fördern und dazu beizutragen, Benachteiligungen zu vermeiden oder abzubauen. Sie soll Erziehungsberechtigte bei der Erziehung unterstützen, junge Menschen vor Gefahren schützen und dazu beitragen, positive Lebensbedingungen für junge Menschen und ihre Familien sowie eine kinder- und familienfreundliche Umwelt zu erhalten oder zu schaffen.

Was das KJHG in seinem oben wiedergegebenen Paragraphen 1 an allgemeinen Normen und Zielen formuliert, ist der Grundstock für den fachlich am weitesten entwickelten und ausdifferenzierten Bereich der Sozialen Arbeit. Hierin wird der Anspruch deutlich, mit sozialen Rechten und sozialen Diensten (und weniger über soziales Geld) sozialpolitisch aktiv zu werden.

Im Folgenden sollen drei sozialpolitisch besonders wichtige Aspekte kurz betrachtet werden:

- Rechtlicher Schutz für Kinder und Jugendliche,
- Betreuung und Förderung von Kindern und Jugendlichen,
- Erziehung von Kindern und Jugendlichen.

Der rechtliche Schutz für Kinder und Jugendliche ist recht vielseitig. Er umfasst u.a.

- das Jugendschutzgesetz, in dem Mindestaltersgrenzen für Alkohol- und Nikotingenuss, Ausgehzeiten, Besuch öffentlicher Veranstaltungen und Ähnliches festgelegt sind. Hier ist es vor allem das Ziel, Gefährdungen der körperlichen und seelischen Entwicklung zu vermeiden; (dieses Gesetz wird von vielen Jugendlichen häufig weniger als sinnvoller Schutz denn als Einschränkung der persönlichen Entfaltung empfunden, was die Sinnhaftigkeit des Gesetzes jedoch nicht einschränkt),

- das Jugendarbeitsschutzgesetz, das wiederum Mindestaltersgrenzen für Berufsarbeit festlegt, aber auch konkrete Rechte der Jugendlichen in Arbeit und Ausbildung enthält (Regelungen zur Nacht- und Schichtarbeit, Vermeidung körperlicher Belastungen u.ä.) und
- das Jugendstrafrecht, das auf die besondere Entwicklungslage und Verantwortungsfähigkeit von Kindern und Jugendlichen eingeht, ein „milderes" Gerichtsverfahren vorschreibt, pädagogisch orientierte Strafen in den Vordergrund stellt und die Integrationsbemühungen einfordert.

Neben den sozialen Rechten zum Schutz und zur Förderung von Kindern und Jugendlichen sind die sozialen Dienste der Jugendhilfe jedoch von herausragender Bedeutung zur sozialen Förderung. Auch diese Jugendhilfe lässt sich wiederum in drei Hauptkategorien einteilen.

Da ist zunächst die Jugendarbeit. Hierunter sind die vielfältigen Angebote von öffentlichen und freien Trägern zur außerschulischen Bildung, zu Sport, Musik, Geselligkeit, familienbezogener Jugendarbeit sowie Kinder- und Jugenderholung zu verstehen. Diese Jugendarbeitsangebote werden hauptsächlich von Vereinen und Wohlfahrtsverbänden unter starker Beteiligung ehrenamtlicher Trainer und Gruppenleiter unterbreitet. Sie sollen die Freizeit der Jugendlichen strukturieren, Anregungen vermitteln und das durch Schule und Familie geprägte Wahrnehmungsspektrum erweitern sowie Orientierungsmöglichkeiten anbieten. Die altershomogenen Kinder- und Jugendgruppen eröffnen den Teilnehmerinnen und Teilnehmern die altersspezifisch notwendigen Frei- und Schonräume zur Persönlichkeitsentwicklung.

Professionalisiert ist hingegen die Jugendsozialarbeit. Im Unterschied zu der sich grundsätzlich an alle Jugendlichen auf freiwilliger Basis wendenden Jugendarbeit nimmt sich die Jugendsozialarbeit vor allem jener Kinder und Jugendlichen an, deren soziale Lage von deutlichen Problemen geprägt ist. Zu solchen Problemen zählen z.B. Verwahrlosung, kriminelle Verhaltensweisen oder Sucht. Auffällig ist, dass viele dieser jungen Menschen in „Multiproblemfamilien" aufwachsen: Niedriger Bildungsabschluss der Eltern, problematische wirtschaftliche Lage (vielfach in Verbindung mit Verschuldung), problematische Wohnungssituation, Leben im sozialen Brennpunkt, Ein-Eltern-Familien u.a. Die Jugendsozialarbeit als Teil der Sozialpädagogischen Familienhilfe strebt an, mit Erziehungshilfen, Beratung und Betreuungsangeboten die Lebenssituation und Entwicklungsmöglichkeit der betroffenen Kinder und Jugendlichen zu verbessern.

In besonderen Problemfällen kann das Jugendamt durch „Inobhutnahme" und Herausnahme der Kinder aus der Familie mit richterlicher Verfügung auch gegen den Willen der Eltern sich des jungen Menschen annehmen. Die Unterbringung in Pflegefamilien, Kinderwohngruppen oder Kinderheimen soll es den Kindern ermöglichen, jenseits der bedrückenden Probleme und unter fachlicher pädagogischer Einflussnahme bessere Entwicklungschancen zu bekommen.

Ein weites ergänzendes Aufgabenspektrum der öffentlichen Jugendhilfe im Bereich der Bildungs- und Berufsbildungsförderung, der Jugendgerichtshilfe und der Adoptionsvermittlung zeigt das Spektrum der Sozialen Sicherung für Kinder und Jugendliche auf.

4.4 Alte Menschen

In der Zielsetzung und Maßnahmegestaltung völlig anders, dabei jedoch kaum weniger facettenreich sieht die soziale Lage der alten Menschen und die entsprechende Sozialpolitik aus. Der Blick auf die soziale Lage gibt einen sehr verwirrenden Eindruck.

Einerseits werden die Alten immer älter. War 1950 nur ein Prozent der Bevölkerung über 80 Jahre, wurden 1990 bereits zwei Prozent so alt und sind inzwischen vier Prozent, also mehr als drei Millionen Frauen und Männer in diesem Alter. Das Statistische Bundesamt erwartet, dass ich der Anteil der Über-80-Jährigen bis 2030 auf 7,3 und bis 2050 sogar auf 12 % erhöhen wird. Andererseits werden die Alten sozial immer jünger. Das Bild der im Sessel sitzenden, strickenden Oma, das den Rückzug aus Aktivität und gesellschaftlicher Teilhabe ausdrückt, hat kaum noch etwas mit der Wirklichkeit zu tun. Ob durch Studium im Alter, Volkshochschul-Internet-Kurse für Senioren, tanzende, reisende oder ehrenamtlich aktive Seniorenkreise – alte Menschen können und wollen heute weitaus stärker am öffentlichen Leben teilhaben.

Einerseits ist Altersarmut für Teile der Rentnerinnen und Rentner immer noch ein Problem – andererseits hat sich die heutige Rentnergeneration während ihres Erwerbslebens einen noch nie dagewesenen Wohlstand erarbeitet.

Der Grundstock der Sozialpolitik für alte Menschen ist und bleibt die Rente bzw. Pension. Gemäß des Versicherungsprinzips in Verbindung mit dem Äquivalenzprinzip erhalten die heutigen Ruheständler ihre Altersversorgung. Das heißt, dass die Höhe der Rente von der Dauer und der Höhe der Einzahlung in die Rentenversicherungskasse abhängig ist. Mit eingerechnet in die Rentenberechnung werden auch beitragsfreie Erziehungszeiten, teilweise Ausbildungszeiten, Kriegsgefangenschaft und andere sozialpolitisch bedeutsame Aspekte. Gegenwärtig liegt der Höchstsatz der Rente bei ca. zwei Dritteln des letzten Lohnes oder Gehalts.

Ein Problem der Rentenversicherung liegt darin, dass die Einzahlungen in die Versicherungskasse – anders als z.B. bei privaten Renten- oder Lebensversicherungen – nicht kapitalbildend sind. Die Rente der heutigen Senioren finanziert sich also nicht aus den auf einem Konto gelagerten und mit Zins und Zinseszins angewachsenen Guthaben an ehemaligen Beitragszahlungen. Die Rente wird vielmehr aus den aktuell gezahlten Beiträgen der heute beitragspflichtigen Arbeitnehmer im Umlageverfahren finanziert. Angesichts der dargestellten demographischen Entwicklung wird die Problematik schnell deutlich. Mit zunehmender Alterung der Gesellschaft und einem geringer werdenden Anteil an Erwerbstätigen müsste der Rentenversicherungsbeitrag von aktuell ca. 20 Prozent des Bruttoeinkommens auf fast 40 Prozent anwachsen, um die berechtigten Versorgungsansprüche der Alten zu erfüllen. Da dies wahrlich nicht zu finanzieren und auch sozialpolitisch insgesamt kaum zu rechtfertigen ist, steht die Rentenreform ganz oben auf der sozialpolitischen Tagesordnung. Die diskutierten Lösungsvorschläge für die sich zuspitzende Rentenproblematik ab dem Jahr 2020 bergen alle erheblichen sozialpolitischen Zündstoff. Die Einführung einer privaten Vorsorgepflicht jenseits der Solidarkasse wird insbesondere schlecht bezahlten Arbeitnehmern erhebliche Schwierigkeiten bereiten. Die Erhöhung von Rentenpflichtbeiträgen in die Solidarkasse wie auch die 2006 beschlossene Heraufsetzung des Renteneinstiegsalters von derzeit 63 bzw. 65 Jahren auf 67 (und später vieleicht noch mehr Jahre) zur Verlängerung der Einzahlungs- und Verkürzung der Rentenbezugszeiten sind ebenfalls problematisch. Die Senkung des Rentensatzes stößt bei denjenigen, die lange erwerbstätig waren und sich ihre Ansprüche erarbeiteten, auf wenig Gegenliebe. Und auch der Vorschlag einer beitragsfinanzierten Mindestrente, die zwar über dem Sozialhilfeniveau, aber deutlich unter dem bisherigen Rentensatz liegen würde, wird unter Verweis auf das Äquivalenzprinzip fast durchgehend abgelehnt. Nach zähem Ringen zwischen den politischen Parteien und den Tarifpartnern wurde im Frühjahr 2001 mit Geltung ab Januar 2002 eine Rentenreform beschlossen, deren wichtigste Merkmale eine Begrenzung der Rentenbeiträge auf 20 % sowie die staatliche Förderung einer freiwilligen privaten Altersvorsorge (so gen. Riester-Rente) ist. Die Rentenreform von 2007 sieht zudem die sukzessive Erhöhung des gesetzlichen Renteneintrittsalters auf 67 Jahre vor. Doch auch mit dieser Reform ist Konflikt zwischen den verschiedenen Betroffenen wohl nicht gelöst. Für die heutige junge Generation ergibszt sich jedoch die Gewissheit, dass sich ihre Altersvorsorge schwierig gestalten wird und frühzeitig Bestandteil der Lebensplanung- und -gestaltung sein muss.

Neben der stets aktuellen Rentenfrage ist im Rahmen der Sozialpolitik für Senioren die Pflegeproblematik von besonderer Bedeutung. Pflegebedürftigkeit ist keinesfalls ein auf die Senioren begrenztes Problem (man denke an die Pflegebedürftigkeit von z.B. Verletzten, Invaliden, AIDS-Kranken, Mehrfachbehinderten und andere Personenkreise mehr), sie trifft dennoch zu einem großen Teil die alten Menschen und hier wiederum vor allem die alten Alten. Die Pflegeversicherung von 1995 sollte dem zunehmenden Pflegeproblem etwas an Dramatik nehmen. Sowohl die häusliche Pflege durch Angehörige, die ambulante Pflege durch professionelle Anbieter oder gar die stationäre Pflege in Heimen ist äußerst aufwendig und mit zunehmendem Professionalisierungsgrad auch sehr teuer. Die Pflegeversicherung sollte eine finanzielle Entschädigung für pflegende Familienangehörige leisten und die ambulante sowie stationäre Pflege kostenmäßig auffangen. Ohne die Pflegeversicherung würden die Kosten für professionelle Pflege (die nicht von der Krankenversicherung abgedeckt sind) von den ohnehin belasteten Angehörigen zu tragen oder über die Sozialhilfe aufzubringen sein. Mit der Gestaltung als pflichtige Sozialversicherung wird die Solidargemeinschaft in die Verantwortung für das steigende „Pflegefallrisiko" eingebunden, werden Kosten von den Steuern auf die Beitragszahler umgeschichtet und werden pflegende Angehörige von der Gefahr einer eigenen Kostenübernahmepflicht weitgehend befreit. Insgesamt ist die Pflegeversicherung eine der bedeutsamsten Neuerungen im System der Sozialen Sicherung, die mit ihrem derzeitigen Leistungs- und Finanzierungsmodus jedoch vor erheblichen Strukturproblemen steht. Eine gestiegene Zahl von Pflegebedürftigen und die sich abzeichnende demografische Belastung der Pflegeversicherung sind dabei nur ein Teil des Problems. Die Finanzierung der Pflegeversicherung weist sowohl konjunkturelle, vor allem aber auch strukturelle Defizite auf. Und im Bereich des Leistungsrahmens wird deutlich, dass demenzbedingte Fähigkeitsstörungen und andere Ursachen der eingeschränkten Alltagskompetenz Nachbesserungen erfordern, wie auch die Gestaltung der Pflegebedürftigkeitsbegutachtung der Reform bedarf. Entgegen der Absicht der Großen Koalition noch 2006 diese Reform umzusetzen, wird auch 2007 zwischen den Parteien, den Kassen und verschiedenen Interessensgruppen um deren Inhalte kontrovers gestritten und damit die gesetzliche Neufassung weiter verzögert.

Sozialpolitik für alte Menschen greift jedoch weit über die Rentenfrage und das Pflegeproblem hinaus. Als relativ junge Felder der Seniorenpolitik haben sich die Themen altersgerechtes Wohnen und soziale Aktivierung entwickelt. Mit diesen Themen rückt das gewandelte Bild von Alter und Altern in den Vordergrund. Das Ausscheiden aus dem Erwerbsleben ist keineswegs mehr als Einstieg in den Ruhestand und Beginn des Lebensabends zu verstehen. Unruhe und Aktivitätsbereitschaft, vorhandenes Wissen und nutzbare Sozialkompetenz kennzeichnen das neue Selbstbild der Seniorinnen und Senioren. Die vorhandenen Kompetenzen wollen genutzt und erhalten werden. Damit steigt die Bedeutung von sozialen Diensten als Teilelement der Sozialpolitik für Alte. So wird z.B. beim Betreuten Wohnen darauf geachtet, dass die alten Menschen möglichst weitgehend und lange ihre eigenen Kompetenzen der Lebensbewältigung nutzen und nur die Betreuungs- und Entlastungsangebote unterbreitet werden, die für ein selbstbestimmtes Leben benötigt werden. Weiterhin nehmen die sozialen Dienste zu, die auf Aktivierung statt auf Versorgung setzen. „Fördern durch Fordern" ist das Motto dieser Angebote: Das beinhaltet u.a. Bildungsangebote, Seniorenkulturarbeit, Reiseprojekte und reicht bis zur Einbindung in die Berufsförderung junger Menschen. Solche Bemühungen tragen mit dazu bei, ein positives Altenbild zu zeichnen, dessen sozial(politisch)e Bedeutung nicht nur darin liegt, den Alten in der aktiven Gesellschaft ihren Platz zu erhalten. Auch die Wirkung auf die nachfolgenden Generationen bleibt im Blick: Sie nehmen Alter nicht als Randständigkeit, Krankheit und Siechtum wahr, sondern als einen lebenswerten Lebensabschnitt. Der Dialog zwischen den Generationen kann so erleichtert werden.

4.5 Krankheit und Behinderung

Zu den grundlegenden sozialen Risiken jedes Menschen zählen die gesundheitlichen Beeinträchtigungen. Nicht zufällig ist die Krankenversicherung die älteste Sparte des Sozialversicherungssystems und aus gutem Grund gilt Gesundheit den meisten Menschen als höchstes Gut. Wohl jeder Mensch durchlebt verschiedene Krankheiten, die ihn häufig nur kurzzeitig, nicht selten aber auch langfristig betreffen und die unter Umständen auch zum Tode führen. Gesundheit gilt als wichtiger Faktor zur Sicherung der materiellen Existenz, da von ihr die Arbeitsfähigkeit wesentlich anhängig ist. Darüber hinaus bestimmt der körperliche, psychische oder seelische Gesundheitszustand jedoch auch die Möglichkeiten zur gesellschaftlichen Teilhabe und zur Selbstentfaltung und er beeinflusst das Wohlbefinden, die Zufriedenheit und die Lebenschancen des Einzelnen. Doch nicht nur für das Individuum ist die Gesundheit von besonderer Bedeutung. Auch für die Gesellschaft sind Umfang und Art der Krankheiten wichtig: ein hoher Krankheitsstand wirkt sich steigernd auf die Personalkosten der Wirtschaft aus; für ärztliche Versorgung, Medikamente und weitere Leistungen werden jährlich inzwischen mehr als 240 Milliarden Euro aufgewandt (vgl. Abb. 4.4); die Kosten für Gesundheit und Krankheit beeinflussen die Lohnnebenkosten und damit mittelbar auch die verfügbaren Einkommen der Arbeitnehmer sowie die Belastung für die Wirtschaft.

Obwohl doch eigentlich jeder „weiß", was Gesundheit resp. Krankheit sind, ist die eindeutige Definition nicht so ganz einfach vorzunehmen. So weichen die subjektiven Einschätzungen des eigenen Gesundheitszustandes nicht selten von den quasi-objektiven, meist naturwissenschaftlich geprägten Einschätzungen der Ärzte ab. Unklar ist die Grenze zwischen Beschwerden, die vielleicht durch Abwarten oder Selbstmedikation wieder in den Griff zu bekommen sind, und der therapiebedürftigen Krankheit. Auch ist das gesellschaftlich vorherrschende Verständnis von Gesundheit und Krankheit einem beständigen Wandel unter-

4.5 Krankheit und Behinderunge

worfen, da es von gesellschaftlichen Normen und Werten geprägt ist. In der allgemeinen Sozialrechtssprechung hat sich nach einem Urteil des Bundessozialgerichts von 1972 folgendes Verständnis durchgesetzt: „Unter Krankheit ist ein regelwidriger körperlicher oder geistiger Zustand zu verstehen, der entweder lediglich die Notwendigkeit ärztlicher Behandlung oder zugleich (in Ausnahmefällen auch allein) Arbeitsunfähigkeit zur Folge hat." Die Weltgesundheitsorganisation WHO definierte Gesundheit als einen „Zustand vollständigen physischen, geistigen und sozialen Wohlbefindens und nicht die bloße Abwesenheit von Krankheit und Gebrechlichkeit". Weiterhin erklärte die WHO den „Genuss des höchsten erreichbaren Niveaus von Gesundheit" zu einem „der fundamentalen Rechte jedes Menschen ohne Unterschiede von Rasse, Religion, politischer Überzeugung, ökonomischer und sozialer Stellung" (zit. nach Bäcker u.a. 2007b: 93).

Abb. 4.4: Entwicklung der Gesundheitsausgaben in Deutschland (nominal)

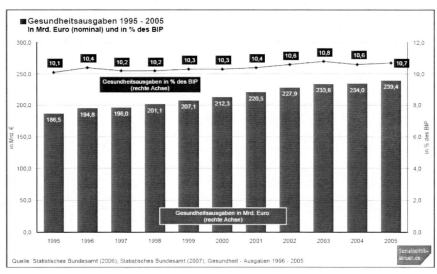

Quelle: http://www.sozialpolitik-aktuell.de/datensammlung/6/abb/abb I11.pdf

Von diesem WHO-definierten idealen Zustand ist die Gesellschaft in Deutschland jedoch weit entfernt. Ungefähr 11 Prozent der Bevölkerung betrachten sich selbst aufgrund von Krankheit oder Unfallverletzung als gesundheitlich beeinträchtigt, wobei mehr Frauen als Männer und mehr Ältere als Jüngere diese Beeinträchtigung angeben (Stat. Bundesamt 2006: 179f.). Auch wenn die Zahl der möglichen Krankheiten und der Formen von Verletzungen immens groß ist, lässt sich doch feststellen, dass verschiedene Krankheitsbereiche besonders häufig vorkommen und auch in größerem Maß die Todesursachen bestimmen. Die „Hitliste" der Krankheiten, die zur zeitweisen oder dauerhaften Arbeitsunfähigkeit führen, sind Krankheiten des Bewegungsapparats, ausgelöst durch körperliche Fehlbelastungen vor allem während der Arbeit sowie unzureichende sportliche Betätigung im Freizeitbereich, sowie Krankheiten des Kreislaufsystems, die nicht unwesentlich durch den Lebensstil, vor allem falsche Ernährung und Rauchen, beeinflusst sind. Zugenommen haben in den vergangenen Jahrzehnten auch Allergieerkrankungen. Fast jeder vierte Todesfall ist durch Krebs bedingt.

Die sozialpolitischen Herausforderungen im Themenfeld Krankheit/Gesundheit sind äußerst vielfältig. Durchaus problematisch ist in der jüngsten gesundheitspolitischen Diskussion die Konzentration auf die Gesundheitsökonomie, also die Frage wie angesichts der Kostenentwicklung im Gesundheitswesen (vgl. Abb. 4.4) die medizinische Versorgung gesichert werden kann. Diskutiert wird dabei vor allem über die Beitragssätze zur Krankenversicherung, über die Anhebung der Eigenbeteiligung der Versicherten für Arztbesuche, Krankenhaus- und Kuraufenthalte oder Medikamente, über Leistungsbegrenzungen, Arzthonorare und Medikamentenpreise. Eher zweitrangig sind bisherige Kernthemen geworden, nämlich die

- Wiederherstellung der Gesundheit durch Behandlung, Pflege und Rehabilitation von Kranken und gesundheitlich Beeinträchtigten sowie
- die Sicherung des materiellen Lebensunterhalts im Fall von Krankheit, Arbeits- und Erwerbsunfähigkeit.

Auch die Förderung und der Erhalt der Gesundheit durch Minimierung der gesundheitsbedrohenden Risikopotentiale und ihrer Ursachen, die Prävention, ist – von Ausnahmen abgesehen – seltener auf der gesundheitspolitischen Agenda (vgl. Bäcker u.a. 2007b: 108ff.).

Die gesundheitsökonomische Debatte hat zudem die Problematik der sozialen Ungleichheit in den Hintergrund gerückt. Die Zusammenhänge von sozialer Schichtzugehörigkeit und Krankheitsrisiken resp. Gesundheitschancen sind jedoch markant. So zeigen sich einerseits gesundheitsrelevante schichtspezifische Unterschiede in den Krankheitsbelastungen sowie andererseits ungleiche Chancen beim Zugang zum System der Gesundheitsversorgung.

4.5 Krankheit und Behinderunge 115

Abb. 4.5: Todesursachen 2004

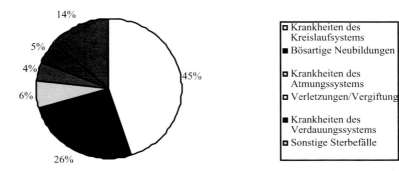

Quelle: Stat. Bundesamt 2006: 184.

Soziale Schichtzugehörigkeit, die bestimmt wird durch die Faktoren Bildung, berufliche Stellung und Einkommen, steht dabei in einem wechselseitigen Verhältnis zum Gesundheitszustand. Bezogen auf die unteren sozialen Schichten heißt dies beispielsweise, dass die geringe Bildung mit dazu beiträgt, dass gesundheitsbewusstes Ernährungs-, Bewegungs-, Freizeit- und Vorsorgeverhalten aufgrund mangelnden Wissens nicht gelebt wird. Die berufliche Stellung ist häufig von körperlicher Belastung und einseitigen Arbeitsprozessen geprägt, die sich körperschädigend auswirken. Das eher niedrige Einkommen erschwert die Nutzung von Regenerationsmaßnahmen, wie z.b. gute Wohnverhältnisse, Erholungsurlaub, gesundheitsfördernde Freizeitgestaltung oder Teilhabe am kulturellen Leben und fördert den Konsum von Lebensmitteln aus dem Discount-Laden statt von gesunden, ökologisch angebauten Nahrungsmitteln. Angehörige der Unterschicht sind statistisch signifikant häufig Raucher, weisen ein stärkeres Übergewicht auf, leiden häufiger unter Bluthochdruck und arbeiten häufiger unter erschwerten Bedingungen (schwere Lasten, Zwangshaltungen, gefährliche Stoffe, Lärm, Kälte/Hitze/Nässe etc.), die Gesundheitsschäden auslösen. Die Wahrscheinlichkeit, einen schlechten Gesundheitszustand zu haben, ist für Angehörige der Unterschicht mehr als doppelt so hoch als die der Mittelschichten.

Andererseits beeinflusst auch die gesundheitliche Situation die Schichtzugehörigkeit. Menschen mit gesundheitlichen Problemen sind häufiger von (Langzeit-)Arbeitslosigkeit, sozialer Deklassierung und erschwerter beruflicher Integration bedroht, was wiederum die Wahrscheinlichkeit von negativem gesundheitlichen Verhalten sowie von psychosozialen und physischen Krankheiten erhöht (vgl. Bundesregierung 2005: 131ff.).

Abb. 4.6: Zusammenhänge zwischen sozialer und gesundheitlicher Ungleichheit

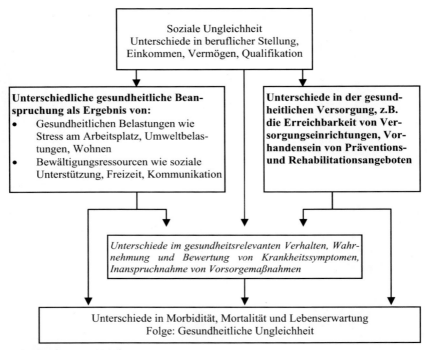

Quelle: Bäcker u.a. 2007b: 107.

Angesichts dieser Zusammenhänge ist es verkürzt, die gesundheitsbezogene sozialpolitische Debatte auf die ökonomische Dimension der Krankenkassenbeiträge zu beschränken. Statt der Konzentration auf die aktuelle Einnahme- und Kostenlage der Krankenkassen, Ärzte und der Pharmaindustrie wäre vordringlich die Entwicklung einer gesundheitsfördernden Gesamtpolitik mit der Schaffung von gesundheitsfördernden Lebenswelten, der Stärkung gesundheitsbezogener Aktivitäten in der Gemeinde, die Entwicklung persönlicher Kompetenzen und eine Neuorientierung der Gesundheitsdienste, insbesondere deren präventiver Leistungen anzustreben. Würde dies als Querschnittspolitik gestaltet, so könnten wohl auch Kosteneinsparungen erreicht werden – ohne diese auf die Patienten abzuwälzen.

4.5 Krankheit und Behinderunge

Eine spezifische Problematik innerhalb des Feldes Gesundheit/Krankheit trifft die Menschen mit Behinderungen. Gemäß Definition der Weltgesundheitsorganisation „werden alle diejenigen als Behinderte bezeichnet, die von den Auswirkungen einer nicht nur vorübergehenden Funktionsbeeinträchtigung betroffen sind und deren Zustand von vergleichbaren Menschen des jeweiligen Lebensalters in körperlicher, geistiger oder seelischer Hinsicht abweichen" (Bäcker u.a. 2007b: 99).

Über die Zahl der Menschen mit Behinderung gibt es keine verlässlichen Angaben, denn statistisch werden nur Schwerbehinderte erfasst, also bei den Versorgungsämtern Registrierte, deren Erwerbsfähigkeit um mehr als 50 Prozent gemindert ist und die einen amtlichen Schwerbehindertenausweis erhalten haben. Nicht erfasst werden also weniger schwer Behinderte sowie Schwerbehinderte, die aus verschiedenen Gründen auf die Registrierung verzichten. Gemäß der Registrierung sind ca. 6,6 Millionen Menschen in Deutschland, also rund acht Prozent der Bevölkerung schwerbehindert. In 83,5 % der Fälle ist die Behinderung krankheitsbedingt, bei jedem Achten ist sie Folge von Unfällen, Berufskrankheiten oder Kriegs-, Wehr- und Zivildienstschäden und bei 4,7 % der Fälle ist die Behinderung angeboren. Die Tatsache, dass Behinderungen nur selten angeboren, sondern i.d.R. im Lebensverlauf erworben werden, wirkt sich auch auf die Altersverteilung aus. So sind mehr als die Hälfte der Behinderten älter als 65 Jahre, während nur rund vier Prozent jünger als 25 sind (Stat. Bundesamt 2006: 187 f.).

Tab. 4.3: Schwerbehinderte 2003

Art der Behinderung	n = 6,6 Millionen Angaben in %
Beeinträchtigung der Funktion von inneren Organen bzw. Organsystemen	26,3
darunter Herz- und Kreislaufkranke	*10,1*
Zerebrale Störungen, geistig und seelische Behinderungen	17,4
Funktionseinschränkungen von Gliedmaßen	14,4
Funktionseinschränkungen der Wirbelsäule und des Rumpfes, Deformierung des Brustkorbes	13,7
Blindheit und Sehbehinderung	5,2
Sprach- und Sprechstörungen, Taubheit, Schwerhörigkeit, Gleichgewichtsstörungen	3,8
Verlust einer Brust oder beider Brüste, Entstellungen u.a.	2,6
Verlust oder Teilverlust von Gliedmaßen	1,3
Querschnittslähmung	0,3
Sonstige und ungenügend bezeichnete Behinderungen	15,1

Quelle: Stat. Bundesamt 2006: 190f.

Die soziale Lage der Behinderten ist in mehrerer Hinsicht häufig problematisch:

- Aufgrund ihrer eingeschränkten Erwerbsfähigkeit ist ihre Einbindung in den Arbeitsmarkt erschwert. Viele Betriebe weigern sich – trotz der Bestimmungen des Schwerbehindertengesetzes –, Behinderte zu beschäftigen und „kaufen" sich lieber durch die monatliche Zahlung einer Ausgleichsabgabe von dieser Pflicht frei. Das im Gesetz SGB IX § 71 Abs, 1) formulierte Ziel, dass 5 % der Arbeitsplätze in Betrieben mit mehr als 20 Beschäftigten von Schwerbehinderten besetzt werden, wird somit nicht erreicht. Die tatsächliche Beschäftigungsquote lag 2002 nach einem langjährigen Prozess steter Abnahme schließlich nur noch bei 3,4 % bei privaten und 5,4 % bei öffentlichen Arbeitgebern (Bundesregierung 2004: 154). Andersherum bedeuten diese Zahlen, dass die Arbeitslosenquote von Schwerbehinderten annähernd doppelt so hoch ist wie die der Nichtbehinderten.
- Vor besonderen Schwierigkeiten stehen körperlich und geistig behinderte Kinder. Grundsätzlich besteht das Ziel und die Aufgabe, sie unter Berücksichtigung ihrer Lern- und Bildungsfähigkeit in Kindergärten und Schulen so gut wie möglich zu fördern und sozial zu integrieren. Kontrovers wird jedoch diskutiert, ob und für welche Arten und Grade der Behinderung eine Betreuung und Förderung in Sondereinrichtungen oder in so genannten integrativen Kindergärten und Schulen richtig und möglich sei. Das pädagogische und soziale Ziel der Normalisierung und der Integration steht hierbei konflikthaft zu spezifischen Förderbedarfen, die in den bisherigen allgemeinbildenden Schulen nicht geleistet werden können, und auch zu den nicht seltenen sozialen Vorbehalten gegenüber Behinderten, die das Lerntempo der Nichtbehinderten drosseln und damit deren Erfolge mindern könnten. Zwischen den verschiedenen Bundesländern, in deren Kompetenz die Schulpolitik liegt, bestehen teilweise erheblich unterschiedliche Konzepte der lernzielgleichen oder lernzieldifferenzierten schulischen Integration, die über die Möglichkeiten der gemeinsamen Beschulung wesentlich entscheiden (vgl. Jacobs 2003: 21f.).
- In den vielfältigen Veranstaltungen und öffentlichen Debatten während des „Europäischen Jahrs der Menschen mit Behinderungen 2003" wurden häufig auch die Möglichkeiten der sozialen und kulturellen Integration Behinderter vor dem Hintergrund barrierefreier Mobilität und Teilhabe an Kommunikation thematisiert. Insbesondere die Kommunen und staatliche Akteure versprachen in diesem Zusammenhang erhebliche Investitionen, um die Mobilität Behinderter durch barrierefreie Gestaltung des öffentlichen Raumes und öffentlicher Einrichtungen zu fördern, verstärkt die Gebärdensprache als Kommunikationsangebot zu unterbreiten und Sehbehinderten mit

akustischen Signalen und Informationen per Brailleschrift zu helfen. Ferner wurden verschiedene sozial-, ordnungs- und arbeitsrechtliche Initiativen gestartet, die der faktischen Diskriminierung Behinderter im gesellschaftlichen Leben begegnen sollen.
- Erhebliche Benachteiligungen sehen sich viele Behinderte auch im Bereich des Wohnens gegenüber. Das barrierefreie und behinderungsgerechte Angebot auf dem freien Wohnungsmarkt ist insgesamt noch unzureichend, woran in vielen Fällen die angestrebte Verselbstständigung noch im Elternhaus lebender behinderter Menschen scheitert und die vollwertige Teilhabe am Leben in der Gesellschaft erschwert wird. Zudem ist das Wohnangebot nicht differenziert genug, um den individuellen Ansprüchen behinderter Menschen gerecht zu werden und ihnen Wahl- und Entscheidungsmöglichkeiten für ihre persönliche Lebensgestaltung zu geben (vgl. Bundesregierung 2004: 186ff.).

Die vorgenannten Beispiele, die noch weiter ergänzt werden könnten, machen deutlich, dass der im § 10 des Sozialgesetzbuches genannte Auftrag, körperlich, geistig oder seelisch Behinderten und von Behinderung bedrohten Menschen Hilfen anzubieten, „die notwendig sind, um

1. die Behinderung abzuwenden, zu beseitigen, zu bessern, ihre Verschlimmerung zu verhüten oder ihre Folgen zu mildern,
2. ihm seinen Neigungen und Fähigkeiten entsprechenden Platz in der Gemeinschaft, insbesondere im Arbeitsleben, zu sichern"

noch nicht erfüllt ist. Neben sozialpolitischen Aktivitäten mit behindertenorientierten sozialen Geldern, Diensten und Rechten bedarf es vor allem auch gesellschaftspolitischer Initiativen, die auf die Integration der Behinderten und die Akzeptanz bei den Nichtbehinderten ausgerichtet sein müssen.

4.6 Ethnische Minderheiten

Die nicht selten zu hörende politische Meinung, dass Deutschland kein Einwanderungs- bzw. Zuwanderungsland sei, ist empirisch nicht haltbar. Mehr als 7,3 Millionen Menschen, das sind ungefähr 9 Prozent der Bevölkerung Deutschlands, sind Ausländer, von denen mehr als 4,3 Millionen bereits länger als zehn Jahre hier leben. Inklusive der Einbürgerungen, der Aufnahme von Spätaussiedlern und weiterer Wanderungsfaktoren verfügen laut Mikrozensus 2005 mehr als 15,3 Millionen oder auch ca. 19 % der Bevölkerung über einen Migrationshintergrund. Seit 1984 ist – mit Ausnahme der Jahre 1996/97 – ein jährlicher positiver Wanderungssaldo zu verzeichnen.

Auch wenn es schon früher Ausländer in Deutschland gab und auch größere Migrationsbewegungen, z.B. von polnischen Arbeitern in das industrialisierte Ruhrgebiet, zu verzeichnen waren, lässt sich eine wesentliche Phase der Zuwanderung in den 1960er Jahren verorten. Vor allem aus südeuropäischen Ländern sowie der Türkei wurden vom „Wirtschaftswunderland" Arbeitskräfte angeworben, die als so genannte „Gastarbeiter" den akuten Kräftebedarf decken sollten. Es herrschte die Vorstellung, dass diese Ausländer für einige Jahre in der Bundesrepublik Deutschland[3] arbeiten und dann mit dem hier verdienten Geld wieder in ihre Heimatländer zurückkehren würden. Entsprechend gering waren die staatlichen und gesellschaftlichen Bemühungen, diese Gastarbeiter zu integrieren. Die Anwerbephase, während der zwischen 1961 und 1974 ca. 3,5 Millionen Menschen nach Deutschland kamen, endete mit der Verfügung eines Anwerbestopps. Die Migrationsbewegung setzte sich jedoch fort, wobei insbesondere die Familienzusammenführungen Zuwanderung brachten. Es zeigte sich nun, dass die Vorstellung vom kurzzeitigen Gastarbeiter nicht haltbar, sondern eine dauerhafte Ansiedlung festzustellen war.

Neben der Arbeitsmigration führte seit den späten 1970er Jahren die Zuwanderung von Asylbewerbern aus Asien, Arabien, Afrika und Lateinamerika zum weiteren Anstieg des Ausländeranteils in der Bevölkerung. Weitere Flüchtlingsbewegungen, vor allem in Folge des Jugoslawienkrieges, waren Anfang der 1990er zu verzeichnen. Seit 1998 sinkt die Zahl der Asylbewerber in Deutschland kontinuierlich und erreichte im Sommer 2007
Zuwanderung, vor allem in die „alte" Bundesrepublik Deutschland, erfolgte jedoch nicht nur durch Ausländer, sondern auch durch Deutsche. In der Nachkriegszeit kamen knapp acht Millionen Flüchtlinge und Vertriebene aus den Ostgebieten, die heute insbesondere zu Polen und Tschechien gehören. Zwischen 1945 und 1961 flohen und übersiedelten 3,1 Millionen Deutsche aus der DDR in die Bundesrepublik. Und nach dem Zusammenbruch des Ostblocks seit dem Ende der 1980er und dem Anfang der 1990er Jahre begann eine weitere Migration der so genannten (Spät-)Aussiedler aus den GUS-Staaten in die vereinigte Bundesrepublik, die staatsrechtlich Deutsche sind, jedoch aufgrund ihrer Sozialisation im Ausland soziologisch den Ausländern gleichen.

---

[3] Im Folgenden steht die Entwicklung in Westdeutschland im Vordergrund. Zuwanderungsbewegungen so genannter „Leiharbeiter" oder „Vertragsarbeitnehmer" in die ehemalige DDR waren quantitativ relativ unbedeutend (1,2 % der Bevölkerung) und beschränkten sich auf nur wenige Herkunftsländer, insbes. Vietnam, Polen, Kuba, Mosambik und Angola. Die DDR war mehr von Aus- und Abwanderungsbewegungen und -druck betroffen als von Zuwanderung.

4.6 Ethnische Minderheiten

Tab. 4.4: Die 20 größten ethnischen Minderheiten nach Geburtsland am 31.12.2004 (nur Ausländer, ohne Eingebürgerte und (Spät)Aussiedler

Staatsangehörigkeit	2004		1980	
	in 1000	Anteil an allen Ausländern	in 1000	Anteil an allen Ausländern
Türkei	1 746	26,3	1462	32,8
Italien	548	8,2	618	13,9
Serbien-Montenegro	507	7,6	632	14,2
Griechenland	316	4,7	297	6,7
Polen	292	4,3	60	1,3
Kroatien	229	3,4		
Russland	179	2,7		
Österreich	174	2,6	172	3,9
Bosnien-Herzegowina	156	2,3		
Ukraine	128	1,9		
Portugal	117	1,7	112	2,5
Niederlande	114	1,7		
Spanien	108	1,6		
Frankreich	100	1,5		
USA	97	1,4	77	1,7
Vereinigtes Königreich	96	1,4		
Vietnam	84	1,2	14	0,3
Rumänien	73	1,1	10	0,2
Marokko	73	1,1	36	1,0
China	72	1,1	2	0,05

Quelle: Geißler 2006: 239

Die aktuelle Lage in Deutschland ist teilweise verwirrend. Da gibt es Menschen, die im Ausland geboren und sozialisiert wurden und keinen deutschen Pass haben neben im Ausland Geborenen, die die deutsche Staatsangehörigkeit angenommen haben, den „Deutschen nichtdeutscher Herkunft". Zusätzlich gibt es staatsrechtliche Ausländer, die jedoch in Deutschland geboren wurden und hier aufwuchsen, neben den Spätaussiedlern, die im Ausland aufwuchsen und nun als Deutsche zählen. Diese Gemengelage macht es schwierig von „den" Ausländern zu sprechen, da eine Vielzahl an Faktoren zu berücksichtigen wäre, die soziologische, staats- und aufenthaltsrechtliche Aspekte haben. So differenziert das Aufenthaltsrecht mehrere verschiedene Statusgruppen mit jeweils unterschiedlichen Ansprüchen auf den Zugang zum Arbeitsmarkt, zur politischen Teilhabe sowie – besonders wichtig – auf die Aufenthaltssicherheit (u.a. Schutz vor oder Risiko von Ausweisung).

Tab. 4.5: Ausländische Bevölkerung in Deutschland nach Aufenthaltsstatus und Duldung am 31.12.2006 (sortiert nach aufenthaltsrechtlichem Statusrang)

Aufenthaltsstatus	Ausländische Bevölkerung Anzahl
Insgesamt	**6.751.002**
darunter Aufenthaltsstatus	
nach altem Recht (Ausländergesetz 1990)	
zusammen	2.877.623
Aufenthaltstitel	
zeitlich befristet	651.118
zeitlich unbefristet	2.226.505
nach neuem Recht (Aufenthaltsgesetz 2004)	
zusammen	1.865.926
Aufenthalterlaubnis (zeitlich befristet)	1.137.867
darunter	
zum Zweck der Ausbildung	137.227
zum Zweck der Erwerbstätigkeit	72.096
völkerrechtliche, humaitäre, politische Gründe	150.411
familiäre Gründe	615.839
besondere Aufenthaltsrechte	66.709
Niederlassungserlaubnisse (zeitlich unbefristet)	555.334
Sonstige Fälle	
von der Erfordernis auf Aufenthaltstitel befreit	112.905
Antrag auf Aufenthaltstitel gestellt	59.820
EU-Recht/ EU-Aufenthaltstitel/Freizügigkeitsbescheinigung	
befristet	347.724
unbefristet	1.008.818
Duldung	165.084
Aufenthaltsgestattung	40.757
Ohne Aufenthaltstitel, Duldung oder Gestattung	445.070

nach: http://www.destatis.de/jetspeed/portal/cms/Sites/destatis/Internet/DE/Content/Statistiken/Bevoelkerung/AuslaendischeBevoelkerung/Tabellen/Content50/AufenthaltsrechtlicherStatus,templateId=renderPrint.psml

In den Sozialwissenschaften haben sich angesichts dieser Differenzierungen andere Begriffe durchgesetzt. So wird z.B. von „ethnischen Minderheiten" gesprochen, womit auf die nichtdeutsche Abstammung und/oder Herkunft der

4.6 Ethnische Minderheiten

Menschen verwiesen wird. In anderen Kontexten wird der Begriff der „Einwohner und Bürger mit Migrationshintergrund" verwandt, der dann auf die eigene Migration der Menschen anspielt oder auch auf junge Menschen angewandt wird, deren Eltern oder Großeltern, z.b. als „Gastarbeiter" oder Flüchtlinge, zuwanderten und damit den sozialisatorischen oder kulturellen Migrationshintergrund liefern.

Sowenig es „die" Ausländer oder „die" Migranten gibt, sowenig ist auch von deren gleichen sozialen Lagen zu sprechen. Gleichwohl zeigen sich einige markante Probleme, die sozialpolitische Relevanz besitzen.

Die sozioökonomische Lage und Struktur der in Deutschland lebenden Ausländer weicht erheblich von der der Stammbevölkerung ab. Während mehr als die Hälfte der erwerbstätigen Ausländer als Un- und Angelernte arbeiten, ist es bei den Deutschen nur knapp jeder Fünfte. In den mittleren Dienstleistungsberufen sind nur 13 % der ausländischen, aber 33 % der deutschen Arbeitnehmer beschäftigt und bei den höheren Dienstleistungsberufen ist die Kluft von 7 zu 15 Prozent auch groß. Der Auf- und Ausbau einer ausländischen Mittelschicht gelingt nur langsam (vgl. Geißler 2006: 241f.).

Auch wenn sich die Arbeits- und Lebensverhältnisse der Ausländer in den letzten zwanzig Jahren sukzessive verbesserten, machen diese Zahlen deutlich, dass der überwiegende Anteil der Ausländer den unteren sozialen Schichten angehört. Sie übernehmen die schlechteren, bei den Deutschen weitgehend ungeliebten Jobs, die stärkere physische Belastungen aufweisen, geringer angesehen und schlechter bezahlt sind. Mit dieser beruflichen Positionierung sind diverse Benachteiligungen und Risiken auch in anderen Lebensbereichen verbunden. So ist die Wohnsituation häufig schlechter als die der Deutschen, was sowohl die Wohnungsgrößen, die Wohnungsausstattung als auch die Wohnlage betrifft (vgl. Deutscher Bundestag 2000: 153). Auch die gesundheitliche Lage ist gegenüber den Einheimischen von mehr Risiken geprägt, wobei einerseits die beruflichen Belastungen zum Tragen kommen, sich aber auch migrationsspezifische Gründe, wie z.B. Trennungserfahrungen, Kultur- und Identifikationskonflikte, psychisch und psychosomatisch auswirken.

Die soziale Ungleichheit der Ausländer im Bildungswesen hat sich gemindert, ist jedoch noch nicht beseitigt. Noch immer besuchen überproportional viele ausländische Kinder und Jugendliche die Hauptschule und verlassen diese ohne bzw. mit Hauptschulabschluss, während sie bei den Realschulabschlüssen und bei der (Fach-)Hochschulreife unterrepräsentiert sind.

Tab. 4.6: Allgemein bildende Schulen, Absolventen/Abgänger nach Abschlussarten Abgangsjahr 2005

Abschlussart	Absolventen/Abgänger in %		
	Insges.	Deutsche	Ausländer
Ohne Hauptschulabschluss	8,2	7,2	17,5
Mit Hauptschulabschluss	24,8	23,2	41,7
Mit Realschulabschluss	41,6	42,6	31,2
Mit Fachhochschulreife	1,3	1,3	1,4
Mit allg. Hochschulreife	24,1	25,7	8,2
Insgesamt	**100**	**100**	**100**

Quelle: http://www.destatis.de/jetspeed/portal/cms/Sites/destatis/Internet/DE/Content/Statistiken/BildungForschungKultur/Schulen/Tabellen/Content100/AllgemeinbildendeSchulenAbschlussart.psml

Die Ursachen für diese Ungleichheit liegen in häufig mangelhaften Deutschkenntnissen, der ökonomischen Lage der Herkunftsfamilien und auch unzureichenden Kenntnissen der Eltern vom deutschen Bildungssystem. Zudem sind noch immer „Mechanismen institutionalisierter Diskriminierung" (Gomolla 1997) in den Schulen festzustellen, die sich nicht hinreichend auf die spezifischen Probleme der Migrantenkinder eingestellt haben und in denen nicht selten sprachliche Defizite mit kognitiven Mängeln gleichgestellt werden. Die PISA-Studie machte im Jahr 2001 deutlich, dass die Bildungsförderung der ausländischen Kinder in Deutschland gegenüber anderen Staaten, wie z.B. Schweden und Norwegen, aber auch Österreich und der Schweiz, schlechter ausfällt. Die Chancen der sozialen Mobilität dieser Kinder sind somit begrenzt, was sich dann unter anderem in größeren Schwierigkeiten auf dem engen Ausbildungs- und Arbeitsmarkt auswirkt. Von den 20- bis 29jährigen Ausländern hatten 2004 37 % keine Berufsausbildung abgeschlossen, während dies bei ihren deutschen Altersgenossen nur 11 % betraf (Geißler 2006: 246).

Die schlechtere soziale Platzierung der Migranten in der Arbeitswelt und auch in weiteren sozialen Bezügen hat neben den vorgenannten Dispositionen jedoch auch mit noch immer bestehenden Akzeptanzproblemen der deutschen Stammbevölkerung zu tun. Zwar ist die Einstellung der Deutschen gegenüber den Zuwanderern in den letzten Jahrzehnten in vielen Bereichen positiver geworden, aber Vorbehalte und Feindlichkeiten sind – besonders in den unteren Schichten, bei älteren Menschen und in ländlichen Regionen – weiterhin gesellschaftliche Realität.

4.6 Ethnische Minderheiten

Vor dem Hintergrund des von Globalisierung und Europäisierung ausgehenden Wanderungsdrucks einerseits und des demographisch bedingten Immigrationsbedarfs von Arbeitskräften andererseits stehen der Staat und die Gesellschaft vor gestiegenen Integrationsanforderungen. Mehr als in den vergangenen Jahrzehnten wird es darum gehen müssen,

- die Kompetenzen der bereits Eingewanderten stärker zu fördern,
- bei der Zuwanderung auf die Ansprache höher qualifizierter Kräfte zu setzen,
- die Integration durch Sprachförderung, schulische Ausbildung und Berufsbildung zu stärken,
- die soziale und politische Teilhabe zu forcieren,
- das Aufenthalts- und Staatsangehörigkeitsrecht flexibler und menschenfreundlicher zu gestalten sowie
- durch das Bekenntnis, ein Einwanderungsland zu sein, der einheimischen Bevölkerung die Aufnahme von Zuwanderern näher zu bringen.

Ein anzustrebendes Konzept der „multikulturellen Integration" entdeckte Geißler (2006: 252) in Kanada. Es zeichnet sich durch drei Prinzipien bzw. Ziele aus:

- „Aktive Akzeptanz: Ethnische Minderheiten werden zum einen als willkommener Teil der Gesellschaft anerkannt, unter anderem weil sie gebraucht werden. Zum anderen wird akzeptiert, dass es erheblicher politischer und gesellschaftlicher Anstrengungen bedarf, um sie gemäß den beiden folgenden Prinzipien in die deutsche Kerngesellschaft einzugliedern.
- Chancengleichheit: Ethnische Minderheiten erhalten die Möglichkeit, gleichberechtigt am wirtschaftlichen, gesellschaftlichen, politischen und kulturellen Leben teilzunehmen und in den wichtigen Institutionen vertreten zu sein.
- Einheit in Verschiedenheit (unity within diversity): Es werden Bedingungen geschaffen, in denen Mehrheit und ethnische Minderheiten auf der Basis gemeinsamer Sprache, Regeln und Grundwerte im gegenseitigen Respekt für die jeweiligen sozialen und kulturellen Besonderheiten miteinander leben."

Um diese Ziele zu erreichen sind vielfältige sozialpolitische Aktivitäten zu entfalten, die neben sozialen Geldern vor allem soziale Rechte und soziale Dienste umfassen müssten.

📖 Wichtige Literatur:

Bäcker, Gerhard; Reinhard Bispinck, Klaus Hofemann, Gerhard Naegele und Jennifer Neubauer: Sozialpolitik und soziale Lage in Deutschland. 2 Bände. Wiesbaden ^{4}2007.
In zwei Bänden werden zentrale Daten zu Lebensbedingungen und Lebenslagen in Deutschland präsentiert. Rechtliche, politische und institutionelle Aspekte der Sozialpolitik werden gut verständlich aufbereitet.

Geißler, Rainer: Die Sozialstruktur Deutschlands. Zur gesellschaftlichen Entwicklung mit einer Bilanz zur Vereinigung. Wiesbaden ^{4}2006.
Das Buch bietet einen umfassenden Überblick über die Sozialstruktur und den sozialen Wandel in Deutschland. Die empirischen Darstellungen werden durch intensive theoretische Betrachtungen aufgewertet und in die soziologische und sozialpolitische Diskussion einbezogen.

BMAS – Bundesministerium für Arbeit und Sozialordnung (Hg.): Lebenslagen in Deutschland. Der 2. Armuts- und Reichtumsbericht der Bundesregierung. Berlin 2005.
Die Regierungen veröffentlichen periodisch eine Vielzahl an sozialpolitisch relevanten Berichten, wie z.B. die Kinder- und Jugendberichte, die Familienberichte und die Sozialberichte. Der zweite Armuts- und Reichtumsbericht der Bundesregierung veranschaulicht wie auch sein Vorgänger aus dem Jahr 2001 die soziale Lage in Deutschland.

Hradil, Stefan: Die Sozialstruktur Deutschlands im internationalen Vergleich. Wiesbaden ^{2}2006.
Hradils nicht immer hochaktuellen, aber dafür die soziostrukturelle Entwicklung im internationalen Vergleich wie keine zweite Schrift nachzeichnenden empirischen Analysen gehören mittlerweile zur Standardliteratur in der sozialwissenschaftlichen Beschäftigung mit sozialen Lagen und Problemen.

Nullmeier, Frank / Lessenich, Stephan (Hrsg.): Deutschland – eine gespaltene Gesellschaft. Frankfurt a. M./New York 2006.
Dieser Sammelband wagt eine dichotom zugespitzte Diskussion von Lebenslagen in Deutschland. In 15 Einzelbeiträgen entsteht ein soziales Abbild dieser Gesellschaft entlang und voller Gegensätzlichkeiten.

5 Reformbedarf und Reformen in der Sozialpolitik

> *Der Sozialstaat steht vor großen Herausforderungen und Umbrüchen. In diesem Kapitel wird dargestellt und kritisch betrachtet, welche Probleme der „Dauerkrise" des Sozialstaats zugrunde liegen und welche Interessen die Akteure der Sozialpolitik in ihrem Handeln leiten. Verdeutlicht werden Konflikte, die bei der Reformdiskussion offenkundig sind. Abschließend wird diskutiert, welche Argumente für bzw. gegen radikale Umbaukonzepte der sozialen Sicherung sprechen.*

Wie kann man den aktuellen Zustand des deutschen Sicherungssystems in seinem Reformbedarf anschaulich machen? Vielleicht bemühen wir doch einmal den (vielleicht nicht einmal so sehr hinkenden) Vergleich mit einem Auto. Eigentlich vom Fahrgestell her ein Oldtimer, wurde der Wagen – nach seiner Wiederzulassung 1948 – bis 1957 von Grund auf instand gesetzt und ausgebaut. Er bekam neue Sitze, Lenkung und Getriebe wurden komplett erneuert, die Karosserie verbreitert und die Bodenfreiheit um einiges erhöht, was die Straßenlage entscheidend verbesserte. Er war geräumig, erstklassig verarbeitet, bot den Fahrern und den Insassen höchsten Komfort und allerlei viele kleine Annehmlichkeiten. Er war vielleicht in der Handhabung etwas kompliziert. So ließ er sich beispielsweise schwer lenken und man kam auch sehr schlecht an den Tankdeckel heran. Zudem verbrauchte er vergleichsweise viel Kraftstoff, aber den Besitzern ging es bis in die 70er Jahre hinein wirtschaftlich sehr gut und die Kraftstoffpreise waren, mit denen heute verglichen, niedrig.

Kurzum: Es war ein schicker, großer, komfortabler Wagen. Seine ausgezeichneten Fahreigenschaften wurden bestaunt, seine Technik bewundert. Schließlich hatte er den wahrscheinlich seinerzeit stärksten und robustesten Motor auf dem Weltmarkt. Und er war weit mehr als nur ein fahrbarer Untersatz. Er wurde schnell zum Statussymbol, ja fast zur Weltanschauung. Es war eine Einstellungssache, diesen Wagen zu fahren, denn er war Kennzeichen des wirtschaftlichen Erfolgs seiner Besitzer. Es gab nicht einen Autofahrer, der die damaligen Besitzer nicht um diesen Wagen beneidete. (Fast) alle wollten auch so einen haben. Aber nur wenige konnten ihn sich leisten, weil er im Unterhalt eben so teuer war. Und so kam es, dass viele ihn mit anderer Technik und weit weniger Extras nachzubauen versuchten.

Da der Wagen sehr sicher war, kam es nie zu einem schweren Unfall (man war ja übrigens auch Vollkasko versichert). Doch auch die besten Karossen leiden unter den Straßenverhältnissen und unter mangelhafter Wartung. Leider waren gerade die Straßenverhältnisse nicht immer die besten. Die Stoßdämpfer wurden sehr stark beansprucht, was nach und nach die Fahreigenschaften doch sehr beeinträchtigte. Motor und Getriebe laufen zwar nach wie vor recht zuverlässig, aber der Anlasser funktioniert nur noch bei schönem Wetter. Und dank der undichten Ventile ist der ohnehin schon beträchtliche Verbrauch – gerade bei hohen Drehzahlen – noch mehr gestiegen. Die Türen klemmen, oft auch der vierte Gang. Das Getriebe hakt. Wenn man versucht, herunterzuschalten, erwischt man oft den Rückwärtsgang. Die Frischluftdüsen, die Seitenfenster und das Schiebedach kann man schon seit Jahren nicht mehr öffnen, weil sie niemand benutzte. Die Elektrik hat Aussetzer und die Kühlung ist kaputt, so dass der Motor schon nach wenigen Kilometern heiß läuft. Hinzu kommt, dass viele der späteren Fahrer – ob aus Bequemlichkeit, aus Scheu vor dem Räderwerk oder weil sie von Autos nichts verstanden – nie die Motorhaube öffneten. Stattdessen versuchten sie immer wieder, an die Technik im Motorraum heranzukommen, in dem sie die Sitze ausbauten – natürlich vergebens.

Besonders nachteilig wirkt sich die schlechte Wartung auf die Fahrsicherheit aus. Vor allem die Sicht nach vorne ist stark behindert. Die Sicherheitsgurte auf den hinteren Sitzen – außer dem hinter dem Fahrer – funktionieren nicht mehr. Da nützt es auch nichts, dass der einstmals eingebaute Schnickschnack für lange Reisen noch vollständig vorhanden ist, da er nicht mehr den Bedürfnissen der Mitfahrenden entspricht. Der Kofferraum und die Beinfreiheit im Fond sind überdies durch zahlreiche Auffahrunfälle (vor allem durch die vielen großen Oberklassewagen der neueren Generation) erheblich verkleinert. Die zahlreichen Reparaturen an der Karosserie, die im Laufe der Jahrzehnte anfielen, wurden eher schlecht ausgeführt, nicht selten wurde nur überlackiert. Dass man den Wagen zwischenzeitlich (genauer: in den 1990er Jahren) als Umzugs- und Schwerlasttransporter missbrauchte, gab dem Fahrgestell den Rest. Der langen Rede kurzer Sinn: Der einst so schicke Wagen, wie er da noch immer in der Sonne steht und glänzt, ist bei genauerem Hinsehen technisch längst nicht mehr neuester Stand. Er kommt nur noch durch den TÜV, weil er fährt und fährt ... und weil man die Prüfer gut kennt. Für den Besitzer werden die alltäglichen Reparaturen und die drastisch steigenden Betriebskosten zu einem immer größeren Problem. Längst denkt er darüber nach, ob er nicht doch besser zu Fuß gehen sollte.

5.1 Kritik am Sozialstaat

Eine Vielzahl von Meinungsführern aus Politik, Medien und Verbänden hält seit Jahren den Sozialstaat für reformbedürftig. Unnötig zu erwähnen, dass je nach Interessenlage und gesellschaftspolitischer Stellung die einen für und andere gegen den Erhalt der erreichten Niveaus sozialer Sicherung plädieren. Wissenschaftlerinnen und Wissenschaftler haben sich an dieser schleichenden meinungsbildenden Demontage nur insoweit beteiligt, als sie überwiegend auf die Reformbedarfe hinwiesen, meist mit einer angemessenen Differenziertheit, die jedoch in der massenmedialen Darstellung nicht durchdringt. In jüngster Zeit melden sich jedoch auch eher besonnene Stimmen zu Wort, die eine grundlegende Umgestaltung fordern. Dabei kommt es auf den gesellschaftspolitischen Zungenschlag an. Mal wird eine grundlegende Restaurierung mit der Sorge um den längerfristigen Erhalt der Sozialsysteme begründet, mal mit der generellen Behauptung, der Sozialstaat sei zu aufwändig geworden und lähme die – vor allem ökonomischen – Innovationskräfte in der Gesellschaft.

Gerade unter dem Eindruck der Globalisierungsdebatte werden dem Staat Wettbewerbsprobleme unterstellt, nicht selten unter Verwendung stark hinkender Analogien zu Wirtschaftsunternehmen („Deutschland AG" etc.). Unter Globalisierung sind dabei besonders die weltumspannenden Tätigkeiten multinationaler Konzerne gemeint, denen man nationale Heimatlosigkeit und dem entsprechend auch gesellschaftspolitische Gefühllosigkeit unterstellt. Daneben sind aber auch eine Reihe von Argumenten im Umlauf, die mit Blick auf internationale Konkurrenzfähigkeit den Standort Deutschland gerade sozial wettbewerbsfähiger – sprich: „schlanker" – sehen wollen. Dabei ist bei genauerer Betrachtung kein Politikbereich weniger internationalisiert als die Sozialpolitik – und wird es wohl auch bleiben (vgl. Kapitel 6). Gerade die spezifische Struktur und Funktionsweise des deutschen Sozialstaates immunisiert diesen gegen Globalisierungseinflüsse wie Produktionsstandortfrage, Harmonisierungszwang der Besteuerung, Globalisierung der Kapitalmärkte und so weiter. Der deutsche Sozialstaat ist ein *Sozialversicherungsstaat*, mehr als 70 % des gesamten Sozialbudgets sind in Versicherungs- und Versorgungssystemen gebunden, also nicht direkt vom Steueraufkommen abhängig. Auch in der Leistungserbringung ist der steuerfinanzierte Staat kaum beteiligt, dies übernehmen für ihn freiberufliche, privatgewerbliche und vor allem die wohlfahrtsverbandlich organisierten Dienstleister. Deren „unternehmerisches Risiko" ist auf die Binnennachfrage beschränkt, ihr Kapital sicher nicht von globalen Aktienmärkten abhängig. Im Gegenteil, bei nüchterner Betrachtung verschafft der Sozialstaat der wettbewerbsorientierten „Deutschland AG" immer noch einen der stärksten Standortvorteile für Arbeitnehmerinnen und Arbeitnehmer. Sicher sind die Löhne und Lohnnebenkosten anderswo niedriger, aber die eigentlich entscheidenden Lohnstückkosten sind hierzulande immer noch konkurrenzfähig. Produktivität und auch die Produktqualität sind immer noch weitgehend führend weltweit, trotz Arbeitsmarktkrise ablesbar an den weiterhin steigenden Exportzahlen.

Dass dennoch das hiesige soziale Netz derzeit so wenige Fürsprecher hat, hängt sicher mit der wirtschaftsliberalen Zielvorstellung zusammen, die Arbeitgeberseite von ihrem Beitrag zur paritätischen Finanzierung der Sozialversicherungen zu befreien. Diese kann freilich nur wegfallen, wenn die volle Beitragslast auf die Arbeitnehmerinnen und Arbeitnehmer abgewälzt würde (was aber bei den gegenwärtigen Beitragssätzen niemand ernsthaft will und wollen kann, am allerwenigsten die Arbeitgeberseite selbst, zumal sie dann auch in der Selbstverwaltung der Sozialversicherungsträger nicht mehr mitbestimmungsberechtigt wäre). Oder aber die Leistungen und damit die Beitragsbelastung müssten für beide Seiten heruntergefahren werden. Hier wird das Argument vertreten, dass der Sozialversicherungsstaat private Ressourcen binde, die Risikobereitschaft lähme und über die hohen Sozialbeiträge – als größter Teil der Lohnnebenkosten – die Produktion verteuere. Er schmälere damit die privaten Gewinne, die mittels Investitionen zu mehr Beschäftigung führen würden und somit der Solidargemeinschaft wieder zugute kämen. Diese und ähnliche Positionen werden im Grunde geäußert, seit es die paritätische Finanzierung gibt. Sie versuchen, den Zugriff des Staates auf privatwirtschaftliches Kapital zu minimieren und ignorieren dabei, dass der Sozialstaat durch seine Eingriffe und die paritätische Finanzierung gerade beabsichtigt, einen sozialen Konsens zu schützen, in dem das privatwirtschaftliche Kapital überhaupt existieren kann (vgl. Kapitel 1).

So scheint es, als habe der deutsche Sozialstaat weniger ein echtes Funktionsproblem, als vielmehr ein Darstellungs- und Akzeptanzproblem. Je mehr die Kritik den Eindruck vermitteln kann, der Sozialstaat würde missbraucht (Diskussion der 1980er Jahre), schaffe sich seine eigenen Probleme (1990er Jahre) und müsse letztlich mehr vorsorgen als absichern oder vor den Zukunftsaufgaben kapitulieren (aktuell), desto mehr Menschen scheinen bereit, diesen Sozialstaat aufzugeben. Indem jedes neue Problem mit Grundsatzkritik beantwortet wird, verstellt man sich jedoch den Blick auf die Ursachen.

5.2 Fehlfunktionen im Sicherungssystem

Grundsätzlich ist der Sozialstaat nicht als homogenes Ganzes, sondern als ein Konglomerat unterschiedlicher Systeme mit entsprechend unterschiedlichen Finanzierungs-, Organisations- und Anspruchsprinzipien zu verstehen (siehe Kapitel 2). Die sozialen Grundrisiken sind aber überwiegend von den Sozialver-

5.2 Fehlfunktionen im Sicherungssystem

sicherungen zu sichern, so dass – auch wenn die Volumen der Leistungstransfers betrachtet werden – in erster Linie vom „Sozialversicherungsstaat" zu sprechen ist (vergleiche auch Kapitel 2). Zu dessen Spezifika gehört – wie bereits hinlänglich diskutiert – der Umstand, dass er eigentlich nicht dem Staat, sondern den Versicherten gehört. Jede/r Versicherte erwirbt qua Mitgliedschaft in der Sozialversicherung Ansprüche, die er einlösen können muss, egal ob es die öffentliche Haushaltslage hergibt oder nicht. Spezifisch am Sozialversicherungsstaat ist aber auch, dass er ein System der staatlich gelenkten Umverteilung des volkswirtschaftlichen Gesamteinkommens darstellt. Umverteilung hat nicht nur ökonomische Motive, sondern auch und gerade eine Wirkung auf den inneren Zusammenhalt und Frieden in einer Gesellschaft. Genommen wird denen, die mehr als genug zum Leben haben, und gegeben wird denen, die ansonsten krass benachteiligt wären und nicht aus eigener Kraft auf das Existenzminimum kommen würden. Und die unter Umständen in ihrer Not bereit wären, ihre Ablehnung gegen das sie offenkundig benachteiligende ökonomische System auszudehnen auf das politische System, welches diese ungerechte ökonomische Ordnung schützt und stützt. Damit das nicht geschieht und aus wirtschaftlichen Krisen Situationen entstehen, die die politischen Herrschaftsverhältnisse in Frage stellen, nimmt der Staat in großem Stile Geld ein, das er an Bedürftige weitergibt. Wer dabei zahlt und wer bekommt, ist keine systemische, sondern eine Gerechtigkeitsfrage.

Es gibt nun aber gute Gründe anzunehmen, dass die herrschaftspolitischen Motive, die zur Einführung beziehungsweise zum Ausbau der Sozialversicherung führten, heute so nicht mehr existieren. Die Industriearbeiterschaft, die Bismarck an den Staat heranführen und begütigen wollte, ist längst kein politisches Drohpotenzial mehr. Auch die Angestellten sind keine benachteiligte Gruppe, die besonderen sozialen Schutz genießen und protegiert werden müsste. Rentnerinnen und Rentner waren lange Zeit die am meisten protegierte Gruppe. Argument: Wer sein Leben lang geschuftet und Steuern gezahlt hat, den darf man nicht am Lebensende verhungern lassen. Der wohl von allen Regierungen am meisten gefürchtete sozialpolitische Befund lautet: Rentnerarmut. Dass eine steigende Zahl von Rentnerinnen und Rentnern natürlich auch ein bestimmtes Wählerinnen- und Wählerpotenzial darstellt, hat gerade für die beiden großen Volksparteien CDU und SPD immer eine wichtige Rolle gespielt.

Abb. 5.1: „Was ist heute sozial?" Karikatur von Luis Murschetz

Es fällt schwer, eine gesellschaftliche Gruppe hervorzuheben, die der bevorzugten Aufmerksamkeit des Sozialstaates bedürfe. Dass dem so ist, ist Ausdruck einer sehr feingewebten und hochkomplizierten Anspruchs- und Transferstruktur, bei denen selbst Fachleute keine Chance haben, leistungsrechtlich auf dem Laufenden zu bleiben. Angesichts dieser Unübersichtlichkeit argwöhnte man früh, dass sich soziale Sicherung ihre eigenen Probleme selbst schaffe. Damit war in der Regel gemeint, dass sie sich *per se* ihre eigene *Klientel* schaffe. Wo die Gelegenheit, da auch Diebe, so die Faustregel. Es ist aber bislang beim Verdacht geblieben. Dass massenhafter Missbrauch die Leistungssysteme ausbeute, ist eine politisch motivierte Meinung geblieben, die mehr mit Ressentiments als mit nachweisbaren Realitäten zu tun hat. Andere Meinungen, die sich ernsthafter mit der Frage von „systemimmanenter Problemselbsterzeugung" befassten, sehen im Gegensatz dazu das Problem eher im Bürokratismus bei der Erlangung von Leistungen liegen: Zuschreibungen der mit der Problembearbeitung befassten Behörden und Instanzen, Definitionsmonopole von Expertenelite und die Entsubjektivierung, in der soziale Dienstleistende über ihre Klientel eine Form personaler Herrschaft ausüben. Sicherlich: Die Bürokratisierung von Sozialleistungen verursacht wie jede Kasualisierung Fehlbehandlungen. Nicht jeder Mensch passt eben in ein normiertes Leistungsraster. Fallbearbeitung heißt für manche „Fälle" eben auch Diskriminierung, weil sie der früheren Sicherungslogik längst entwachsen ist. Strukturell benachteiligt werden Gruppen, die aufgrund bestimmter Merkmale (Alter, Familienverhältnisse, Geschlecht, Herkunft) Nachteile im Zugang zu Erwerbsarbeit haben. Frauen werden benachteiligt, weil

5.2 Fehlfunktionen im Sicherungssystem

die Systeme patriarchalische Sicherungsoptionen belohnen oder weil ihnen eigenständige Transfersysteme (Alleinerziehende) verwehrt werden. Ausländische Familien haben schon nach dem Gesetz geringere soziale Rechte. Insgesamt reagieren Sozialsysteme nicht schnell genug auf das, was man sozialen Wandel nennt. Das ist an sich noch kein Grund, den Sozialstaat abzuschaffen, wie Einzelne angesichts seiner Fehlfunktionen forderten und fordern. Aber es zeigt die Notwendigkeit, von Zeit zu Zeit über seine Grundfunktionen nachzudenken.

Die strukturellen und finanziellen Probleme der deutschen Sozialsysteme lassen sich in den folgenden Charakteristika zusammenfassen:

- Erwerbsstrukturproblem
- Konjunkturzyklus-Problem
- Generationenproblem
- Steuerungsproblem.

5.2.1 Erwerbsstrukturproblem

Es scheint relativ lange zu dauern, bis allgemein akzeptiert und verstanden wird, dass Beschäftigungskrisen (also Zeiten hoher Arbeitslosigkeit bei gleichzeitigem Fehlen qualifizierter Arbeitskräfte in bestimmten Branchen) nicht durch Wirtschaftswachstum alleine behoben werden können. Unbestritten ist wenigstens, dass die in der Bundesrepublik seit Jahrzehnten die Sozialpolitik beherrschende Arbeitslosigkeit nicht alleine nur konjunkturell, sondern vor allem strukturell bedingt ist. Schon Anfang der 1990er Jahre stellte die EU-Kommission (1993: 17) in ihrem „Grünbuch zur Europäischen Sozialpolitik" in diesem Sinne fest, dass „trotz der während des letzten Jahrzehnts in Europa unternommenen Bemühungen [...] man nicht davon ausgehen (kann), dass eine wachstumsfördernde Wirtschaftspolitik automatisch zur Vollbeschäftigung führt." Volkswirtschaftlich ist in der Bundesrepublik damit zu rechnen, dass erst ein anhaltendes jährliches Wirtschaftswachstum von mindestens zwei bis drei Prozent in nennenswertem Umfange Arbeitsplätze schaffe. Von Vollbeschäftigung ist man da aber noch weit entfernt, auch wenn die Messlatte für diesen Begriff von Konjunkturkrise zu Konjunkturkrise weiter nach unten versetzt wird.

Nunmehr besteht eine Situation, dass ein weitaus größerer Teil der registrierten und verdeckten Arbeitslosigkeit strukturell verfestigt ist, sich also auch bei einem entsprechenden Wirtschaftswachstum nicht auflöst. Dieser früher auch „Sockelarbeitslosigkeit" genannte Teil der Arbeitslosigkeit wie auch das Ausmaß der als „Schwarzarbeit" bezeichneten Schattenwirtschaft hat längst für Sozialpolitiker alarmierende Dimensionen angenommen. Denn: Die Sozialversicherungen sind direkt (über die vom Bruttolohn einbehaltenen Sozialversicherungsbeiträge) und die steuerfinanzierten Sozialleistungen sind indirekt (über Einkommensteuereinnahmen) von der Beschäftigungslage in Deutschland abhängig. Steigt die Arbeitslosigkeit, steigen auch die Sozialausgaben (in erster Linie in der Arbeitslosen- und Rentenversicherung). Zugleich schrumpft aber die Zahl der Versicherten und Einkommensteuerpflichtigen und damit auch die Einnahmen der Sicherungssysteme.

Von Arbeitslosigkeit sind dabei diejenigen besonders bedroht, die nicht „marktgängig" qualifiziert sind, während in anderen Teilen des Arbeitsmarktes nicht ausreichend Menschen mit bestimmten Qualifikationen zur Verfügung stehen. Die für die Erfordernisse des Arbeitsmarktes nicht ausreichend Qualifizierten werden aber auch nicht plötzlich wieder massenhaft gesucht, wenn die Konjunktur wieder anzieht, weil jede Konjunkturkrise zur Rationalisierung und die sich anschließende Investitionstätigkeit zur technischen Modernisierung genutzt wird. Gleichzeitig verschwindet mit jeder Konjunkturkrise ein Stück des Vollerwerbsmusters, da Krisenzeiten auch Modernisierungszeiten sind, die nicht nur „Modernisierungsverlierer" auf der Strecke lassen, sondern auch zu neuen Beschäftigungsformen auf dem Arbeitsmarkt führen.

Wo diese Opfer der Rationalisierungsautomatik trotzdem den Wiedereinstieg in das Erwerbsleben schaffen, ist es in der Regel im so genannten Niedriglohnsektor. Nennenswerte Beschäftigungseffekte in den Niedriglohnsektoren sind bisher aber ausgeblieben. Der arbeitsmarktliche Nachfragedruck auf bestimmte Jobs ist groß und wird zudem noch durch Restriktionen in der Arbeitslosenunterstützung (Stichwort: „Hartz IV") erhöht. Einfache Tätigkeiten haben für den Arbeitsmarkt keine nachhaltig stabilisierende Wirkung, nur weil man in diese möglichst viele geringqualifizierte Arbeitssuchende vermitteln könnte. Sie enden im Gegenteil eher als so genannte Billigjobs in einer Lohnabwärtsspirale. Löhne von drei oder vier Euro pro Stunde entlasten auch nicht die Ausgabenseite, denn sie machen nicht von Grundsicherungsansprüchen unabhängig. Und auf der Einnahmenseite der Sozialversicherungen/Einkommensteuer hatten sie auch keinen durchschlagenden Erfolg. Ein gewisser Mengenanstieg untertariflich bezahlter Arbeitsplätze und so genannter Billigjobs führt wegen der geringen Beitragshöhen bei vollen Leistungsansprüchen zu einer weiteren Schieflage. Auf der anderen Seite führt die Knappheit von Hochqualifizierten in bestimmten Branchen in der Regel dazu, dass die Unternehmen diese mit steigenden Löhnen zu werben und zu halten versuchen. Eine solche Entwicklung hin zum Hochlohnsektor mag zwar für das Einkommensteueraufkommen ein Glücksfall sein, für die Sozialversicherungen ist sie jedoch eine Katastrophe. Erreichen die Einkommen nämlich die Sozialversicherungspflichtgrenzen, verabschieden sich Viele aus der Solidarfinanzierung.

Insgesamt haben die Sozialversicherungen aufgrund ihrer Abhängigkeit von der Erwerbsquote und der Entwicklung der Bruttoeinkommen mit dem grundlegenden Wandel der Beschäftigungsstruktur zu kämpfen. Ende der fünfziger Jahre sollten die Sozialkassen Vollerwerbstätige in deren sozialen Risiken absichern und am Ende für dieses Arbeitsleben belohnen. Heute herrschen weitgehend andere Erwerbsformen vor als damals. Die Tendenz geht eindeutig weg vom *Beruf* in Richtung *Job*. Ein einmal erlerntes „Handwerk" wird nicht mehr bis zum Rentenalter unterbrechungslos ausgeübt, der sich rasant wandelnde Arbeitsmarkt verlangt zwei oder drei aufeinanderfolgende Qualifikationen, häufiges Umschulen und Weiterbilden, die permanente Bereitschaft zur Flexibilität, zum Wechsel des Arbeitgebers und des Arbeitsortes, das Führen eines arbeitsmarktlichen Halbnomadentums. Die für eine dauerhafte Sesshaftigkeit konzipierten Sozialversicherungen ziehen da nicht mit (um). Geringfügige Beschäftigung und Selbständigkeit sowie „Scheinselbständigkeit" sind stark wachsende Erwerbsformen, die allerdings dem Solidarsystem nicht nützen, da sie nur einen geringen oder keinen Beitrag bringen. Wenn auch Freiberuflern und Selbständigen keine Leistungsansprüche erwachsen – sobald deren Anteil an der Erwerbsquote steigt, erwächst daraus unweigerlich ein Problem für das ohnehin nicht sehr komfortable Verhältnis zwischen beitragszahlenden Arbeitnehmerinnen und Arbeitnehmern und den Leistungsbeziehenden. Das Umlagefinanzierungsprinzip (vgl. Kapitel 2), welches für die Umverteilung zwischen aktuell Beitragszahlenden und den Nicht-, Noch-nicht- oder Nicht-mehr-Beitragszahlenden steht, droht immer weiter zu kippen. Längst hat sich neben dem staatlichen Solidarsystem ein wachsender privatversicherungsrechtlicher Bereich entwickelt, in dem die Menschen größere Beträge als je zuvor in die private Kapitalbildung einzahlen, volkswirtschaftliche Summen, die also am Solidarsystem vorbei in die Individualvorsorge gehen.

Nun wird es ein Zuviel oder Zuwenig branchenspezifisch Qualifizierter auf dem Arbeitsmarkt immer geben. Die freie Ausbildungs- und Berufswahl bringt es nun einmal mit sich, dass junge Menschen sich zum falschen Zeitpunkt für die richtige Ausbildung entscheiden, die vielleicht zu Beginn, aber nicht mehr am Ende der Ausbildungsphase nachgefragt wird. Das muss eine Volkswirtschaft verkraften können. Dergestalt wird es immer eine Verantwortung des Sozialstaates für diejenigen geben müssen, die auf dem Arbeitsmarkt (wenn auch nur vorübergehend) nicht Fuß fassen. Unabhängig machen müsste sich die Finanzierungslogik sozialer Sicherung aber von der so genannten Normalerwerbsbiografie. Denn je mehr diese verschwindet, desto mehr erodiert die Grundlage der Sozialversicherungen.

Was Grundlage der Konzeption der Sozialversicherungen war, ist heute ein Ausnahmefall: Hinlänglich abgesichert betrachten konnte sich, wer als Arbeiter oder Angestellter einen Beruf erlernte, diesen über 40 oder 50 Jahre ausübte und während dieser Zeit mehr oder weniger lückenlos Sozialbeiträge zahlte. Im Gegenzug schützte ihn die Mitgliedschaft in den Sozialversicherungen während der Berufstätigkeit gegen allzu hohe Kosten und Lohneinbußen bei Krankheit, Unfall oder Arbeitslosigkeit, stellte die Arbeitsplatzvermittlung und den Lohnausfall bei vorübergehendem Verlust des Arbeitsplatzes sicher und garantierte bei Ausscheiden aus dem Erwerbsleben eine Rente, die ein sorgenfreies Leben im Alter, zumindest aber keine wesentlichen Abstriche vom erreichten Lebensstandard abverlangte. Was für den weitaus größten Teil der abhängig Beschäftigten eine fast lückenlose Absicherung war, die vor allem in den Sachleistungen qualitativ seinesgleichen suchte, passt heute nicht mehr. Lücken in der Erwerbsbiografie, der häufigere Wechsel des Arbeitsplatzes, die Anforderung, den Beruf zu wechseln und sich weiterzubilden, längere Auszeiten für Kindererziehung, Qualifikation oder aus anderen Gründen zu nehmen – alle diese im Grunde „normalen" und auch durchaus positiven Anforderungen des modernen Erwerbslebens wirken sich nachteilig auf Leistungsansprüche aus oder werden durch die Gesetzeslage nachgerade verhindert.

Besonders leiden darunter diejenigen, die ohnehin auf dem Arbeitsmarkt benachteiligt sind. Benachteiligt sind Frauen, die alleine oder mit Partner Kinder großziehen und zugleich auf Erwerbstätigkeit nicht verzichten wollen. Benachteiligt sind Menschen, die aufgrund langer Ausbildungszeiten oder Weiterbildungswünsche die Maxime vom „lebenslangen Lernen" in die Tat umzusetzen versuchen. Benachteiligt sind Menschen, die sich sozial engagieren möchten und dazu lieber in Teilzeit gehen würden. Benachteiligt sind auch Menschen, die zwar Leistungsansprüche sinnvoll realisieren könnten, wenn diese nur adäquat von entsprechenden Rahmenbedingungen flankiert wären. So fehlt vielen Familien noch immer ein in Zahl und Spektrum passendes Angebot an Kinderbetreuungseinrichtungen, die den gesetzlichen Anspruch auf Rückkehr in das Erwerbsleben (Erziehungsurlaub) überhaupt möglich machten. Oder aber es werden Erziehungsurlaubs- und Teilzeitansprüche nicht verwirklicht, weil die beschäftigenden Unternehmen dies nicht mittragen. Ja, es besteht sogar der Verdacht, dass Frauen strukturell in ihren Chancen am Arbeitsmarkt benachteiligt werden, da man in der Regel diesen – ausgehend vom rückständigen Frauenbild im Sozialrecht – per se unterstellt, irgendwann die zur Absicherung von Kindererziehung geschaffenen Schutzleistungen wider Arbeitgeberinteressen ausschöpfen zu wollen.

Es gibt eine Vielzahl von Gestrigkeiten und Widersprüchen, die hier nicht zu katalogisieren sind. Besonders ärgerlich ist die Erwerbsstruktur-Problematik aber deshalb, weil die Sozialversicherungen mit dazu beitragen, dass den Frauen die grundgesetzlich versprochene Gleichberechtigung in Teilen vorenthalten und

5.2 Fehlfunktionen im Sicherungssystem

ihnen die ökonomische und soziale Teilhabe an der Gesellschaft erschwert wird. Das hiesige Sozialversicherungssystem stärkt die soziale Abhängigkeit der Frauen von ihren Ehemännern.

Um das Erwerbsstrukturproblem in den Griff zu bekommen, müsste der Sozialstaat die Versichertenbasis verbreitern. Überlegt werden bereits seit einiger Zeit Modelle, nach denen neben den anhängig Beschäftigten auch Beamtinnen und Beamte sowie Freiberufler und Selbständige an der Finanzierung der Sozialversicherungen beteiligt werden sollen. Hierzu gibt es zahlreiche Varianten:

- Bürgerinnen und Bürger sollen sich an der Finanzierung einer Grundsicherung beteiligen, die die grundlegenden Risiken im Sinne eines erweiterten Existenzminimums abdecken soll (universeller Ansatz).
- Zur Ergänzung beziehungsweise Kompensation reduzierter staatlicher Leistungen sollen eine Reihe privater Pflichtversicherungen (Vorsorge für das Alter, für Krankheit, Pflegebedürftigkeit und Unfallfolgen) eingeführt werden, so dass der Anteil der Eigenvorsorge teilweise oder ganz gesetzlich garantierte Versorgungsansprüche ersetzt (Risikoprivatisierungsansatz).
- Alle Erwerbseinkommen (ob abhängig beschäftigt, verbeamtet, freiberuflich oder gewerblich erzielt) werden zur Finanzierung der Sozialversicherungen herangezogen (erwerbseinkommenszentrierter Ansatz).
- Die bestehenden Beitragsbemessungsgrenzen (oder Versicherungspflichtgrenzen in der Gesetzlichen Kranken- und Pflegeversicherung) in den Sozialversicherungen werden deutlich an- beziehungsweise ganz aufgehoben (versicherungspflichtimmanenter Ansatz).
- Alle Einkunftsarten (also Erwerbseinkommen plus Einkünfte aus Renten, Vermögensgewinnen, Versicherungen, Vermietung, Verpachtung und Verkauf und so weiter) werden zugunsten einer Art „Sozialsteuer" abgabenpflichtig, womit die Sozialversicherungen und steuerfinanzierte Sozialleistungen finanziert werden (Besteuerungsansatz A).
- Die Sozialversicherungsleistungen werden schrittweise von der Beitragsfinanzierung auf eine Steuerfinanzierung umgestellt (Besteuerungsansatz B).

Die Vor- und Nachteile der Modelle können – insbesondere hinsichtlich ihres zu erwartenden Entlastungseffektes – hier nicht abschließend diskutiert werden, zumal in Expertenkreisen über die Wirksamkeit der einen oder anderen Maßnahme noch heftig gestritten wird. Noch viel weniger kann hier eine stabile Aussage über die langfristige politische Durchsetzungsfähigkeit einzelner Reformmodelle gemacht werden. Die jüngeren Reformen zeigen, dass es Suchbewegungen in die eine oder andere Richtung gibt, ohne dass man von einem fundamentalen Paradigmenwechsel ausgehen könnte.

5.2.2 Konjunkturzyklus-Problem

Jede Bundesregierung hat mit einem doppelten Dilemma zu kämpfen. Teils sorgt die Abhängigkeit staatlicher Sozialpolitik von wirtschaftlicher Produktivitätssteigerung für eine Sozialpolitik, die unmittelbar der Konjunktur folgt. Teils schafft sich aber auch jede Regierung aus machtpolitischen Gründen die Probleme selbst. Diese unheilige Allianz der Systemfehler wird den Sozialversicherungen zusehends zum Verhängnis. Sie funktionieren nämlich prozyklisch, wo sie antizyklisch funktionieren müssten.

In wirtschaftlich guten Zeiten stellt sich das Einnahmen-Ausgaben-Verhältnis der Sozialversicherungen und der steuerfinanzierten Leistungen besonders gut dar. Einer hohen Beschäftigungsquote stehen geringere Ausgaben gegenüber. Allerdings: Mögen auch genügend Leistungsreserven zur Verfügung stehen, diese hohe Leistungsfähigkeit wurde und wird nicht in ausreichendem Maße zur Rücklagenbildung genutzt. Vielmehr neigt jede Regierung dazu, aus den dann „vollen Kassen" (Wieder-)Wahlgeschenke an die Bevölkerung (Leistungssteigerungen, neue Leistungen) zu finanzieren. Nimmt dann in wirtschaftlichen Krisenzeiten die Abhängigkeit von Sozialleistungen zu (zum Beispiel bedingt durch steigende Arbeitslosigkeit), schwächen nicht nur steigende Ausgaben die Leistungsfähigkeit, sondern zugleich auch geringere Einnahmen. Reflexartig folgen zeitverzögert Mittelkürzungen und Leistungsbegrenzungen in den Sozialsystemen. Diese Einschnitte werden aber in der Regel bei wieder anziehender Konjunktur nicht (sofort) rückgängig gemacht. Zugleich zwingen Konjunkturkrisen den Staat dazu, mehr Geld mittels Beschäftigungs- und Investitionsprogrammen auszugeben. Dieses Geld fehlt dann im Ausgleich mehrausgabenbedingter Defizite in den Sozialkassen. Hinzu kommt, dass die Regierung eigentlich durch einen harten Sparkurs über viele Jahre hinweg die Haushaltsdefizite und die Staatsverschuldung zurückfahren müsste.

Somit sorgt der Sozialstaat selbst für Schrumpfung, wo er – antizyklisch – gerade in Konjunkturtälern qualitativ und quantitativ expandieren müsste. Über Sozialleistungen und die sie erbringenden Teile der Sozialwirtschaft könnte er für Investitionsschübe sorgen. Die Sozialwirtschaft ist ein in hohem Maße personalintensiver, konjunkturresistenter und nur begrenzt rationalisierbarer Wirtschaftszweig. Sie ist personalintensiv und nur begrenzt rationalisierbar wegen der überwiegend als soziale Dienstleistung erbrachten Leistungen (Behandlung, Versorgung, Beratung). Sie ist konjunkturresistent, weil sie export- und geldmarktunabhängig ist. Der Staat könnte über eine Ausweitung seiner sozialpolitischen Leistungsfähigkeit genau dann mehr Leistungen „produzieren", wenn er sie tatsächlich vermehrt braucht (ein für Güter produzierende Verhältnisse nachgerade idealer Zustand). Er könnte – wie in Dänemark praktiziert (vgl. Kap.

5.2 Fehlfunktionen im Sicherungssystem

7.2.1) zugleich in den Einrichtungen des Sozial- und Gesundheitswesens zusätzliche Beschäftigungsalternativen eröffnen und somit just in der Besonderheit der Beschäftigungskrise, wie wir sie heute kennen, für Beitragsmehreinnahmen sorgen.

Nun sind antizyklische Programme aber nie richtig angewendet worden. Mehr noch: momentan bestehen für sie auch keine finanziellen Spielräume. Immerhin entscheiden sich Regierungen immer wieder für eine ein bisschen antizyklische Minimalvariante, in dem über Programme zur Stärkung der Kaufkraft die Nachfrage und damit die Konjunktur angeschoben werden soll. Häufig werden solche Maßnahmen aufgrund von strukturellen Mehrbelastungen der Bürgerinnen und Bürger an anderer Stelle wieder aufgezehrt. Im Grunde lässt die Staatsverschuldung dafür auch wenig Raum. Wie sich die Regierung also auch verhält (sparsam oder ausgabenfreudig), die Finanzdecke ist so oder so zu kurz, egal, in welche Richtung man sie auch zieht. Reagieren die Regierenden mit kurzfristigen Leistungskürzungen, indem also die Geschenke aus Hochkonjunkturperioden wieder „eingesammelt", sprich durch Leistungskürzungen und/oder höhere Beiträge in den Sozialversicherungen wieder rückgängig gemacht werden, verspielen sie Kredit bei der Bevölkerung, die zwischenzeitliche Leistungsverbesserungen sehr schnell als selbstverständlich für sich in Anspruch nimmt und deren Einschränkung als ungerechte und unsoziale Mehrbelastung empfindet. Das gefährdet nicht nur die Chancen auf Wiederwahl, sondern würde sogleich zu Mehrausgaben in den nachgelagerten Fürsorgesystemen (Sozialhilfe) führen. Reagieren die Regierenden aber mit höherer Verschuldung, um darüber die Defizite und Mehrausgaben zu decken, ruinieren sie sich die Spielräume zur Rücklagenbildung in konjunkturell besseren Zeiten, wenn die dann bessere Haushaltslage dazu herhalten muss, Zinsrückstände auszugleichen.

Exakt dies ist in den letzten Jahrzehnten geschehen, so dass selbst eine baldige Besserung der Wirtschaftslage und entsprechende Mehreinnahmen beziehungsweise Minderausgaben des Staates vom Zwang zur Entschuldung aufgefressen werden – Mittel, die man dringend zur Sanierung der Sozialsysteme bräuchte. An Rücklagenbildung ist dabei weniger denn je zu denken. Auch die viel diskutierten Effizienzsteigerungen – ob sie auch notwendig und machbar sein mögen oder nicht – reichen alleine nicht aus, um die gegenwärtige und zukünftige Finanzierung sozialer Sicherung zu gewährleisten. Das Problem wenigstens zu mindern, läge also in der Hand jeder Regierung.

5.2.3 Generationenproblem

Dass ausnahmslos alle Regierungen in der jüngeren Geschichte der Bundesrepublik es sich vom Verfassungsgericht mal mehr, mal weniger deutlich haben sagen lassen müssen, dass ihre Familienpolitik dem Verfassungsauftrag „Schutz der Familie" nicht oder wenig entspricht, hat fataler weise bisher nicht zu einer nennenswerten Umkehr in der Familienpolitik geführt. Die halbherzigen und vergeblichen Versuche des Sozialstaates, die Kombination von Kindererziehung und Erwerbskarriere zu unterstützen, lassen sich ohne Zögern als ein für die Sozialversicherungen schicksalhaftes Versäumnis bewerten. Sie sind es insofern, als es offensichtlich sozialpolitisch nicht gelungen ist, mehr Frauen von einer Entscheidung *gegen* Kinder *nur* aus ökonomischen Gründen abzuhalten. Nicht nur das: Frauen, die sich *trotz* der ökonomischen Gründe *für* Kinder entschieden haben, werden in der Regel dafür sozialpolitisch bestraft.

Nun sind es aber nicht nur die Defizite in der familienbezogenen Sozialpolitik, sondern auch der allgemeine Werte- und Normenwandel sowie medizinische Fortschritte in Verbindung mit allgemein verbesserten Lebensbedingungen, die schon rein quantitativ dafür sorgen, dass weniger Kindern immer mehr Ältere gegenüber stehen, was den für unser Sozialsystem so essentiellen Generationenvertrag gefährdet. Während Bevölkerungsforscher schon seit vielen Jahren auf den so genannten demografischen Wandel verweisen, ist die öffentliche Diskussion hierzu erst seit kurzer Zeit entbrannt.

Die Grundzüge des Problems sind recht schnell skizziert: Seit der Mitte der 1960er Jahre ist die Geburtenquote in Deutschland rückläufig. Derzeit werden von 100 Frauen im Schnitt nur 140 Kinder geboren. Berücksichtigt man die Zahl der Sterbefälle, wäre allein zum Bestandserhalt der Gesellschaft eine Zahl von 210 notwendig. Etwa seit 1975 liegt die Zahl der Lebendgeburten kontinuierlich unter der der Gestorbenen. Somit sinkt der Jugendanteil in der deutschen Bevölkerung. Auch Italien, Österreich oder die Schweiz weisen „Sterbeüberschüsse" aus. Aber kein EU-Mitgliedsstaat dokumentiert über einen derart langen Zeitraum ein „negatives Bevölkerungswachstum" wie die Bundesrepublik. Sie nimmt damit im internationalen Maßstab die statistische Schlusslichtposition in Sachen Geburtenquote ein (vgl. Dietz 2002: 189ff.). Wie kam es zu einer solch außergewöhnlichen Entwicklung? Fest steht, dass dies nicht monokausal zu erklären ist, sondern einer Gemengelage an Entwicklungen zuzuschreiben ist. Die Unvereinbarkeit von Familie und Beruf, ein starker soziokultureller Trend zum Single-Leben und zu höherer Scheidungsbereitschaft, „kinderfeindliche Lebensräume", der Mangel an staatlichen wie betrieblichen Betreuungsalternativen, die ökonomische Benachteiligung von Kinderfamilien und schließlich die fehlende politische Bereitschaft zum Gegensteuern haben ein gesellschaftliches Klima entstehen

5.2 Fehlfunktionen im Sicherungssystem

lassen, in welchem der individuelle Wert von Karriere, Ungebundenheit und Konsum höher zu stehen scheint. Der Effekt ist dramatisch, denn jedes nichtgeborene Kind fehlt doppelt. Es fehlt in der Sorge für Nachfolgegenerationen *und* in der Versorgung der Eltern- und Großelterngeneration.

Doch damit noch nicht genug. So beispiellos die Geburtenentwicklung an sich schon sein mag, hinzu kommt die beständig steigende Lebenserwartung der Seniorinnen und Senioren. Innerhalb des 20. Jahrhunderts wuchs sie um rund 30 Jahre. Besonders deutlich ablesbar ist dies an der Zahl der Hochbetagten: Die Zahl der über 95-jährigen hat sich zwischen 1965 und 1995 mehr als verachtfacht. Selbst bei größeren Altersgruppen sind die Anstiege enorm. In den kommenden 40 bis 50 Jahren wird mit einer Verdreifachung der über 80-jährigen zu rechnen sein (vgl. Dietz 2002: 214).

Den durch steigende Lebenserwartung und Geburtenentwicklung in Gang gesetzten Prozess nennt man „doppelte Alterung": Immer mehr Ältere werden immer älter. Die Konsequenz ist eine drastische Verschiebung der Altersanteile in der Bevölkerung. Die demografische Alterung der Gesellschaft in Deutschland veranschaulicht die folgende Grafik:

Abb. 5.2: Demografische Alterung 1871-2030 (in Prozent)

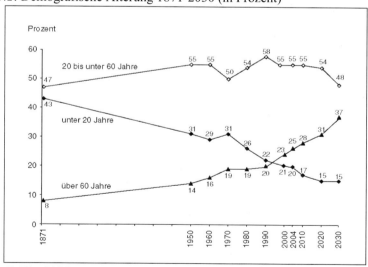

Quelle: Geißler 2006: 54

Gemäß der Berechnungen wird bis 2030 also der Anteil der Menschen im erwerbsfähigen Alter von 20 bis 60 Jahren um zehn Prozentpunkte sinken, während der Anteil der Menschen im ruhestandsfähigen Alter von 23 auf 37 Prozent steigt. Bei einer solchen Veränderung des Generationenverhältnisses ist kaum damit zu rechnen, dass die kleiner werdende Gruppe der Erwerbsfähigen die wachsende Gruppe der Rentner und Pensionäre innerhalb des bisherigen Rentensystems im Umlageverfahren finanzieren kann. Stehen derzeit jeder/m Rentenbeziehenden (insgesamt ca. 21,8 Millionen) rechnerisch 1,6 Beitragszahlende (insgesamt rund 35 Millionen) gegenüber, werden es 2030 nur noch 0,8 (insgesamt 35 zu 27 Millionen) sein.

Ohne Änderung der Erwerbsstrukturen würde allein der Anteil der Rentenversicherungsbeiträge von derzeit ca. 20 % auf 40 % und mehr des Bruttoeinkommens steigen müssen. Einer von mehreren Ansätzen zur Minderung des sich abzeichnenden Generationenproblems wäre die weitere Öffnung des Arbeitsmarktes für Frauen und die Erhöhung ihrer Erwerbsquote. Damit dies jedoch nicht noch weiter die Geburtenquote senkt, sondern möglichst steigert, müssen umfangreiche sozialpolitische Initiativen gestartet werden, die a) die Vereinbarkeit von Elternschaft und Berufstätigkeit fördern, b) die finanziellen Belastungen für Familien mit Kindern mindern und c) die Bildungs- und Betreuungsangebote für Kinder und Jugendliche außerhalb der Familie erweitern.

Eine weitere Hoffnung wird mit einer Verjüngung mittels Migration verbunden. Dabei wird davon ausgegangen, dass die Altersstruktur der dauerhaft Zuwandernden durchschnittlich unter der der Gesamtbevölkerung liegt, da es sich primär um erwerbssuchende Migrantinnen und Migranten handelt. Doch auch eine deutliche Steigerung der gegenwärtigen Zuwanderungszahlen würde das Generationenproblem nicht aufhalten, sondern bestenfalls nur abschwächen. Die Vereinten Nationen haben in einer Modellrechnung veröffentlicht, wie groß die so genannte „replacement migration", also der Migrationsumfang, der zum Erhalt der *Bevölkerungsstruktur* nötig ist, sein müsste, wollte ein alternde Gesellschaft ihre Altersstruktur bis in das Jahr 2050 hinein konstant halten. Für die Bundesrepublik schlussfolgerte man im Ergebnis, dass jährlich etwa 3,4 Millionen Menschen dauerhaft zuwandern müssten, nur um das Verhältnis zwischen 15- bis 64-jährigen zu den über 64-jährigen bis 2050 zu stabilisieren. Im Ergebnis würde sich die Bevölkerungzahl bis dahin verdreifachen.

Auch wenn diese Maßnahmen nur Gedankenspiele sind, sie zeigen, wie drastisch die Maßnahmen sein müssen, die es zu ergreifen gilt. Aber: So oder so bliebe die demografische Überforderung des Generationenvertrages bestehen. Die Beibehaltung des Umlageprinzips und/oder des Äquivalenzprinzips im Rentensystem wird nicht möglich sein. Kapitalbildende Systeme – in Erweiterung, Ergänzung oder gar Ersetzung – des bisherigen Versicherungssystems werden mittelfristig mit dazu gehören.

5.2.4 Steuerungsproblem

„Wer die Musik bestellt, bezahlt sie auch." Dieses eherne Gesetz gilt nicht für die Sozialpolitik. Und dies ist aus Sicht des Staates ein durchaus ernstes Problem. Erinnern wir uns: Bismarck wollte mit den neugeschaffenen Sozialgesetzen im Grunde nichts zu tun haben, sie sollten ihren Zweck erfüllen und ansonsten den Fortgang der großen Politik nicht weiter stören. Das Soziale war ein lästiger Teil der Politik. Dass er damit ganz nebenbei die Selbstverwaltung – die in der Reichsversicherungsordnung von 1911 verankert wurde – einführte, erschien ihm nicht als eine historische weitreichende Tat, sondern als ein nahezu selbstverständlicher Akt. Sollten sich doch die darum kümmern, die mehr damit zu tun hätten als der Staat. Dazu griff er konsequenterweise auf die bereits bestehenden Pflicht- und Hilfskassen zurück, die von Staat, Unternehmern und Gewerkschaften gelenkt wurden und seit 1845 unter gesetzlicher Kontrolle standen. 1883 gliederte dann die Gesetzliche Krankenversicherung die für die Abwicklung der Leistungen verantwortlichen Kassen in Orts-, Innungs-, Betriebs- sowie Knappschaftskassen. Dasselbe Prinzip – Konstituierung einer selbständigen Körperschaft, die anstelle staatlicher Bürokratie ein Sozialgesetz verwaltet – wurde anschließend mittels Neugründungen bei der Unfallversicherung (Berufsgenossenschaften 1884), der Rentenversicherung (Landesversicherungsanstalten 1890) und der Arbeitslosenversicherung (Reichsanstalt für Arbeitsvermittlung und Arbeitslosenversicherung 1927) wiederholt (vgl. Kapitel 1 und 3).

Mit dem Modell der autonomen Körperschaft ließ sich die Idee von Versicherten als *Mitglieder* der Sozialversicherung am besten umsetzen, man gab damit allerdings auch die Feinsteuerung aus der Hand. Jeder Sozialversicherungsträger hat in seiner Nachbarschaft eine verselbständigte Komplementärorganisation, ihrerseits Zweckgemeinschaften. Seien es die Krankenkassen nebst Kassenärztlichen Vereinigungen, die Rentenversicherungsträger als Rehabilitationsträger nebst medizinischen Fachgesellschaften oder die Bundesanstalt für Arbeit nebst Träger von Fortbildungs- und Umschulungsmaßnahmen. Mit diesen wird über Art, Inhalt, Umfang und Qualität von Leistungen verhandelt, die den Versicherten zugute kommen sollen. An und für sich kann sich die Versichertengemeinschaft nur glücklich schätzen angesichts einer Vielzahl von Fachgremien und -verbänden, die mit hohem Sachverstand die Versorgungsfragen regeln. Welche Staatsbehörde könnte das? Die Gesetzgebenden lassen eine quasistaatliche Ebene an Richtlinien, Empfehlungen und Rahmenverträgen aushandeln, was ansonsten der Ministerialbürokratie viel Mühe machen würde. Was dabei herauskommt, ist aber nicht immer unumstritten. Oft sind diese Festlegungen und Ausgestaltungen sehr kompliziert, ihr Zustandekommen zu langwierig, die Verhandlungsprozesse selbst nicht transparent. Und sie sind selten mehr als Minimalkonsense – Mindestnormen, denen selbst keine strukturverändernde Innovationskraft innewohnt. Letztlich werden die Ergebnisse auch nicht hinreichend kommuniziert, also den Versicherten erklärt, sondern bleiben Hintergrund- und Expertenwissen.

Zu unguter letzt vertreten die Verbände Personen und Einrichtungen, die ihrerseits nicht nur fachliche, sondern in erster Linie wirtschaftliche Interessen haben. Der Durchgriff dieser wirtschaftlich motivierten Interessen in die Kassen der Kassen ist gerade im Gesundheitswesen seit Jahren ein Problem, an das sich niemand heran traut. Den Kassenärzten ist im Laufe von Jahrzehnten eine Positionierung gelungen, die es ihnen erlaubt, ihre Vergütung selbst zu organisieren. Welcher Berufsstand kann Ähnliches von sich behaupten? Ärztliche Leistungen werden von den Ärzten selbst definiert, von diesen verordnet, erbracht, überprüft und am Ende auch von Ärzten abgerechnet. Dieses Alleinrecht steht natürlich im Verdacht, sich im fließenden Übergang von der Ineffizienz zur Selbstbedienung zu bewegen. Der Verdacht erhärtet sich schon zu Beginn mit der Frage, wie sich Kassenärzte selbst zulassen. Da ist schon seit Jahren in manchen Fachgebieten und Regionen von Überversorgung die Rede. Weitere Indizien liefern „Versorgungsketten", Einrichtungen und Einrichtungsverbünde, die Leistungen von A bis Z anbieten können und damit einen Patienten „an sich binden", ganz so wie es die moderne Betriebswirtschaft eingibt. Dass hier manch Überflüssiges geschieht und Patienten und Kassen gleichermaßen belastet, darf ein Sozialstaat nicht hinnehmen, der auf den möglichst effizienten Umgang mit Geldern der Solidargemeinschaft zu achten hat. Nur – tun kann er dagegen nichts.

Es ist das Markenzeichen des in Deutschland etablierten Demokratiemodells, dass in Interessen- und Lobbyverbänden organisierte Berufsgruppen Einfluss nehmen dürfen auf einen Großteil der sozialpolitischen Entscheidungen. Wollte also eine Regierung drastisch in die Sozialleistungen eingreifen, hätte sie es mit einer Vielzahl von Akteuren zu tun, die mit unterschiedlichem Tenor Einfluss auf das Politikergebnis nehmen werden. Das lähmt Versuche der Politik, schnelle Änderungen im System durchzusetzen. Grundsätzlich ist dies gut, weil so Sozialleistungen nicht zur Beute politischer ad-hoc-Entscheidungen nach Kassenlage werden. Es lähmt aber auch Versuche, grundlegende Reformen auf den Weg zu bringen. So geschehen im Sommer 2003, als der Schmidt-Seehofer-Ausschuss Eckpunkte einer grundlegenden Gesundheitsreform herausarbeiten sollte, dann aber mit einer Art Notbehelf nicht mehr zustande brachte (bringen sollte) als bis zur großen Gesundheitsreform 2006/07 weitere Beitragssteigerungen zu vermeiden.

Das ist insoweit ein typisches und erwartbares Ergebnis, als Politik in der Praxis zwei Möglichkeiten hat, in die Sozialleistungen einzugreifen: Sie kann die Budgetmenge vordefinieren, in deren Rahmen die Leistungen von den Systemakteuren verteilt werden. Dieses Prinzip wurde mehrfach erfolglos im Gesundheitswesen angewandt. Politik kann zweitens versuchen, einzelne Leistungen zu verändern. So bekommt man wenigstens kleine Brötchen gebacken. An die Akteursstrukturen kommt man jedoch nur sehr schwer heran. Diese sind in den gewachsenen Gepflogenheiten auf dieser substaatlichen Ebene zu fest verankert, als dass sie sich ohne Gegenwehr verändern ließen. Daher ist es so schwierig, grundlegende Reformen auf den Weg zu bringen, mögen ihre Notwendigkeiten auch noch so breite Akzeptanz haben.

Historisch zeigt sich: Große, strukturverändernde Reformen sind nur möglich, wenn eine politisch „große" Mehrheit sich einig und willens ist, ihre Vorstellungen notfalls auch gegen den Widerstand der Einflussverbände durchzusetzen. Beispiele dafür sind die Rentenreformen 1957 und 1972, das Arbeitsförderungsgesetz 1969, die Angleichung der Ostrenten 1990/93 und die Pflegeversicherung 1994, letztere eher mit Hilfe eines starken moralischen Drucks. Ansonsten sorgen die „Beharrungs- und Wachstumstendenzen" (Schmidt 1998: 160) dafür, dass die Systeme nur in kleinen Schritten weiterentwickelt werden.

5.3 Wissenschaftliche Reformansätze

Das Zustandekommen und die Wirksamkeit von Sozialpolitik wird in der Wissenschaft unterschiedlich analysiert. Dabei hat sich im Laufe der Zeit eine Reihe von Theorien herausgeschält, die differenzierte Antworten auf die Reformfähigkeit und Reformnotwendigkeit ergeben. Bei allen Differenzen lassen sie sich zum besseren Verständnis in zwei Stränge einteilen: Theorien, die das *Zustandekommen* von Sozialpolitik anhand der auf sie Einfluss nehmenden Akteure und Institutionen analysieren, und Theorien, die die *Ausformung* von Sozialpolitik im gesellschaftlichen und vor allem wirtschaftlichen Kontext im Blick haben.

Letztere verdienen es, dass man mit ihnen beginnt. Schließlich zählt zu ihnen mit den *sozioökonomischen Theorien* eine klassische Theoriefamilie der Politischen Ökonomie und der industriegesellschaftlichen sowie Kapitalismusanalyse. Aus ihrer Sicht stellt sich primär die Frage nach der Entwicklung von gesellschaftlichen Ressourcen. Sozialer Wandel erzeugt neue beziehungsweise verstärkt vorhandene Ressourcenprobleme. Gegenwärtig verdeutlicht sich der soziale Wandel im radikalen Wandel des Arbeitsmarktes, der (Aus-) Bildungschancen, dem doppelten Alterungsprozess sowie in der starken Zunahme sozialer und räumlicher Mobilität. Die bestehenden gesellschaftlichen Ressourcen (von der Familie bis hin zu staatlichen Sicherungsgarantien) sind mit der Kompensation von Ausfällen überfordert, die aus diesem Wandel heraus entstehen. Im Zentrum stehen dabei so genannte „*Social Costs of Production*", also soziale

Risiken wie Arbeitslosigkeit, Krankheit, Invalidität, die mit der Art und der Menge wirtschaftlicher Produktionsweise und der Geschwindigkeit wirtschaftlichen Fortschreitens einhergehen.

Die bundesrepublikanische Gesellschaft hat ihre Erfahrungen mit solchen wirtschaftlichen Modernisierungsphasen machen müssen, die große soziale Kosten hinterlässt. Je stärker also die sozioökonomische Dynamik, desto größer der Bedarf an nationaler und supranationaler Problemlösung. Anzusetzen ist dabei, so die sozio-ökonomischen TheoretikerInnen, an gestörten Funktionen sozialer Politik, dort, wo sie sozioökonomische Modernisierungsfolgen nicht ausreichend kompensieren.

Ganz ohne Zweifel ist eine Störung – um beim Modell der Funktionsbeziehungen aus dem Kapitel 2 zu bleiben – im individuellen Bereich ökonomisch-sozialer Funktion auszumachen. Die Sicherung beziehungsweise Wiederherstellung erwerbsmäßiger Subsistenz gelingt nicht mehr. Theoretisch geht es also aus sozioökonomischer Sicht um eine Neujustierung der Umverteilungsströme bzw. der Aktivierung zusätzlicher Ressourcen. Eine klassische Forderung, die sich daraus ergibt, ist die nach mehr Beteiligung der Unternehmen an entsprechenden sozialen Aufgaben. Praktisch gehört dazu die Verpflichtung zu mehr Ausbildungsplätzen, zu mehr betrieblicher Kinderbetreuung sowie generell die Forderung nach höherer Besteuerung zur Schließung fiskalischer Lücken.

Aus Sicht einer *neoliberalen Wirtschaftstheorie* wäre dies der genau falsche Ansatz. Die beste Sozialpolitik sei eine, die die Teilhabe am Erwerbsleben und am Konsum ermögliche. Diese ergäbe sich nur aus der Prosperität der Wirtschaft, deren Stärkung und Entfaltung folglich Vorrang haben muss. Nach diesem Verständnis stellt also Sozialpolitik eine der Wirtschaftspolitik nachgeordnete politische Größe dar, die dann funktioniert, wenn die Wirtschaft funktioniert. Funktionierende Wirtschaftspolitik wiederum ist eine solche, die mit möglichst wenig staatlicher Lenkung und Reglementierung auskommt. Gerade das Soziale hält man in diesem Zusammenhang für besonders überreglementiert mit der Folge, dass Menschen in einem falsch verstandenen Sinne überbehütet und entmündigt werden – Opfer eines sozialbürokratischen Apparates, der aus an und für sich selbsttätigen Individuen bemutterte, unselbständige, in Abhängigkeit des Staates geratene Schürzenkinder macht.

Es gibt eine zivilgesellschaftliche Variante des ökonomisch fixierten Neoliberalismus. Nach dieser soll der „feiste" Staat nicht im Marktgeschiebe verschwinden, sondern sich als „aktivierender Staat" auf seine Kernaufgaben konzentrieren und sich als Sozialstaat nur noch im Anschieben zivilgesellschaftlicher Kräfte betätigen. Diese sind – freilich neben dem Markt – private Initiativen und selbstorganisierte Dienste und Hilfen. Vorstellung hier ist, dass in einem *Wohlfahrtsmix* ein gewerblicher Dienstleistungsmarkt und bürgerschaftliches

5.3 Wissenschaftliche Reformansätze

Engagement gestärkt koexistieren (Wohlfahrtspluralismus, vgl. Kapitel 3) und den Staat als Organisator sozialer Hilfen ablösen.

Insbesondere Vertreter einer *neokeynesianischen Wirtschaftstheorie* kritisieren an einem Standpunkt, der alleine die Wirtschaft und den Markt „machen lässt", dass Sozialpolitik nicht als Markt funktioniert, sondern gerade vom Marktversagen ausgeht. Dementsprechend wäre eine Politik, die das Soziale so kurz wie möglich hielte, folgewidrig. Alle wirtschaftspolitischen Laisser-faire-Ansätze enden in einer neuen Welle an Armut und Unterversorgung unter den Teilen der Gesellschaft, die als Modernisierungsverlierer und trotz wirtschaftlicher Prosperität auf der Strecke bleiben. Der Staat müsse im Gegenteil dort eingreifen, wo die Marktkräfte als Ziel lediglich Produktivitäts- und Gewinnsteigerung im Sinn haben und die „externen Kosten" ihres Handelns der Gesellschaft zuschieben. Gerade in sozioökonomischen Krisenzeiten sei dies der Fall. Bleiben privatwirtschaftliche Gewinne entweder aus oder werden entnommen, ohne den Staat über Steuern und so weiter daran zu beteiligen, fehlt diesem (Investitions-) Kapital, das er wiederum zur Ankurbelung der Binnensysteme und der eigenen Haushalte einsetzen könnte.

Der Staat habe ein *spending deficit*, einen Mangel an Kapitalanlage- und Ausgabenbereitschaft, das er mit *deficit spending*, also Ausgabenpolitik auf Schuldenbasis beantworten müsse. Er tut dies über höhere Staatsausgaben (stärkere Investitionstätigkeit zur Kompensation privatwirtschaftlicher Investitionsschwäche, Einnahmenverzicht durch Minderbesteuerung) mit dem Ziel, den Menschen und Märkten mehr Geld zu belassen und darüber die Konjunktur anzukurbeln. Letztlich, insoweit ist man sich mit Neoliberalen einig, führt eine Konjunkturbelebung zu mehr Beschäftigung und sichert so Existenzen.

In der Praxis ist es strittig, ob eine höhere Staatsverschuldung mit der Folge der Zinsbelastung nachfolgender Generationen sozialpolitisch Sinn macht. Es ist zumal strittig, weil der Beschäftigungseffekt arg in Zweifel zu ziehen ist. Qualifizierte Arbeitsplätze entstehen unter hohem Kapitaleinsatz. Mengeneffekte auf dem Arbeitsmarkt erreicht man dort jedoch nicht. Hier hat man weniger Arbeitsplätze als vielmehr Jobs im Blick – einfache, niedrig entlohnte Tätigkeiten wie Hecken schneiden, Zeitungen austragen oder Autos waschen. Hier wiederum reicht in der Regel das Arbeitseinkommen nicht zur Subsistenzsicherung und muss erneut beziehungsweise nach wie vor mit Sozialtransfers ausgeglichen werden.

Auch ist es fraglich, ob das Soziale überhaupt als Markt funktionieren kann. Schließlich ist Sozialstaatstätigkeit in erster Linie eine, die im Verwalten und Auszahlen von gesetzlich festgelegten Geldtransfers besteht. Und in zweiter Linie ist sie eine, die in der Organisation personenbezogener Dienstleistungen besteht, von denen man weiß, dass sie nur bedingt als Markt funktionieren, weil den „Kundinnen" und „Kunden" die Marktsouveränität fehlt und sich Angebot und Nachfrage eben nicht marktmäßig regeln, sondern geregelt werden (müssen) (vgl. Kapitel 2). Zweifel sind aus diesen Gründen auch an der „Wohlfahrtsmix"-Variante angebracht. Und sie setzen sich fort in dem Teil, der auf die „aktivierten Bürgerinnen und Bürger" hofft. Bürgerschaftlich erbrachte Leistungen (überwiegend als Laienengagement) wären mit einem hohen Aufwand zu organisieren und zu kontrollieren, sie sind unprofessionell erbracht, kurzlebig und schlecht planbar. Kritik setzt auch am Verdacht an, der „aktivierende Staat" als Arrangeur eines Wohlfahrtspluralismus sei nur der Versuch, den Sparzwang in den öffentlichen Haushalten konzeptuell zu bemänteln.

Auf der Seite des Theoriestranges, der sich auf das Zustandekommen von Sozialpolitik konzentriert, stehen zunächst die *Machtressourcentheoretiker*. Ihnen kommt es nicht so sehr auf die Inhalte von Sozialpolitik, sondern auf die Mächtigkeit der sie bestimmenden Gruppen in der Gesellschaft an. Annahme ist, dass sich Sozialpolitik – und natürlich auch ihre Reformen – aus den Positionen ergibt, die im Politikprozess bestehen und sich somit auch verwirklichen lassen. Es geht also um wirtschaftliche und politische Machtverteilung. Diese ist grundsätzlich eine, in der es um Organisations- und Konfliktkraft geht. Konkrete Reformideen lassen sich insofern hier nicht darstellen; es kommt darauf an, welche Gruppe sich im Reformstreit gegenüber anderen durchsetzt. Fest steht nur, dass die Vielzahl der Interessen kein Reformergebnis aus einem Guss erwarten lässt. Vielmehr werden Interessenkonflikte klassischerweise so ausgetragen, dass sie sich einander in einer Art „von allem und für jeden ein bisschen" lösen.

Nicht die politische Stärke gesellschaftlicher Gruppen, sondern deren Austragungsorte betonen *politisch-institutionelle Theorieansätze*. In ihnen geht es in erster Linie um die Spezifika und Bedingungen, die in den Institutionen vorherrschen, in denen Politik „gemacht" oder beeinflusst wird. Diese Spezifika und Bedingungen wiederum sind historisch gewachsene Regeln und Normen, die die jeweilige Institution und damit die Willensbildungs- und Entscheidungsprozesse maßgeblich prägen. Anders gesagt: Politik wird nicht nur von Menschen gemacht. Menschen bewegen sich in und sind Teil von Institutionen, die durch die Menschen hindurch auf deren Handeln wirken.

Das, was da wirkt, sind dabei die Selbstverständnisse, Wertauffassungen und Grundhaltungen, hinterlassen von den Generationen, die vorher eine Institution prägten und entwickelten. Daraus folgt, dass Institutionen politisch Handelnden bestimmte Zugänge und Einflüsse auf Politikergebnisse gewähren und inhaltlich die Politikergebnisse selbst vorbestimmen. Sie ermöglichen bestimmte Lösungen für Probleme und verhindern andere. Dabei sind sie im politischen System die stabilsten Einflussfaktoren, sind selbst nur langsam veränderbar und verhindern politischen Radikalismus. In Sachen Sozialpolitik und Reformbedarfe sind die einflussreichsten Institutionen die Kirchen und Verbände, aber auch die staatlich-konstitutionellen (Parlament, Regierung, Ministerialverwaltung) und staatlich-föderalen (Bundestag, Bundesrat, kommunale Ebene) Akteure.

Folgt man politisch-institutionellen Erklärungsansätzen, werden keine Reformansätze eine Chance haben, die den Grundhaltungen von Institutionen zuwiderlaufen. Sie ähneln den Machtressourcenansätzen dabei insoweit, als auch sie davon ausgehen, dass durch Konsens- und Mehrheitenzwang, Vetoverhalten und korporatistische Beziehungen sich tendenziell nur gemäßigte und kleine Reformschritte durchsetzen können.

5.4 Neubestimmung der sozialpolitischen Koordinaten?

Über viele Jahre im ausgehenden 20. Jahrhundert waren die oben benannten Defizite und Handlungsbedarfe bekannt, wurde mit viel politischer Rhetorik der Reformwille betont und wurde dennoch eher inkrementalistisch mehr an kleinen Stellschrauben gedreht, als tatsächlich etwas verändert. Die Forderung „Es muss was passieren!" war immer begleitet von der Frage, ob sich denn auch was ändern dürfe. Für diese Politik des Sich-Durchwurstelns gab es viele, einige meinen vielleicht, auch gute Gründe. Drei wesentliche Faktoren wirkten sich hier aus:

- Die These der „Pfadabhängigkeit": *Weil* bereits grundlegende Strukturen bestehen, *weil* vorangegangene Entscheidungen nachwirken und *weil* langjährige Anrechte und Anwartschaften in den verschiedenen Systemen bestehen, lassen sich Veränderungen eben nur innerhalb eines relativ engen Spektrums vollziehen. Selbst Neuerungen, wie die 1995 eingeführte Pflegeversicherung, bleiben auf dem „Pfad" der pflichtigen Sozialversicherung. Den Pfad zu verlassen würde erhebliche Schwierigkeiten auslösen und so folgt die Reform den Pfaden, selbst wenn diese in eine falsche Richtung führen.
- Die Bedeutung des Neo-Korporatismus: Das in Deutschland gewachsene System der Einbindung von Kammern, Bünden und Verbänden in politische Willensbildungs- und Entscheidungsprozesse sowie in die Implementation von – hier: sozialen – Leistungen führte zu einer Aufwertung der nichtstaatlichen Akteure zu Mit- oder gar Veto-Spielern. Ob im Bereich der Tarifparteien mit den Arbeitgeberverbänden und den Gewerkschaften, im Spektrum der Leistungserbringung mit Wohlfahrtsverbänden und Ärztekammern oder bei den unterschiedlichsten Sozialanspruchs- und Sozialleistungsvereinigungen – überall bestehen Gruppierungen, die ihre Interessen

politisch artikulieren und auch als „gegenmajoritäre Institutionen" für sie nachteilige Reformen verhindern. Da zudem viele Selbstverwaltungsrechte, z.B. bei den Sozialversicherungen bestehen, sind die Eingriffspotentiale der Politik begrenzt.
- Die Bedingungen des Föderalismus und (in-)formelle Große Koalition: Obgleich die Große Koalition der Volksparteien CDU/CSU und SPD formal nur 1966 bis 1969 und dann wieder ab 2005 bestanden ist die Sozialpolitik von einem sozialpolitischen Grundkonsens dieser Parteien geprägt. So ziehen die SPD aus ihrer Arbeitorientierung und die Union aus ihrem christlichen Werte- und Normenverständnis die Schlussfolgerung, dass Sozialpolitik ein unverzichtbarer Wesensbestandteil staatlicher Daseinsvorsorge und eine Voraussetzung innenpolitischer Stabilität und Gefahrenabwehr sei. „Beide sind in dem Sinne Sozialstaatsparteien, dass sie sich dem Anliegen des Schutzes gegen Not, der Hilfe für Schwächere und der Eindämmung krasser gesellschaftlicher Ungleichheit verschrieben haben. Insoweit ruht die Sozialpolitik in der Bundesrepublik Deutschland auf einem außergewöhnlichen Fundament, nämlich auf zwei Sozialstaatsparteien" (Schmidt 2006: 170). Auch außerhalb der Großen Koalition bestimmten diese beiden Parteien jeweils gemeinsam die Entwicklung der Sozialpolitik, da sie durch die Ausgestaltung des Föderalismus und die starke Bedeutung des Bundesrates als legislatives Organ zur Kooperation gezwungen waren.

Schmidt (2006: 161 ff.) benennt noch weitere Bremskräfte der Sozialpolitik in Deutschland, die teilweise mindernd, häufig jedoch verstärkend die im Wesentlichen kleinschrittigen Anpassungen förderten. Die große Kontinuität war jedoch begleitet von grundlegenden Konflikten, unvereinbaren Prioritätensetzungen und – angesichts der wechselseitigen Abhängigkeit der Sozialpolitik von anderen Politikfeldern (insbesondere Wirtschafts-, Arbeits-, Finanz- und Familienpolitik) – auch heterogenen Ursache-Wirkungs-Theoremen über die Reformbedarfe.

Konnten noch vor wenigen Jahren diese verschiedenen Theoreme mehr oder minder eindeutig verschiedenen Parteien oder anderen sozialpolitischen Akteuren zugeordnet werden, so sind in Zeiten des Umbruchs im deutschen Parteiensystem und unter dem Zeichen der Großen Koalition, der Krise der Gewerkschaftsbewegung und nach Verwerfungen innerhalb des Arbeitgeberlagers diese Zuordnungen weniger deutlich. Diskussionsbestimmend sind aber folgende Eckpunkte:

- Die demografische Entwicklung mit ihren Konsequenzen für die Altersstruktur innerhalb der deutschen Gesellschaft wird als Herausforderung insbesondere für die Gesundheits-, Pflege- und Rentenpolitik gewertet. Mit der

5.4 Neubestimmung der sozialpolitischen Koordinaten?

Heraussetzung des Renteneintrittsalters und Erweiterungen von persönlichen Zuzahlungen, sollen einige der demografisch bedingten Belastungen aufgefangen werden, ohne jedoch das Subsidiaritätsprinzip und das Äquivalenzprinzip als Grundpfeiler der Sozialpolitik aufzuheben.

- Die Arbeitsmarktlage wird insbesondere, aber nicht ausschließlich, von Akteuren aus dem Umfeld der Arbeiterbewegung zum Ausgangspunkt sozialpolitischer Überlegungen. Wenn die soziale Sicherung auch weiterhin auf die Lohnarbeit ausgerichtet sei, müsse das wirtschafts- und sozialpolitische Ziel die Vollbeschäftigung sein. Je mehr Personen im Arbeitsleben stehen und dort bedarfsdeckenden Lohn erhalten, würden gleichzeitig mehr Beiträge in die Solidarkassen gezahlt und weniger soziale Gelder bezahlt werden müssen.
- Aus dem Arbeitgeberlager wird hingegen kritisiert, dass die Lohnarbeitszentrierung der sozialen Sicherheit mit zu hohen finanziellen Belastungen in Form von Lohnnebenkosten verbunden sei, die die Wettbewerbsfähigkeit der Unternehmen schwäche. Mit Senkungen der Sozialbeiträge z.B. aufgrund von Leistungskürzungen oder Leistungsverlagerungen sowie privater Vorsorge könnten die Unternehmen entlastet werden, was dann zu Investitionen und neuen Arbeitsplätzen führen würde.
- Weiter gehen Diskussionsbeiträge, die von dem ehemaligen sächsischen Ministerpräsidenten Kurt Biedenkopf eingebracht wurden und sowohl im konservativen als auch liberalen Lager Widerhall fanden. Die enge Bindung der Sozial- an die Wirtschaftspolitik berge die Gefahr der Überlastung der Sozialkassen. Zudem habe der Staat inzwischen zu große Bedeutung und Zuständigkeit für die soziale Sicherung übernommen und damit die Subsidiarität gefährdet. Eine Lösung böte eine Grundsicherung, die über Steuern finanziert werden und mit Eigenvorsorge ergänzt werden könne.
- Der von der FDP eingebrachte Vorschlag einer Grundsicherung in Form eines Bürgergeldes soll eine Antwort auf das „ausgeuferte", komplizierte und auch ungerechte soziale Netz mit seinen sehr unterschiedlichen Leistungen und Trägerstrukturen liefern, das ein Zuviel an Sozialstaat und ein Zuwenig an persönlicher Freiheit geschaffen habe. Mit dem Bürgergeld als einziger Form sozialen Geldes, das über das Finanzamt [sic!] abgerechnet werde, würden Bedingungen geschaffen, dass sich Erwerbsarbeit wieder lohne.

In diesen Positionen werden vier (ineinander übergehende) Konfliktfelder deutlich:

- Modifikation des bisherigen Systems **vs.** Umbau des Systems
- Beibehaltung **vs.** Aufhebung der Lohnarbeitszentrierung
- Betonung des Äquivalenzprinzips **vs.** Ersetzung des Äquivalenzprinzips durch Grundsicherung plus private Vorsorge
- Finanzierung hauptsächlich durch Beiträge **vs.** Finanzierung durch Beiträge und Steuern.

Anfang des 21. Jahrhunderts gestaltete sich die sozialpolitische Diskussion also kontrovers, während die faktischen Reformen im Vergleich eher mager ausfielen.

In der analytischen Rückschau erweist sich die 2001 beschlossene und seit 2002 wirksame so genannte „Riester-Rente" als Einstieg in die Überwindung der oben genannten Beharrungsfaktoren. Mit der Riester-Rente wurde die staatlich geförderte, aber freiwillige und privat finanzierte Altersvorsorge eingeführt, die zum Ausgleich des von 70 auf 67 % reduzierten Nettorentenniveaus der Rentenversicherung dienen sollte. Weiteren deutlichen Schub in die Sozialreform brachte dann 2003 die vom damaligen Bundeskanzler Gerhard Schröder ausgerufene „Agenda 2010", zu deren Begründung er in seiner Regierungserklärung am 14.3.2003 sagte:

> „Entweder wir modernisieren, und zwar als soziale Marktwirtschaft, oder wir werden modernisiert, und zwar von den ungebremsten Kräften des Marktes, die das Soziale beiseite drängen würden. Die Struktur unserer Sozialsysteme ist seit 50 Jahren praktisch unverändert geblieben. An manchen Stellen, etwa bei der Belastung der Arbeitskosten, führen Instrumente der sozialen Sicherheit heute sogar zu Ungerechtigkeiten. [...] Daraus ergibt sich nur eine Konsequenz: Der Umbau des Sozialstaates und seine Erneuerung sind unabweisbar geworden. Dabei geht es nicht darum, ihm den Todesstoß zu geben, sondern ausschließlich darum, die Substanz des Sozialstaates zu erhalten. Deshalb brauchen wir durchgreifende Veränderungen."

Dieser Regierungserklärung folgten eine breite sozialpolitische Grundsatzdebatte und eine weitreichende Reformwelle, die teilweise tiefgreifende Veränderungen nach sie zog und sich zunächst mit der Gründung der WASG (Wahlalternative Arbeit und Soziale Gerechtigkeit) und der späteren Fusion mit der PDS zur Partei „Die Linke" sogar bis hinein in die Parteienlandschaft auswirkte. Unter dem Eindruck einer hohen Massenarbeitslosigkeit mit einem großen Anteil Langzeitarbeitsloser und massiven Vermittlungsschwierigkeiten von jungen Menschen und über 50-jährigen, Finanzierungsproblemen im Gesundheitswesen und im Rentenbereich sowie dramatischen Problemen in der Sozialhilfe war der Handlungsdruck inzwischen so groß, dass ein inkrementalistisches „muddling-

5.4 Neubestimmung der sozialpolitischen Koordinaten?

through" nicht mehr vertretbar war. Dass Deutschland zudem im europäischen Vergleich deutlich an Leistungskraft eingebüßt hatte, förderte den Reformwillen. Besonders markante Bestandteile der anschließend unter Schröders Regierung vorgenommenen Maßnahmen sind u. a.

- Einführung einer Praxisgebühr von 10 Euro pro Quartal bei Arztbesuchen,
- Einführung und Ausweitung der von Patienten selbst zu bezahlenden (also nicht mehr kassengedeckten) so genannten Individuellen Gesundheitsleistungen,
- Ausweitung der Wahlmöglichkeiten der Krankenkassenzugehörigkeit,
- Veränderungen in der Sozialhilfe durch die Einführung der „Grundsicherung im Alter und bei Erwerbsminderung" sowie die Zusammenlegung der alten Sozialhilfe mit der alten Arbeitslosenhilfe zum „Arbeitslosengeld II", das inzwischen besser bekannt ist unter dem Namen „Hartz IV",
- Einführung der so genannten „Ich-AGs" zur Förderung von Selbständigkeit von bisher Arbeitslosen,
- Verstärkte Heranziehung von Arbeitslosengeld-II-Beziehern zur zusätzlichen gemeinnützigen Arbeit in Form der „Ein-Euro-Jobs",
- Flexibilisierungen im Arbeitsrecht, z.B. im Bereich des Kündigungsschutzes.

Auffällig war in der Reformarbeit der rot-grünen Bundesregierung zur Sozialpolitik, dass mit mehreren Expertenkommissionen der politische Prozess in den Ministerien und im Parlament ergänzt wurde. So befasste sich die Rürup-Kommission mit möglichen Maßnahmen zur Stabilisierung der Sozialversicherungen, die Hartz-Kommission legte Vorschläge zur Reform des Arbeitsmarktes vor.

Nicht alles, was die häufig hochkarätig besetzten Gremien erarbeiteten, war wirklich neu, sondern fand sich häufig verstreut in vorhandenen Positionspapieren und Vorschlägen. Und auch nicht alles, was in den Berichten präsentiert wurde, fand dann angemessenen Widerhall in Gesetzen, was sowohl auf die politische Bewertung seitens der Regierung als auch auf die parlamentarische Einflussnahme der Opposition zurückzuführen war. Dass die Regierung Schröder dennoch das Instrument der Kommissionen intensiv nutzte, ist darauf zurückzuführen, dass

- in den Gremien die verschiedenen Interessengruppen eingebunden waren und der kontroverse Diskurs so formalisiert und weniger öffentlich gestaltet werden konnte,

- die Blitzableiter-Funktion die verantwortlichen Minister schützte, da öffentliche Kritik von der Regierung weg und auf die Kommissionen umgeleitet werden konnte.

Es war nicht zuletzt die breite Kritik an den rot-grünen Sozialreformen, die 2005 zur vorgezogenen Neuwahl des Bundestages führte, deren – eigentlich von allen Parteien ungewolltes – Ergebnis die Große Koalition von CDU/CSU und SPD unter der Bundeskanzlerin Angela Merkel war. Diese Koalition führte im Wesentlichen den vorherigen Reformkurs weiter. Vor allem die Gesundheitsreform 2007 mit Neuregelungen bei der Krankenkassenwahl und Tarifvielfalt, veränderten Abrechnungsmodalitäten für Ärzte und Krankenhäuser, Neuregelungen bei Prävention und Rehabilitation ist hier zu nennen. Ferner projektiert die Gesundheitsreform einen neuen Gesundheitsfonds, der für Arbeitnehmer, Beamte, Freiberufler und Selbstständige gelten soll, damit alte Systemtrennungen aufheben oder zumindest mindern soll sowie eine steuerfinanzierte dritte Säule neben den Beiträgen von Arbeitgebern und Arbeitnehmern enthält.

Eine weitere bedeutsame Neuregelung der Großen Koalition betrifft die Rente. Das Renteneintrittsalter wird ab 2012 sukzessive von derzeit 65 Jahren bei Männern bzw. 63 Jahren bei Frauen auf 67 Jahre angehoben.

Die Regierung setzte zudem neue Akzente, die als Neubestimmung der sozialpolitischen Koordinaten gewertet werden können. Während in den klassischen Bereichen der Sozialgelder und der Sozialleistungen Kürzungen vorgenommen wurden, die Eigenbeteiligung der Bürger zunimmt und Ansprüche begrenzt werden, die Mitwirkungspflicht der Patienten bei der Prävention und der Arbeitslosen bei der Arbeitssuche und Qualifikation forciert wird sowie marktwirtschaftliche Prinzipien des Wettbewerbs verstärkt werden, werden andererseits die Sozialpolitik begleitenden Rahmenbedingungen ausgebaut. Hier sind vor allem Maßnahmen im Spektrum der Familienpolitik zur Vereinbarung von Familie und Beruf zu nennen, wozu neben den 2007 geänderten Regelungen für Elternzeit und Elterngeld vor allem auch der Ausbau der Kleinkinderbetreuung zählt. Initiativen im Bildungsbereich betreffen einerseits die familienpolitisch relevanten Schulzeiten und den Ausbau von Ganztagschulen sowie andererseits Qualifizierungsprogramme, um Bildungsdefizite als Hemmung zum Ausbildungs- und Berufseinstieg abzubauen.

Diese und weitere Maßnahmen korrespondieren mit einem veränderten Verständnis von sozialpolitischen Zielen, die darauf ausgerichtet sind, das Kausalprinzip als Ausgangspunkt der Leistungen zu mindern (Gelder werden gezahlt und Leistungen vollbracht, *weil* Arbeitslosigkeit, Alter, Krankheit etc. bestehen) und das Finalprinzip zu stärken. Das „*Um-zu*-Motiv" wird so gefördert: *Um* den

5.4 Neubestimmung der sozialpolitischen Koordinaten?

Einstieg ins Berufsleben *zu* schaffen, wird... *Um* die Vereinbarkeit von Familie und Beruf *zu* ermöglichen, wird... *Um* Langzeitschäden *zu* vermeiden, wird...
Diese Politik findet ihren programmatischen Niederschlag in den 2007 diskutierten Grundsatzprogrammen der CDU und SPD. Hier prägt die CDU den Begriff der „Chancengesellschaft", während die SPD den „vorsorgenden Sozialstaat" anstrebt. Bei durchaus festzustellenden Unterschieden in den Begründungen und Verschiedenheiten in Details wird aber dennoch dieser Programm-, vielleicht sogar Paradigmenwechsel der Sozialpolitik angestrebt.

Bezogen auf die eingangs dieses Unterkapitels genannten Konfliktlinien streben die beiden Sozialstaatsparteien also

- einen Umbau des Systems an, indem sie die großen Systeme der Sozialversicherung konzentrieren und begrenzen, während sie die private Vorsorge verstärkt einfordern,
- verringern sie die Lohnarbeitszentrierung, indem parallele Systeme für Arbeitnehmer, Beamte und Selbstständige einander angenähert werden (Stichwort: Gesundheitsfonds, Besteuerung von Renten und Pensionen)
- begrenzen sie das Äquivalenzprinzip – zunächst im Bereich der Grundsicherung,
- wird die Steuerfinanzierung von Teilleistungen, z.B. dem Gesundheitsschutz von Kindern, ausgebaut.

Die Kritik an der so ausgerichteten Reform des Sozialstaates ist breit gestreut. So geht den einen der Umbau nicht schnell und nicht weit genug: hier fordert beispielsweise die FDP in ihrem 2007 diskutierten Deutschlandprogramm mehr „Freiheit und Verantwortung statt staatlicher Gängelung in der Sozialpolitik". Vor allem Die Linke kritisiert den Abbau des Sozialstaats bzw. den neoliberalen Umbau des Sozialstaats, die Hartz IV-Regelung als „Armut per Gesetz" und die „Rente mit 67" als Rentenklau.

Auch jenseits der ideologischen Begründungen und Kritiken an Einzelelementen und/oder der Gesamtausrichtung der Politik wird noch abzuwarten und empirisch zu überprüfen sein, wie weit sie sich lediglich als rhetorische Verbrämungen von Leistungskürzungen oder als zukunftstaugliche Reform erweisen wird. Zudem wird sie sich an den Grundprinzipien der Solidarität und der Gerechtigkeit messen lassen müssen.

Der Sozialwissenschaftler Gerhard Bäcker (2003) betrachtet einige der Reformansätze mit großer Skepsis. Nach seiner Betrachtung der Arbeitsmarktreform, die in ihren Schlussfolgerungen auch auf andere sozialpolitische Felder zu übertragen ist, meint er: „Im Ergebnis werden damit Probleme nicht gelöst, sondern noch verschärft. Dies um den Preis einer gesellschaftspolitischen Orientierung, die nicht nur zu erheblichen Belastungen gerade der sozial Schwachen und Benachteiligten führt, sondern insgesamt die Spaltungen und Ausgrenzungen in der Gesellschaft vergrößert und die Dämme für immer weiter gehende Einschnitte in den Kernbestand des Sozialstaates öffnet."

Mit dieser Bewertung verweist Bäcker auf die Leistungen der Sozialpolitik, die eben nicht nur Probleme erzeuge, sondern vor allem Probleme mindere oder löse (vgl. Schmidt 2006: 279f., Frevel 2007: 68f.):

- Sozialpolitik ist eine Funktionsvoraussetzung und Legitimitätsgrundlage liberaler Demokratien und sie bildet eine notwendige Voraussetzung für die Freiheit in der Gesellschaft.
- Eine starke Sozialpolitik dämpft oder verhindert das Umschlagen ökonomischer in politische Krisen.
- Je ausgeprägter die Sozialpolitik ist, desto größer ist auch der Schutz der sozial und wirtschaftlich Schwachen.
- Eine gute Sozialpolitik hat wirtschaftlichen Wert: Sie ermöglicht den Schutz, die Reproduktion und die Reparatur von Arbeitskraft, sie dient der Konfliktminderung in den Unternehmen und begleitet den technischen Fortschritt.
- Rings um die Sozialpolitik entstand ein bedeutsamer wirtschaftlicher Zweig der sozialen Dienste, der viele Arbeitsplätze sichert, konjunkturresistent ist und auch deutlich zum Bruttoinlandsprodukt beiträgt.
- Die Individualisierung ist nicht als Begründung für die Auflösung kollektiver Sicherungssysteme geeignet. Vielmehr steigt der Bedarf (und auch das individuelle Bedürfnis) nach verlässlichen Sicherungssystemen, wenn traditionelle Lebensweisen und soziale Bindungen sich auflösen, wenn die privat-familiäre Sicherung zur Ausnahme statt zur Regel wird.
- Im internationalen Vergleich zeigt sich, dass Staaten mit ausgeprägter Sozialstaatlichkeit sehr gute ökonomische, soziale und kulturelle Entwicklungen vollziehen. Sozialstaatlichkeit ist weniger eine „Schön-Wetter-Politik" bei Prosperität, sondern eine unabdingbare Voraussetzung für eine positive wirtschaftliche und technische Entwicklung. Sozialstaatlichkeit ist eine Produktivkraft.
- Nur Mitarbeiter, die gut ausgebildet und fair entlohnt sind, die sich keine beständige Sorge um die Lebensstandardsicherung machen müssen und sich demnach auf ihre Arbeit konzentrieren können, bringen die Arbeitsqualität und Motivation, die auf dem Weltmarkt konkurrenzfähige Unternehmen brauchen.

5.4 Neubestimmung der sozialpolitischen Koordinaten?

- In einem schwachen Sozialstaat würden die Bedingungen für Individualität und Freiheit in der Gesellschaft Schaden nehmen und deren positiven Effekte für gesellschaftliche Innovation abgewürgt.

Bei allen Notwendigkeiten über Reformen im Sozialsystem nachzudenken und sie umzusetzen muss immer wieder bedacht werden, welche Hauptziele die Sozialpolitik prägen: Die Gewährleistung eines würdevollen Lebens, die Schaffung von Chancengerechtigkeit und die Möglichkeit der Lebensentfaltung. Die ersten Artikel des Grundgesetzes für die Bundesrepublik Deutschland formulieren in vorbildlicher Art die Ansprüche an den Sozialstaat Deutschland.

 **Wichtige Literatur:**

Bundesministerium für Gesundheit und Soziale Sicherung (Hrsg.): Bericht der Kommission „Nachhaltigkeit in der Finanzierung der Sozialen Sicherungssysteme" (Rürup-Kommission). Berlin 2003.
Man mag von ihren Reformvorschlägen halten, was man will – der Abschlussbericht der hitzig diskutierten „Rürup-Kommission" ist als eine Dokumentation von Problemen und Reformdiskussionen in der Sozialpolitik hervorragend geeignet.

Gerhard Bäcker, Reinhard Bispinck, Klaus Hofemann, Gerhard Naegele und Jennifer Neubauer: Sozialpolitik und soziale Lage in Deutschland. 2 Bände. Wiesbaden ⁴2007.
Dieses Lehrbuch stellt in der vierten zweibändigen Auflage sehr umfassend die soziale Lage und die Sicherungssysteme in Deutschland vor. Es spiegelt in seinem Aufbau zwar leider auch die Komplexität sozialer Sicherung in Deutschland wieder, ist aber mit Hilfe des Sachregisters durchaus auch als Nachschlagebuch sehr gut geeignet.

6 Sozialpolitik und Europäische Integration

> *Die europäische Dimension wird auch für die Sozialpolitik bedeutsamer und wichtiger, auch wenn die EU sie bisher untergeordnet betrachtet. In diesem Kapitel wird dargestellt, in welchem politisch-institutionellen Rahmen Sozialpolitik auf EU-Ebene stattfindet, mit welchen Formen und welchen Zielen sie implementiert wird.*

Ebenso wie in vielen anderen Politikfeldern kann die nationale deutsche Politik auch im Bereich der Sozialpolitik nicht mehr ohne die europäische Komponente adäquat erfasst werden. Als Spezial- und vor allem als Querschnittspolitik ist sie auf vielfältige Weise beeinflusst vom europäischen Integrationsprozess. Dieser ist mittlerweile sehr weit fortgeschritten: Einheitliche Währungs- und Finanzpolitik, zusammenwachsende Ökonomien, Durchlässigkeit der Grenzen, rechtliche Harmonisierungen und so weiter. Das im EG-Vertrag von Amsterdam geregelte Niederlassungsrecht (Artikel 39-48), das es den Bürgerinnen und Bürgern der inzwischen 25 Mitgliedsländer erlaubt[4], sich in anderen EU-Staaten niederzulassen und sich dort als Selbstständige oder als Arbeitnehmende zu betätigen, fordert geradezu, den sozialen Schutz der BürgerInnen über die nationalen Staatsgrenzen hinweg zu sichern. Auch die Gestaltung des gemeinsamen Binnenmarktes, der es z.B. portugiesischen oder niederländischen Bauunternehmen ermöglicht, Aufträge in Deutschland anzunehmen und auch deutschen Betrieben europaweit neue Chancen eröffnet, ruft nach sozialpolitischen Entscheidungen, um die verschiedenen Arbeitnehmerrechte zu wahren. Es besteht also schon allein wegen der 1993 mit der Einführung des Europäischen Binnenmarktes vereinbarten vier Freiheiten (Freizügigkeit, freier Waren-, Dienstleistungs- und Kapitalverkehr) sozialpolitischer Handlungsbedarf, da in zunehmendem Maß Lebens-, Arbeits-, Beschäftigungs- und Sozialorte getrennt werden, zum Beispiel wenn ein deutscher Angestellter eines französischen Unternehmens in Österreich arbeitet, während die Familie in Italien lebt. Die weitere Entwicklung des „Sozialraums Europa" (Benz u.a. 2000) und die Zielvision eines „Europa der Bürger" forcieren den Druck, sowohl nationalstaatlich als auch auf der Ebene der Europä-

---

[4] Dieses Niederlassungsrecht ist für die BürgerInnen der im Mai 2004 und Januar 2007 in die EU eingetretenen mittel- und südosteuropäischen Staaten noch mit Vorbehalten versehen.

ischen Union die Sozialpolitik weiter zu entwickeln beziehungsweise neu zu erfinden.

6.1 Entwicklung und Grundlagen europäischer Sozialpolitik

6.1.1 Kurze Geschichte der Europäischen Integration

Die europäische Integration ist seit der Verabschiedung der so genannten Montanunion (EGKS: Europäische Gemeinschaft für Kohle und Stahl, 1951) ein mehr oder weniger stetiger Prozess; dennoch wurde über viele Jahre die sozialpolitische Dimension eher mitgedacht als mitgemacht. Im Vordergrund stand zunächst immer die wirtschaftliche respektive wirtschaftspolitische Integration, die als Vehikel für andere politische Ziele diente. Der französische Außenminister Robert Schuman und der erste deutsche Bundeskanzler Konrad Adenauer, die als Väter der ersten transnationalen Institutionalisierung in Form der EGKS gelten, sahen darin eine Chance und das Ziel, den jungen Frieden zwischen Deutschland und Frankreich durch die wirtschaftliche Kooperation in der (kriegswichtigen) Stahlindustrie zu sichern. Die Montanunion sollte – wie es in der Präambel des Vertrages hieß – darüber hinaus eine Etappe auf dem Weg zu einem organisierten Europa als Beitrag zur Zivilisation sein, eine gemeinsame Grundlage für die wirtschaftliche Entwicklung bilden, einen dauerhaften Zusammenschluss anstelle jahrhundertealter Rivalitäten schaffen und die Hebung des Lebensstandards in den Mitgliedsländern der EGKS mit sich bringen (vgl. Pfetsch 1997: 31f.). Damit gehörte ein sozialpolitisches Ziel untrennbar zur wirtschaftspolitischen Absicht – bleibt ihr gegenüber aber immer nachrangig.

Die Verfahren und Instrumente der EGKS waren jedoch eindeutig wirtschafts- und handelsorientiert. Es ging um die Schaffung eines gemeinsamen Marktes für Kohle, Stahl und Schrott, den Abbau von Zöllen und Kontingenten sowie das Verbot von wettbewerbsverzerrenden Praktiken. Ergänzt wurden diese Maßnahmen durch Bestrebungen, die Arbeits- und Lebensbedingungen der Arbeiter zu verbessern. Die durchaus erkennbaren Erfolge der Montanunion, die zwischen Frankreich und Deutschland sowie den beigetretenen Ländern Niederlande, Belgien, Luxemburg und Italien geschlossen worden war, führten nach nur sechs Jahren zur Ausweitung der Kooperation. 1957 wurden die Römischen Verträge unterzeichnet, die zur Gründung der Europäischen Atomgemeinschaft (EAG, auch *Euratom* genannt) und der Europäischen Wirtschaftsgemeinschaft (EWG) zwischen den sechs genannten Staaten führten. Der Abbau und schließlich 1968 der Wegfall von Zöllen zwischen den Ländern sowie die Einführung eines gemeinsamen Außenzolls waren wichtige Elemente der EWG. Deren Integrationspolitik zielte im Wesentlichen auf die Erweiterung der EGKS-Prozesse auf weitere Wirtschaftsgebiete. Bis 1986 wurde dies realisiert durch die Vollmitgliedschaft Englands, Dänemarks, Irlands (1973), Griechenlands (1981) sowie Spaniens und Portugals (1986). Die Zusammenlegung von EGKS, EAG und EWG zur Europäischen Gemeinschaft (EG) mit der Unterzeichnung der Einheitlichen Europäischen Akte war im Jahr 1986 ein Höhepunkt der europäische Einigung.

Die Sozialpolitik blieb bis dahin jedoch lange „ein Stiefkind des Integrationsprozesses" (Weidenfeld/Wessel 1997: 300). Nur wenige Elemente wurden geschaffen, die eine Sozialpolitik im engeren oder weiteren Sinne betrafen, wozu neben verschiedenen Arbeitsrechts-Richtlinien in den 1970er Jahren vor allem auch die politisch wichtige, jedoch rechtlich unverbindliche „Gemeinschaftscharta der sozialen Grundrechte der Arbeitnehmer" zählten (vgl. Kap. 6.2). Insgesamt beobachtete man eher eine „anhaltende Weigerung einiger Mitgliedsstaaten, der EG größere Möglichkeiten zum Eingriff in die Sozialgesetzgebung und zur Entwicklung einer Sozialpolitik zu verschaffen" (a.a.O.: 301). Ursächlich für diese Weigerung waren einerseits die zwischen den Mitgliedsländern sehr unterschiedlichen Traditionen und Ausgestaltungen „ihrer" nationalen Sozialpolitik (vgl. Kap. 7) und andererseits die grundsätzlichen Überlegungen über die angestrebte Tiefe der europäischen Integration. Die Aufnahme der Sozialpolitik in Gemeinschaftsrecht wäre in den Augen sowohl der Regierungen aber auch vieler BürgerInnen mit einem zu deutlichen Verlust an staatlicher Souveränität verbunden gewesen. Vor allem der Widerstand aus Großbritannien gegen eine gemeinsame Sozialcharta blockierte die Ausdehnung einer europäischen Sozialpolitik.

Erst mit der Gründung der Europäischen Union (EU) durch den 1992 unterzeichneten Vertrag von Maastricht wurde auch die Sozialpolitik fester Bestandteil der Integrationspolitik und in Form eines Zusatzprotokolls in das Vertragswerk aufgenommen. Die qualitativen Unterschiede der EU gegenüber der EG lagen in der Erweiterung der Gemeinschaftsaufgaben. Weiterhin bleibt die EG als wichtiger Pfeiler der EU bestehen und in ihr werden alle gemeinschaftsrelevanten Wirtschaftsfragen geregelt. Hinzu kamen als zweite Säule die „Gemeinsame Außen- und Sicherheitspolitik" (GASP) sowie als dritte Säule die „Polizeiliche und justizielle Zusammenarbeit" in Strafsachen (PJZ).

6.1 Entwicklung und Grundlagen europäischer Sozialpolitik

Abb. 6.1: Modell der Europäischen Union

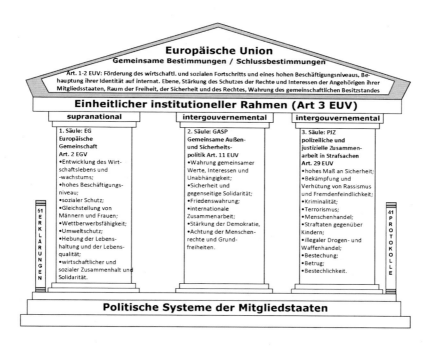

Die Erweiterung der EU auf fünfzehn Mitglieder durch die Aufnahme Finnlands, Österreichs und Schwedens (1995), die Konzeption und Durchsetzung der Gemeinschaftswährung EURO[5] sowie die Verabschiedung der „Agenda 2000", die verschiedene Reformmaßnahmen (insbesondere zur Agrar- und Strukturpolitik sowie zur Finanzpolitik) der EU umfasst und die so genannte Ost-Erweiterung um Estland, Lettland, Litauen, Malta Polen, Slowakei, Slowenien, Tschechien, Ungarn und Zypern im Mai 2004 sowie Rumänien und Bulgarien zum Januar 2007, markieren weitere Entwicklungsschritte der Europäischen Union.

---

[5] Der EURO als Gemeinschaftswährung galt bei der Bargeldeinführung zum 1.1.2002 nur in zwölf der damals 15 Mitgliedstaaten sowie aufgrund bestehender Währungsverbünde einzelner Mitgliedsstaaten mit Nicht-EU-Mitgliedern auch in San Marino, Andorra, Monaco und Vatikanstadt. 2007 führte als erster südosteuropäischer „Jungmitgliedsstaat" Slowenien den EURO ein. Es ist wahrscheinlich, dass in einigen Jahren weitere EU-Mitglieder der Währung beitreten werden.

Das Ziel mit einer Europäischen Verfassung einerseits die europäische Integration auf eine neue Stufe zu heben und weiter zu supranationalisieren sowie andererseits das europäische Institutionengefüge und die politische Entscheidungsfindung den Anforderungen der auf 27 Mitgliedsstaaten angewachsenen Union anzupassen, scheiterte, als im Frühjahr 2005 in Frankreich und den Niederlanden in Referenden die Verfassung abgelehnt wurde. Erst im Sommer 2007 einigte sich der Europäische Rat unter dem Vorsitz der deutschen Bundeskanzlerin Angela Merkel darauf, statt der Verfassung einen inhaltlich reduzierten Reformvertrag ausarbeiten zu lassen, der jedoch wesentliche Inhalte des Verfassungsentwurfs, insbesondere zu Abstimmungen und Entscheidungen, aufnehmen soll. Der Reformvertrag ist als Vertrag von Lissabon am 13.12.2007 von den Staats- und Regierungschefs unterzeichnet worden und soll bis Mitte 2009 von den Mitgliedsstaaten ratifiziert werden.

6.1.2 Die institutionellen Akteure der EU

Die Betrachtung der Sozialpolitik in der EU kommt nicht umhin, die relevanten Akteure mit ihren jeweiligen Handlungspotentialen zu berücksichtigen und die polity-Dimension aufzuzeigen. Der Inhalt einer Politik (policy) wird ja nur dann analysierbar, wenn die Form (polity) und der politische Prozess (politics) hinreichend geklärt sind (vgl. Schubert/Bandelow 2003).

Das politische und administrative Institutionengefüge der Europäischen Union ist nicht – wie z.B. im nationalstaatlichen Rahmen durch eine Verfassung – in seiner Struktur klar konzipiert und nach den Prinzipien der „checks and balances" gestaltet worden. Vielmehr entstand es in der heutigen Form in eher pragmatisch begründeten Anpassungsschritten und wurde in verschiedenen Verträgen immer wieder modifiziert. Da der oben angesprochene Reformvertrag noch nicht ausgearbeitet und vor allem noch nicht ratifiziert ist, beziehen sich die folgenden Darstellungen auf den institutionellen Stand des Maastrichter „Vertrages über die Europäische Union" (1992, in Kraft 1993) und die Ergänzungen des Amsterdamer Vertrages (1997; 1999) sowie des Nizza-Vertrages (2000; 2003).

In der EU gibt es vier bedeutsame Entscheider: den Europäischen Rat, den Rat der Europäischen Union, das Europäische Parlament sowie die EU-Kommission (vgl. Thiel 1999: 66ff.).

Der *Europäische Rat* besteht aus den Staats- und Regierungschefs der EU-Mitglieder. Er ist zuständig für die Grundsatzentscheidungen. Als „politische" Beschlüsse gehen die Entscheidungen dieses Gremiums weit über die allgemeine, tägliche EU-Arbeit hinaus. Die Entscheidung, dass die wirtschaftliche Zusammenarbeit in der EG zu einer umfassenderen politischen Zusammenarbeit in

6.1 Entwicklung und Grundlagen europäischer Sozialpolitik

der Europäischen Union weiter entwickelt werden sollte, geht ebenso auf den Europäischen Rat zurück wie die Grundsatzentscheidung zur Einführung der gemeinsamen Währung. Die Beschlüsse zur Agenda 2000, die die Weiterentwicklung der EU plante, wurden ebenso von diesem höchsten EU-Gremium getroffen wie auch die Entscheidung für den Reformvertrag statt der Verfassung.

Ferner tritt der Europäische Rat dann in Aktion, wenn bei größeren Konflikten zwischen den Mitgliedstaaten Kompromisse gefunden werden müssen. Nicht selten werden dann Verhandlungspakete geschnürt, um die unterschiedlichen Interessen zusammenzuführen. So mancher „Kuhhandel" wird hier im Kleinen („Gibst Du nach in der Fischereifrage, so gebe ich nach beim Elektronikschrott") und im Großen (z.B. bei der Verbindlichkeit der Sozialpolitik) abgeschlossen.

Der *Rat der Europäischen Union* besteht aus Ministern der Regierungen der Mitgliedsstaaten und wird deshalb auch Ministerrat genannt. Dieser Ministerrat ist kein festes Gremium. Je nach Fragestellung treffen sich hier z.B. die Außenminister, die Wirtschafts- und Finanzminister oder die Arbeits- und Sozialminister. Als fachlich zuständige und von ihren Ministerialbeamten umfassend vorbereitete Vertreter entscheiden sie im Ministerrat über die europäischen Gesetze. Der Ministerrat ist – gemeinsam mit dem Europäischen Parlament – der „Gesetzgeber" der EU.

In einigen Rechtsbereichen (z.B. Steuerrecht, Außen- und Sicherheitspolitik, Asyl und Einwanderung) müssen bislang von den Ministern einstimmige Entscheidungen getroffen werden – was in der Regel einen sehr schwierigen und langwierigen Abstimmungs- und Konsensbildungsprozess voraussetzt. In anderen Bereichen, wie Landwirtschaft, Fischerei, Umwelt und Verkehr, wird in der Regel eine „qualifizierte Mehrheit" von 72 Prozent gefordert. Damit hier die Bevölkerungsstärke der Mitgliedsstaaten zumindest ansatzweise berücksichtigt werden kann, werden die Stimmen im Ministerrat gewogen. So verfügen Deutschland, Frankreich und das Vereinigte Königreich mit jeweils 29 Stimmen über das höchste Gewicht, während Malta mit 3 Stimmen versehen ist. Für eine qualifizierte Mehrheit werden 258 von 345 möglichen Stimmen benötigt. Für den künftigen Reformvertrag ist eine geänderte Stimmenqualifizierung vorgesehen, bei der jeweils eine „doppelte Mehrheit" von mindestens 55 % der Staaten und 65 % der Bevölkerung gefordert ist.

Im Bereich der Sozialpolitik kann der Rat indes nur einstimmig und nach Anhörung von EU-Kommission, Europaparlament und Wirtschafts- und Sozialausschuss (siehe unten) über die soziale Sicherheit und den sozialen Schutz der Arbeitnehmer, über arbeitsrechtliche Fragen sowie über finanzielle Beschäftigungsförderung beschließen. Mit der qualifizierten Mehrheit entscheidet der Ministerrat z.B. über Arbeits- und Gesundheitsschutz, Arbeitsbedingungen, berufliche Eingliederung benachteiligter Personengruppen und Gleichstellung am

Arbeitplatz. So beschlossene Richtlinien formulieren Mindestvorschriften, die in nationales Recht umgesetzt werden müssen.

Die „Regierung" der Europäischen Union ist die *EU-Kommission*. Ihr gehören neben dem Kommissionspräsidenten derzeit 26 Kommissare, in etwa vergleichbar den Fachministern nationalstaatlicher Regierungen, an. Die Hauptaufgabe der Kommission ist es, die Gesetze und Verordnungen der EU um- und durchzusetzen. Sie formuliert ferner die Gesetzentwürfe, die vom Ministerrat bzw. dem Europäischen Parlament beschlossen werden. Als Kollegialorgan trifft die Kommission ihre Beschlüsse immer gemeinsam, d.h. die einzelnen Kommissare können nicht allein für die EU-Kommission sprechen und selbstständig Entschlüsse verantworten, sondern müssen – entweder über schriftliche Absprachen oder über die Abstimmung im Kommissionskollegium – die Mehrheitsentscheidung der Kommission einholen.

Die EU-Kommission arbeitet unter der politischen Weisung des Europäischen Rates und in dem vom Ministerrat und Europäischen Parlament verabschiedeten Rechtsrahmen. Gleichwohl ist sie eine machtvolle Institution. Mit ihrem Verwaltungsapparat kontrolliert sie die Durchsetzung des EU-Rechts und konzipiert Gesetzentwürfe. Als Adressat des Einflusses von Parteien und Interessenorganisationen und Dank der ständigen Konsultationen mit den Regierungen und Verwaltungen der EU-Mitgliedsländer steht sie im Zentrum des politischen Willensbildungsprozesses und gilt als „Motor" der Gemeinschaftspolitik.

Das *Europäische Parlament* (EP) nähert sich – nach jahrzehntelangem Kampf um Kompetenzen und seit erheblicher Aufwertung durch die Amsterdamer Verträge und mit der kommenden EU-Verfassung – in Einfluss und Macht den nationalen Parlamenten an, hat jedoch – z.B. im Bereich des Initiativrechts – noch deutlichen Nachholbedarf. In den meisten Politikfeldern entscheidet das EP über die EU-Rechtsakte mit bzw. ist dessen Zustimmung einzuholen. In einigen Bereichen jedoch wird das Parlament nur angehört. Es kann Stellungnahmen abgeben, jedoch (noch) nicht direkt mitentscheiden. Ein Initiativrecht, also die Möglichkeit eigener Gesetzesvorschläge, wie es in Nationalparlamenten üblich ist, blieb dem EP bisher vorenthalten.

Wichtige Kompetenzen des Europäischen Parlaments liegen in der Kontrolle der EU-Kommission, und reichen von Anfragen an die Kommission über die Einsetzung von Untersuchungsausschüssen bis zur Möglichkeit des Misstrauensvotums. Für die UnionsbürgerInnen ist das Europäische Parlament nicht nur das zentrale EU-Gremium, auf das sie durch Wahlen direkt Einfluss nehmen. Vor allem der Petitionsausschuss des Parlaments oder der vom EP berufene, von Weisungen unabhängige Europäische Bürgerbeauftragte sind wichtige Ansprechpartner für die Bürgerinnen und Bürger, die sich durch europäische Rechtsakte benachteiligt fühlen.

6.1 Entwicklung und Grundlagen europäischer Sozialpolitik

Je nach Bevölkerungsanteil entsenden die Mitgliedsstaaten zwischen 5 (Malta) und 99 Politiker (Deutschland) ins 785 Abgeordnete (Stand 1.1.2007) umfassende EP. Alle fünf Jahre wählen die Bürger der EU in allgemeiner und unmittelbarer Wahl das EP. Dort haben sich die Parlamentarier nicht nach Staaten, sondern nach politischen Fraktionen zusammengefunden. Die derzeit größte der insgesamt acht Fraktionen stellt die Europäische Volkspartei (der u.a. auch die deutschen CDU-Abgeordneten zugehörig sind) vor der Sozialdemokratischen Partei Europas und – schon deutlich abgeschlagen – den „Liberalen und Demokratischen Parteien Europas" sowie den Grünen.

Abb. 6.2: Zusammensetzung des EP nach der Wahl von 2004 und Ergänzungen nach EU-Erweiterungen (Stand Januar 200/)

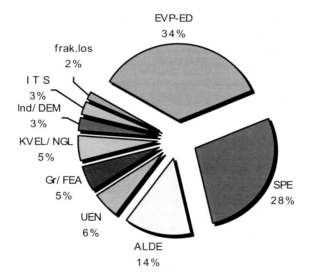

EVP-ED - Europäische Volksparte und europäische Demokraten (Konservative/Christdemokraten)
SPE - Sozialdemokratische Partei Europas (Sozialdemokraten)
ALDE - Allianz der Liberalen und Demokraten für Europa (Liberale)
UEN - Union für ein Europa der Nationen (Rechtskonservative)
Grüne/FEA - Fraktion der Grünen/Freie Europäische Allianz (Grüne)
KVEL/NGL - Konföderale Fraktion der Vereinigten Europäischen Linken (Linke/Sozialisten)
Ind/DEM - Unabhängigkeit und Demokratie (Europakritiker)
ITS - Identität, Tradition, Souveränität (Rechtnationalisten)
Fraktionslose

Die politischen und administrativen Entscheidungen werden in der EU von den vier vorgenannten Gremien und Organen Europäischer Rat, Ministerrat, EU-Kommission und Europäisches Parlament getroffen. Der formale Entscheidungsprozess wird in der folgenden Grafik 6.3 veranschaulicht:

Neben diesen vier Entscheidungsgremien gibt es jedoch eine Vielzahl an politischen Beratern, die offiziell oder eben auch informell auf die EU-Politik einwirken. Besonders einflussreich sind die institutionalisierten Beratungsgremien „Ausschuss der Regionen" (AdR) sowie der sozialpolitisch maßgebliche „Wirtschafts- und Sozialausschuss" (WSA).

Abb. 6.3: Europäische Gesetzgebung

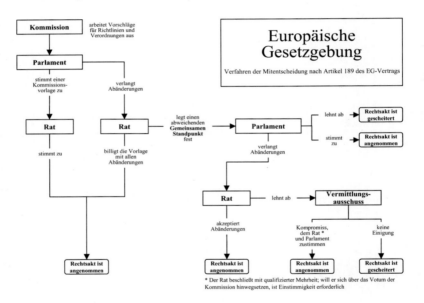

Abbildung nach Wochenschau I, Nr. 1, 1998

Der *Wirtschafts- und Sozialausschuss* setzt sich aus 344 Mitgliedern aus den EU-Mitgliedsstaaten zusammen. Vertreter der Arbeitnehmer, der Arbeitgeber und anderer wirtschaftspolitisch relevanter Gruppierungen (freie Berufe, Landwirtschaft, Genossenschaften, Handelskammern und Verbraucherverbände) wirken in diesem Gremium mit. Der WSA wird vom Ministerrat oder der Kommission um Stellungnahmen gebeten oder kann sich auch selbst mit Vorschlägen an diese

Organe wenden. Vor allem in Fragen der Arbeits- und Beschäftigungspolitik, der Gleichstellung von Frauen und Männern, der Gesundheitspolitik oder der Sozialgesetzgebung besteht für den WSA ein seit dem Amsterdamer Vertrag erweitertes Aufgabenfeld. Zusätzlich wird der WSA aber auch tätig bei Finanz- und Währungsfragen, Bildungs- und Kulturthemen, beim Umweltschutz, bei Landwirtschafts- und Fischereiangelegenheiten, Verkehr und Kommunikation sowie Energie, Atompolitik und Forschung.

Die Vertreter z.B. des Deutschen Gewerkschaftsbundes, des Bundesverbandes der Arbeitgeber oder des Deutschen Industrie- und Handelstages können somit über den WSA zu den wesentlichen Interessen ihrer Organisationen Stellung beziehen und auf die EU-Entscheider einwirken.

Ebenfalls nur beratend und nicht entscheidend wirkt der *Ausschuss der Regionen*. In diesem Ausschuss sind 344 Vertreter der Länder, der Provinzen und der Kommunen der Mitgliedsländer, also z.B. Ministerpräsidenten, Landesminister, Landräte oder Bürgermeister, vertreten. Sie können zu allen Fragen Stellung nehmen, die regionale und lokale Interessen betreffen, wobei sie vom Ministerrat oder der Kommission um solche Stellungnahmen obligatorisch oder fakultativ gebeten werden oder auch selbst initiativ sein können. Eine wesentliche Aufgabe des Ausschusses der Regionen ist es, die Bürger- und Problemnähe der Regionen gegenüber den EU-Organen zu vertreten und z.B. in Sozialfragen, in den Sektoren Bildung und Kultur, Gesundheitswesen, Landwirtschaft und Industrie oder auch grenzüberschreitender Zusammenarbeit die Besonderheiten und spezifischen Interessen der „unteren" Gebietskörperschaften zu verdeutlichen.

Neben diesen beiden institutionalisierten Beratungsausschüssen gibt es noch eine Reihe weiterer Fachausschüsse und Gremien, die teilweise allein aus Staatsbediensteten bestehen, die fachpolitische Entscheidungen vorbereiten und beraten. Teilweise sind sie jedoch auch mit Fachleuten aus dem nicht-staatlichen Bereich besetzt, die z.B. von Wirtschaftsunternehmen bzw. -verbänden, Sozialverbänden, von Bildungs- und Kultureinrichtungen, von gesellschaftspolitisch engagierten Gruppen, Umweltschutzinitiativen und vielen anderen Organisationen kommen und vielfältigste Interessen vertreten.

Als weiteres wichtiges Organ innerhalb der EU ist der *Europäische Gerichtshof* (EuGH) zu nennen. Da die Europäischen Verträge und Rechtsakte, die vom Parlament und/oder vom Ministerrat verabschiedet wurden, supranational geltendes Recht sind, bedarf es eines Rechtssprechungsorgans, das jenseits der nationalstaatlichen Jurisprudenz angesiedelt ist. Bereits 1957 wurde der EuGH mit Sitz in Luxemburg gegründet. Er hat die Aufgabe, bei Organstreitigkeiten zu entscheiden sowie über Klagen von Mitgliedsländern, aber auch z.B. Firmen, Verbänden und schließlich auch Bürgern zu befinden, die vom europäischen Recht betroffen sind. In vielen Einzelfallurteilen, z.B. zu Arbeitszeitfragen, zur

Gleichstellung von Frauen und Männern oder zum Diskriminierungsverbot, hat der EuGH sozialpolitisch relevante Urteile gefällt und damit Richterrecht gesetzt. Das vom EuGH ausgehende Recht beeinflusst die nationalen Politiken häufig

Abb. 6.4: Institutionen der EU

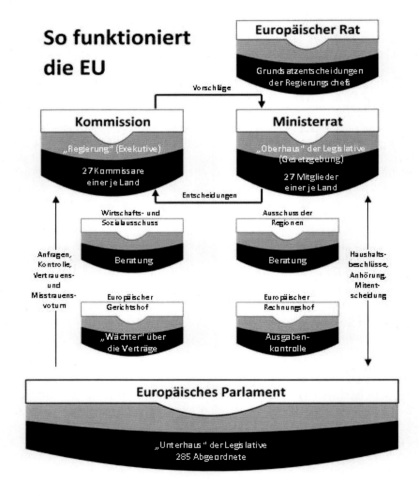

Nach Wochenschau I, Nr.1, 1998

6.1 Entwicklung und Grundlagen europäischer Sozialpolitik

direkter und intensiver als andere Normen, denn anders als die Rechtsetzung durch den Ministerrat und das EP bedarf diese Rechtsformulierung keines besonderen nationalen Umsetzungsaktes mit entsprechend parlamentarischem Prozedere und dem Erlass von Verwaltungsvorschriften, sondern wirkt unmittelbar und hat mitunter gravierende Konsequenzen.

Ohne näher auf den in *Europäischen Rechnungshof* als sechste EU-Institution einzugehen ergibt sich das in Abbildung 6.4 gezeigte Institutionengeflecht der Europäischen Union:

Auch wenn dieses Institutionengeflecht nun nicht nach einem ausgeklügelten Konzept entwickelt wurde und das System der demokratischen *checks and balances* noch nicht optimal ist, so bildet es doch den für den politischen Prozess wichtigen Konfliktrahmen. Die unterschiedlichen Interessen der Nationalstaaten, der politischen Ideologien und Parteien sowie der gesellschaftlichen Gruppen werden in den verschiedenen Institutionen und Räten aufgenommen. Dies ist für die Betrachtung der Sozialpolitik in der EU bedeutsam.

Die nationalen Konzepte und Vorstellungen zur Gestaltung, zur Reichweite und Zielsetzung (vgl. Kap. 7) von Sozialpolitik im Allgemeinen und zur sozialpolitischen Kompetenz der EU im Besonderen treffen im Europäischen Rat und besonders deutlich im Rat der Europäischen Union aufeinander. Soll die EU überhaupt harmonisierende sozialpolitische Kompetenzen besitzen? Wie sehr dürfen europäische Regelungen nationalstaatliche Ausgestaltungen beeinflussen oder – wie von Kritikern befürchtet – überformen? Dieser Grundkonflikt wird in diesen beiden politischen Führungsinstitutionen ausgetragen. Im Europäischen Parlament stehen jedoch weniger die nationalen Konzepte und die nationalen Kompetenzen im Widerstreit. Hier werden vielmehr die parteiideologischen Konfliktlinien herausgearbeitet. Die christlich-bürgerlichen Vorstellungen treffen hier auf die sozialdemokratischen, die liberalen oder eben auch nationalistischen Konzepte der verschiedenen Fraktionen. Im Wirtschafts- und Sozialausschuss werden hingegen die Auseinandersetzungen zwischen z.B. den Arbeitgebern und Arbeitnehmern, den Sozialleistungsvereinigungen und den Sozialanspruchsvereinigungen geführt.

Erkennbar sind die in Abbildung 6.5 gezeigten drei besonders relevante Konfliktachsen:

Die bereits in Kapitel 3 vorgestellten akteursspezifischen Sichtweisen und Politikvorstellungen finden sich in vergrößerter Komplexität auf europäischer Ebene wieder – was schon die Problematik der Willensbildungs- und Entscheidungsprozesse ansatzweise verdeutlicht.

Abb. 6.5: Konfliktachsen im EU-Institutionensystem

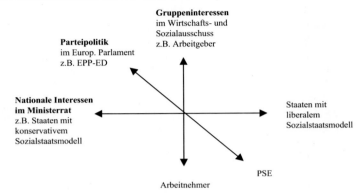

6.2 Elemente der Europäischen Sozialpolitik

Die Sozialpolitik ist in der Europäischen Union eines der relativ wenigen Politikfelder in denen das Subsidiaritätsprinzip besondere Gültigkeit und Reichweite besitzt. Das ursprünglich aus der katholischen Soziallehre stammende Prinzip, das auch für die Gestaltung der Sozialpolitik in Deutschland von Bedeutung ist (vgl. Kap. 2.1), ist verankert in Artikel 5 des Amsterdamer EG-Vertrags und besagt, dass „in den Bereichen, die nicht in ihre ausschließliche Zuständigkeit fallen, [..] die Gemeinschaft nach dem Subsidiaritätsprinzip nur tätig [wird], sofern und soweit die Ziele der in Betracht gezogenen Maßnahmen auf Ebene der Mitgliedstaaten nicht ausreichend erreicht werden können und daher wegen ihres Umfangs oder ihrer Wirkungen besser auf Gemeinschaftsebene erreicht werden können." Für fast alle Felder der Sozialpolitik im engeren Sinn und für wichtige Zielgruppen bedeutet dies, dass die sozialpolitischen Leistungen nach dem Fürsorge-, dem Versorgungs- und dem Versicherungsprinzip in der Form der nationalstaatlichen Prägung gewährt werden. Die Gestaltung beispielsweise der Sozialhilfe, die Versorgung von Migranten, die Familienförderung oder die Altersversorgung bleiben demnach in der nationalen Regelungskompetenz.

Es ist weitgehender Konsens der Regierungen der Mitgliedstaaten, dass diese sozialpolitischen Felder in der nationalen Verantwortung verbleiben sollen, da nationale Traditionen, spezifische Akteurskonstellationen und gewachsene Gestaltungsmuster berücksichtigt werden müssen. Zudem erscheint es ihnen angesichts der heterogenen Sozialstaatstypen (vgl. Kap. 7) als teilweise faktisch nicht

6.2 Elemente der Europäischen Sozialpolitik

möglich und teilweise aufgrund von (wohl zurecht unterstellten) Akzeptanzdefiziten seitens der Bevölkerungen nicht angebracht, weitergehende Harmonisierungen anzustreben. Durchgesetzt hat sich hingegen die Ansicht, dass mit der Verwirklichung des Binnenmarktes und der vier Grundfreiheiten die damit verbundenen sozialen Risiken auf Gemeinschaftsebene geregelt werden müssen. Hierbei beschränkt sich die Europäische Union im Wesentlichen auf die Formulierung sozialer Rechte, vergibt nur eingeschränkt Gelder zum Zwecke des sozialen Ausgleichs und verzichtet gänzlich auf soziale Dienste.

6.2.1 Die Grundrechtscharta der Europäischen Union

Nach dem langsamen und mühevollen Weg von der Montanunion über die Wirtschaftsgemeinschaft, die EG bis zur Union mit staatsähnlichem Charakter wurde auf dem EU-Gipfel in Nizza im Dezember 2000 ein bedeutsamer Schritt getan. Gedacht als ersten Baustein einer künftigen europäischen Verfassung verkündeten die Staats- und Regierungschefs, die EU-Kommission und das Europäische Parlament die Grundrechtscharta der Europäischen Union. Die unter dem Vorsitz des ehemaligen Bundesverfassungsgerichtspräsidenten und ehemaligen Bundespräsidenten Roman Herzog entwickelte Charta erfasst in sieben Kapiteln Aussagen über die (1) Würde des Menschen, (2) Freiheiten, (3) Gleichheit, (4) Solidarität, (5) Bürgerrechte, (6) Justizielle Rechte sowie abschließende (7) allgemeine Bestimmungen.

Wie das Grundgesetz der Bundesrepublik Deutschland betont die Charta in Artikel 1 Satz 1: „Die Würde des Menschen ist unantastbar." Mit weiteren, dem Grundgesetz nicht unähnlichen Aussagen über das Recht auf Leben, körperliche und geistige Unversehrtheit, das Verbot von Folter, unmenschlicher Strafe, Sklaverei und Zwangsarbeit, der Garantie von Gedanken-, Gewissens- und Religionsfreiheit, der freien Meinungsäußerung, der Versammlungs- und Vereinigungsfreiheit, der Freiheit von Wissenschaft und Kunst wird ein Grundrechtskatalog aufgestellt, der in seiner Eindeutigkeit teilweise über andere nationalstaatliche Verfassungen der EU-Mitgliedstaaten hinausgeht. In den Artikeln zur Gleichheit werden Diskriminierungsverbote aufgestellt, die gleichen Rechte von Männern und Frauen verankert, die Rechte des Kindes gesichert und Integration von Menschen mit Behinderung angemahnt.

Das Kapitel „Solidarität" legt einen Schwerpunkt auf die Rechte von Arbeitnehmerinnen und Arbeitnehmer. Sie haben nach der Charta das Recht auf Unterrichtung und Anhörung, ein Recht auf Kollektivverhandlungen (dies meint die Tarifverhandlungen zwischen Gewerkschaften und Arbeitgeberverbänden) und Kollektivmaßnahmen (wie z.B. Streik). Sie haben das Recht auf Zugang zu Arbeitsvermittlungsdiensten und sind vor ungerechtfertigter Entlassung zu schützen. Gerechte und angemessene Arbeitbedingungen, das Verbot von Kinderarbeit und der Jugendarbeitsschutz ergänzen die Arbeitnehmerrechte. Für die Sozialpolitik ist neben den kodifizierten Arbeitsrechtsaussagen vor allem der Artikel 34 bedeutsam:

> „Soziale Sicherheit und soziale Unterstützung
> (1) Die Union anerkennt und achtet das Recht auf Zugang zu den Leistungen der sozialen Sicherheit und zu den sozialen Diensten, die in Fällen wie Mutterschaft, Krankheit, Arbeitsunfall, Pflegebedürftigkeit oder im Alter sowie bei Verlust des Arbeitsplatzes Schutz gewährleisten, nach Maßgabe des Gemeinschaftsrechts und der einzelstaatlichen Rechtsvorschriften und Gepflogenheiten.
> (2) Jede Person, die in der Union ihren rechtmäßigen Wohnsitz hat und ihren Aufenthalt rechtmäßig wechselt, hat Anspruch auf die Leistungen der sozialen Sicherheit und die sozialen Vergünstigungen nach dem Gemeinschaftsrecht und den einzelstaatlichen Rechtsvorschriften und Gepflogenheiten.
> (3) Um die soziale Ausgrenzung und die Armut zu bekämpfen, anerkennt und achtet die Union das Recht auf eine soziale Unterstützung und eine Unterstützung für die Wohnung, die allen, die nicht über ausreichende Mittel verfügen, ein menschenwürdiges Dasein sicherstellen sollen, nach Maßgabe des Gemeinschaftsrechts und der einzelstaatlichen Rechtsvorschriften und Gepflogenheiten."

In den weiteren Kapiteln der Grundrechtscharta werden unter anderem das Wahlrecht zum Europäischen Parlament, das Kommunalwahlrecht von EU-Bürgern in ihrem europäischen Wohnsitzland, ein Petitionsrecht, das Recht auf Freizügigkeit und Aufenthaltsfreiheit in der EU, der diplomatische und konsularische Schutz sowie rechtsstaatliche Prinzipien auf Zugang zu einem unparteiischen Gericht, die Unschuldsvermutung, die Grundsätze der Gesetzmäßigkeit und Verhältnismäßigkeit in Zusammenhang mit Strafen verankert.

War zunächst beabsichtigt die Grundrechtscharta als Bestandteil der EU-Verfassung mit rechtlicher Bindungskraft und somit auch Einklagbarkeit vor nationalen Gerichten und dem EuGH auszustatten, wurde im Sommer 2007 beschlossen, sie nicht in den künftigen Reformvertrag aufzunehmen, sie gleichwohl als rechtsverbindlich zu erklären. Großbritannien lehnte dieses ab und auch andere Länder äußerten Vorbehalte. So entfaltet die Charta bis dahin lediglich eine politische Bindungswirkung. Deutlich ist jedoch, dass die in ihr enthaltenen Rechte, Freiheiten und Verbote einen wichtigen Rahmen für die Sozialpolitik spannen. Sie bündelt und kodifiziert in ihren Aussagen die Grundlagen der im Folgenden näher zu betrachtenden sozialpolitischen Aktivitäten der Europäischen Union.

6.2 Elemente der Europäischen Sozialpolitik

6.2.2 Soziale Rechte in der Europäischen Union

Auch wenn die Grundrechtscharta, der Amsterdamer Vertrag sowie eine Vielzahl an Einzelregelungen den Eindruck eines kohärenten Rahmens für elementare soziale Rechte erwecken, so muss doch erkannt werden, dass die nationalen Interpretationen dieser Rechte sehr unterschiedlich ausfallen und eine gleichartige Ausgestaltung dieser Rechte noch nicht feststellbar ist. Gleichwohl ist in einem langen Entwicklungsprozess durch die Kodifizierung von sozialen Rechten eine Grundlage für die weitere Gestaltung gelegt worden. Die europäischen Regelungen konzentrieren sich auf drei zentrale Bereiche.

a. *Arbeitsrecht und Arbeitsschutz*: In Anerkennung der Wirkungen des Binnenmarktes und der Heterogenität der entsprechenden Regeln in den Mitgliedsstaaten liegt auf diesem Sektor eindeutig der Schwerpunkt. Arbeitsrechtliche Regelungen betreffen zum Beispiel die Wahrung von Ansprüchen der Arbeitnehmerinnen und Arbeitnehmer beim Übergang von Unternehmen, Betrieben oder Betriebsteilen. So behält der Betriebsrat bei einem Unternehmensübergang in andere Rechts- oder Besitzverhältnisse ein Übergangsmandat und es werden dem Veräußerer sowie dem Erwerber des Betriebes Informationspflichten gegenüber den Arbeitnehmern über Grund und Folgen des Übergangs auferlegt. Damit wird ein Mindestmaß an Mitarbeiterbeteiligung gesichert. Gleichwohl bleibt die EU-Regelung weit hinter den bundesdeutschen Standards der Informations- und Anhörungsrechte der Arbeitnehmer zurück. Weitere Richtlinien und Verordnungen der EU betreffen arbeitszeit- und urlaubsrechtliche Mindeststandards, u.a. für Seeleute und Flugpersonal. Im Arbeits- und Gesundheitsschutz wurden durch einer Reihe von Richtlinien die verstärkten Schutzinteressen der ArbeitnehmerInnen berücksichtigt. Mindestvorschriften beziehen sich z.B. auf den Schutz in explosionsfähigen Atmosphären und vor Gefährdungen durch karzinogene (u.a. Asbest) oder erbgutverändernde Stoffe sowie vor Lärm und physikalischen Einwirkungen wie Vibrationen.
b. *EU-Arbeitsmarkt*: Aufgrund der Binnenmarktentwicklung arbeiten vermehrt Männer und Frauen im EU-Ausland. Sowohl für so genannte Wanderarbeiter, die sich auf begrenzte oder unbegrenzte Zeit in einem anderen Mitgliedsland niederlassen, wie auch für Grenzgänger, die regelmäßig in ein anderes Land zur Arbeit pendeln, stellen sich Fragen der sozialen Sicherung. Die Anerkennung von im Ausland verbrachten Arbeitsjahren für die Rentenberechnung, die Gewährung von Kranken- und Unfallschutz, die Entgelt- und Steuerfragen oder auch die Probleme bei im Ausland eintretender Arbeitslosigkeit bedürfen für sie der Regelung. Ebenso relevant sind

Fragen zur Anerkennung von Berufs- und Studienabschlüssen, um Zugang zum EU-ausländischen Arbeitsmarkt zu erhalten. Entsprechend des grundlegenden Subsidiaritätsprinzips ergreift die EU keine Maßnahmen, die direkt in die Gestaltung der nationalen sozialen Sicherungssysteme eingreifen. Hingegen wird angestrebt, dass die garantierte Freizügigkeit der Arbeitnehmer (Art. 39 Amsterdamer EG-Vertrag) nicht durch Benachteiligungen in der sozialen Sicherung behindert wird. Dazu zählt insbesondere, dass alle „nach den verschiedenen innerstaatlichen Rechtsvorschriften berücksichtigten Zeiten für den Erwerb und die Aufrechterhaltung des Leistungsanspruchs sowie für die Berechnung der Leistungen" zusammengerechnet werden und auch an Personen, die in den Hoheitsgebieten der Mitgliedsstaaten wohnen, gezahlt werden (Art. 42). Wegen der sehr unterschiedlichen nationalen Finanzierungsmodelle für die sozialen Sicherungssysteme stößt diese allgemeine Regelung jedoch an spezifische Grenzen. In sehr vielen Einzelregelungen sowie auch bilateralen Verträgen zwischen Mitgliedsstaaten werden deshalb die notwendigen Details beschrieben. Eine im Sinne der Vorstellungen eines „Europa der Bürger" sinnvolle Vereinfachung ist bislang mit deutlichen Schwierigkeiten belastet, so dass das angestrebte Ziel der Freizügigkeit noch mit vielen Unwägbarkeiten, Unsicherheiten und hohem individuellen Planungsaufwand behaftet ist.

c. *Gleichstellungspolitik*: Im Vertragstext sowie vielen anderen Kodifizierungen ist der dritte wichtige sozialpolitische Bereich eindeutiger formuliert – aber dennoch nicht als verwirklicht anzusehen. Die EU setzt auf weitreichende Diskriminierungsverbote. Die Gleichstellung von Frauen und Männern auf dem Arbeitsmarkt und das Verbot von Benachteiligungen von Menschen mit Behinderung gehört wesentlich zu diesem Bereich. Neben Richtlinien der EU sind es vor allem auch die Rechtsprechungen des EuGH, die dem Diskriminierungsverbot Gewicht verliehen. Besonders deutlich wurde das Gleichstellungsprinzip und Diskriminierungsverbot in Deutschland, als der EuGH im Januar 2000 den Klagen von deutschen Frauen stattgab und ihnen ermöglichte, den Dienst an der Waffe in der Bundeswehr aufzunehmen. Bislang nur politisch und nicht rechtlich wirksam ist die Formulierung in der Grundrechtscharta (Art. 21), in der es heißt: „Diskriminierungen insbesondere wegen des Geschlechts, der Rasse, der Hautfarbe, der ethnischen oder sozialen Herkunft, der genetischen Merkmale, der Sprache, der Religion oder der Weltanschauung, der politischen oder sonstigen Anschauung, der Zugehörigkeit zu einer nationalen Minderheit, des Vermögens, der Geburt, einer Behinderung, des Alters oder der sexuellen Ausrichtung, sind verboten".

6.2.3 Europäische Beschäftigungspolitik und die Sozialpolitische Agenda 2005-2010

In fast allen Ländern der Europäischen Union ist die aus unterschiedlichen konjunkturellen, haushaltswirtschaftlichen und strukturpolitischen Gründen resultierende hohe Arbeitslosigkeit eines der zentralen politischen Probleme. EU-weit liegt die Arbeitslosigkeit bei ca. 15 Millionen Menschen. Obgleich die Arbeitslosenproblematik bereits seit den 1970er und 80er Jahren erkannt war, blieb es bis zum Amsterdamer Vertrag im Jahr 1997 in den europäischen Verträgen beim bloßen „Vorsatz" der Gemeinschaft, verbesserte Beschäftigungsbedingungen ihrer Völker anzustreben (EWG Vertrag). Erst in Amsterdam wurde der EG-Vertrag um ein Beschäftigungskapitel erweitert (Art. 125-130) und die EU erhielt eine ausdrückliche beschäftigungspolitische Kompetenz (Art. 3 (1) i). Mit dieser Vertragserweiterung wird der sozialpolitisch relevanten Beschäftigungspolitik ein deutlich höherer Stellenwert beigemessen und sie wird nicht mehr nur den Wirtschaftsstabilitätskriterien untergeordnet.

Zur Verbesserung der Kooperation von EU und Mitgliedstaaten sind Berichtspflichten der EU-Kommission und des Ministerrats an den Europäischen Rat über die beschäftigungspolitische Lage sowie Rechenschaftsberichte der Mitgliedsstaaten an Kommission und Rat vorgesehen. Ferner soll die Kommission mit jährlichen Leitlinien die mitgliedstaatlichen Beschäftigungspolitiken begleiten. In begründeten, befristeten und begrenzten Fällen kann die EU nach Kodezisionsverfahren finanzielle Anreize zur mitgliedstaatlichen Zusammenarbeit gewähren oder innovative Pilotprojekte fördern.

Der Europäische Rat hat sich in verschiedenen Treffen mit der Beschäftigungspolitik befasst und so genannte „Prozesse" initiiert. Der „Luxemburg Prozess" forderte von den Mitgliedern jährlich fortzuschreibende beschäftigungspolitische Leitlinien mit klaren Bezügen zur nationalen und europäischen Wirtschaftspolitik. Der „Cardiff-Prozess" rückte beschäftigungsrelevante Reformen des Binnenmarktes in den Vordergrund und der „Köln-Prozess" zielt auf die Verbesserung des wechselseitigen Zusammenwirkens von Lohnentwicklung sowie Geld- und Finanzpolitik, die die makroökonomischen Voraussetzungen für Wirtschaftswachstum und Beschäftigungsaufbau betreffen. Das (nicht geringe) Ziel der „Lissabon-Strategie" aus dem Jahr 2000 ist es, bis 2010 in Europa den wettbewerbsfähigsten und dynamischsten wissensbasierten Wirtschaftsraum der Welt zu gestalten. Im Rahmen der Lissabon-Strategie werden dauerhaftes Wirtschaftswachstum, mehr und bessere Arbeitsplätze sowie ein größerer sozialer Zusammenhalt in Europa angestrebt.

Ein wesentliches Element der Lissabon-Strategie ist die Sozialpolitische Agenda, deren erste Laufzeit die Jahre 2000 bis 2004 umfasste und in der Neuauflage auf die Jahre 2005 bis 2010 ausgerichtet ist. Innerhalb der Agenda soll eine „positive Interaktion der wirtschafts-, sozial- und beschäftigungspolitischen Maßnahmen" stattfinden und sich auf zwei Schwerpunkte konzentrieren:

- Vollbeschäftigung schaffen
  a. Einleitung einer neuen Phase der Europäischen Beschäftigungsstrategie im Jahr 2005 im Rahmen der Halbzeitüberprüfung der Lissabonner Strategie
  b. Ein ESF im Dienste der Konvergenz, der Beschäftigung und der Wettbewerbsfähigkeit
  c. Antizipierung des Wandels und positives Herangehen an den Wandel: ein strategischer Ansatz
- Eine solidarischere Gesellschaft: Chancengleichheit für alle
  d. Modernisierung des Sozialschutzes: ein Schlüsselelement der Halbzeitüberprüfung der Lissabonner Strategie
  e. Anwendung der offenen Methode der Koordinierung (OMK) im Bereich Gesundheitsversorgung und Langzeitpflege (Kommission 2005: 6; 10)
- Bekämpfung der Armut und Förderung der sozialen Eingliederung
  Eine Gemeinschaftsinitiative zur Sicherung des Mindesteinkommens und zur Eingliederung von vom Arbeitsmarkt ausgegrenzten Personen

Zu den Initiativen im Rahmen der Sozialpolitischen Agenda zählen:

- ein Grünbuch über den demographischen Wandel in der EU-Bevölkerung (im Jahr 2005)
- eine EU-Initiative zur Jugend
- die weitere Förderung der sozialverantwortlicher Unternehmenspraktiken (Corporate Social Responsibility - CSR)
- einen EU-Rahmen für Tarifverhandlungen der Sozialpartner
- ein Europäisches Jahr für die Mobilität von Arbeitskräften (2006)
- eine Gemeinschaftsinitiative zu Mindestlohnsystemen
- ein Europäisches Jahr zur Bekämpfung von sozialer Ausgrenzung und Armut (2010)
- ein Europäisches Jahr für Chancengleichheit (2007)

Die Verstärkung der Kooperation und Koordination der nationalstaatlichen und der supranationalen Beschäftigungspolitiken bildet den Kern der europäischen Beschäftigungspolitik. Grundsätzlich bleibt hierbei das Subsidiaritätsprinzip mit den nationalen Gestaltungs- und den zugehörigen Finanzierungskompetenzen

6.2 Elemente der Europäischen Sozialpolitik 177

bestehen, aber es fließen auch europäische Gelder u.a aus dem im Folgenden vorgestellten Europäischen Sozialfonds, aber auch die Europäische Investitionsbank.

6.2.4 Europäischer Sozialfonds

Seit einer Haushaltsreform auf Beschluss der Staats- und Regierungschefs 1992 in Edinburgh setzt die Union rund ein Drittel ihrer gesamten finanziellen Verpflichtungen für die Modernisierung der Wirtschaftsstrukturen – vor allem in strukturschwachen Regionen – und für die Verbesserung der sozialen Lage benachteiligter Bevölkerungsgruppen ein. Nach den Agrarausgaben stehen somit die Regional- und Sozialausgaben an zweiter Stelle in Sachen Finanzen –, indes ohne dass EU-Sozialausgaben direkte Sozialleistungen an die Bürgerinnen und Bürger darstellen.

Der weitaus größte Teil der sozialpolitisch eingesetzten Mittel entstammt dem Europäischen Sozialfonds (ESF, gegründet 1960). Zusammen mit dem Europäischen Fonds für Regionalentwicklung (EFRE) und dem Europäischen Landwirtschaftsfonds für die Entwicklung des ländlichen Raums (ELER) bildet dieser die Strukturfonds der EU. Hinzu kommt der Europäische Fischereifonds (EFF), der Umstrukturierungs- und Nachhaltigkeitsaktivitäten unterstützt. Der Sozialfonds ist die zweitgrößte Strukturförderungsquelle nach dem Regionalentwicklungsfonds. Im Konzert mit den anderen Strukturfonds wird die Förderung entwicklungsrückständiger und benachteiligter Regionen gebündelt. Für die Periode 2007 bis 2013 werden insgesamt 75 Milliarden Euro bereitgestellt und in zwei Paketen auf die unterschiedlich wirtschaftlich leistungsfähigen Mitgliedsstaaten verteilt:[6]

- Das Konvergenzziel: Es betrifft alle EU-Regionen mit einem Pro-Kopf-BIP von weniger als 75 % des Gemeinschaftsdurchschnitts. Die im Rahmen des Konvergenzziels förderfähigen Länder und Regionen erhalten mehr als 80 % der EU-Finanzmittel.
- Das Ziel „Regionale Wettbewerbsfähigkeit und Beschäftigung" betrifft alle EU-Regionen, die nicht unter das Konvergenzziel fallen.

Sowohl beim Konvergenzziel als auch im Rahmen des Ziels für „Regionale Wettbewerbsfähigkeit und Beschäftigung" werden die ESF-Fördermittel europaweit für Maßnahmen auf vier Bereiche verteilt:

---

[6] Vgl. http://ec.europa.eu/employment_social/esf/discover/participate_de.htm

- Verbesserung der Anpassungsfähigkeit von Arbeitnehmern und Unternehmen;
- Verbesserung des Zugangs zur Beschäftigung und Erhöhung der Erwerbsbeteiligung;
- Verstärkte Anstrengungen zur sozialen Eingliederung durch Bekämpfung der Diskriminierung und Erleichterung des Zugangs zum Arbeitsmarkt für benachteiligte Menschen;
- Förderung von Partnerschaften für Reformvorhaben im Bereich der Beschäftigung und bei der Eingliederung.

In den am wenigsten wohlhabenden Regionen und Mitgliedstaaten, die unter das Konvergenzziel fallen, unterstützt der ESF auch:

- Maßnahmen zur Förderung von Investitionen in das Humankapital, insbesondere durch Verbesserung der allgemeinen und beruflichen Bildung;
- Maßnahmen zur Verbesserung der Leistungsfähigkeit von Behörden und der Effizienz öffentlicher Verwaltungen auf nationaler, regionaler und lokaler Ebene.

Zugleich fließen im Kontext der Gemeinschaftsinitiativen Mittel aus so genannten „Operationellen Programmen" in sozialpolitische Projekte mit einer bestimmten Zielgruppe. Diese ESF-Mittel sind keine Sozialen Gelder gemäß des Fürsorge- oder Versorgungsprinzips, sondern dienen in der Regel der Förderung des Arbeitsmarktes und der Qualifizierung. „Aufgabe des ESF ist es, die Beschäftigungsmöglichkeiten der Arbeitskräfte im Binnenmarkt zu verbessern, zur Hebung der Lebenshaltung beizutragen, sowie innerhalb der Gemeinschaft die berufliche Verwendbarkeit und die örtliche und berufliche Mobilität der Arbeitskräfte zu fördern" (BMAS 2006: 178).

Das Nebeneinander von Struktur- und Projektförderung ist strategische Absicht. Dies betrifft in erster Linie die Zuordnung von Förderzielen zu bestimmten Fonds. Infrastruktur- und Wirtschaftsförderung ist nicht primär Sache des ESF, gleichwohl kommen Sozialfonds-Gelder auch der Wirtschaft zugute. Umgekehrt ist es nicht primär Aufgabe der Strukturfonds, sozial ausgleichend oder umverteilend zu wirken, wenn auch Strukturbeihilfen sozialpolitische Effekte haben sollen. Letztlich ist es ohnehin eine Frage der Definition, welche EU-Förderungen als sozialpolitisch einzustufen sind. So sind zum Beispiel die erheblichen Agrar-Subventionen, die von der Europäischen Union an die Landwirte gezahlt werden, auch sozialpolitisch wirksam, da sie Arbeitsplätze und Einkommen in bäuerlichen und agrarindustriellen Betrieben sichern helfen, die in einem hart umkämpften Markt stark unter Druck stehen. Ferner entfalten natürlich auch

6.2 Elemente der Europäischen Sozialpolitik

die finanziellen Hilfen im Rahmen der regionalen Strukturpolitik, die aus dem EFRE gezahlt werden, soziale Wirkung. Das 2006 beschlossene Programm setzt wie der ESF auf das Konvergenzziel und das Ziel der Regionalen Wettbewerbsfähigkeit und Beschäftigung, wobei hier jedoch produktive Investitionen, Infrastrukturmaßnahmen, Erschließung endogener Entwicklungspotentiale sowie technische Hilfen im Vordergrund stehen. Zusätzlich verfolgt EFRE die Förderung der „Europäischen territorialen Zusammenarbeit", wobei hier die grenzüberschreitende Kooperation z.b. in den Bereichen Erschließung neuer Märkte, Ökologie, Verwaltung oder Verkehr im Blickpunkt steht.

Stehen beim Konvergenzziel vor allem die jüngeren EU-Mitglieder sowie einige wirtschaftsschwache Regionen Westeuropas auf der Empfängerseite, so sind die Ziel 2-Programme auch für wirtschaftsstarke Länder wie Deutschland und Frankreich attraktiv.

Grundsätzlich werden Mittel des ESF zur Teilfinanzierung von Projekten der Mitgliedsstaaten verwandt. Das heißt, der projekttragende Mitgliedstaat ist gleichermaßen zur Förderung aus eigenen Mitteln verpflichtet, eine Finanzierung alleine nur aus EU-Mitteln findet nicht statt.

Als auch im engeren Sinn sozialpolitisch sind die von der Bundesregierung in Zusammenarbeit mit der Bundesagentur für Arbeit gestalteten arbeitsmarktpolitischen ESF-Maßnahmen einzustufen. Hierbei werden vier Schwerpunkte gesetzt:

- Begleitende Hilfen für Existenzgründer (Coaching) im ersten Jahr nach Gründung. Für Teilnehmer an Maßnahmen zur Begleitung einer selbständigen Tätigkeit können Lehrgangskosten, Fahrkosten und Kinderbetreuungskosten übernommen werden, wenn der Teilnehmer Überbrückungsgeld, einen Existenzgründungszuschuss oder einen Gründungszuschuss (ab 1. August 2006) nach dem SGB III erhält.
- Gewährung eines ESF-Unterhaltsgeldes. Teilnehmer an einer beruflichen Weiterbildungs- oder Trainingsmaßnahme / Maßnahme der Eignungsfeststellung können ein pauschaliertes ESF-Unterhaltsgeld erhalten, wenn sie durch die Übernahme von Maßnahmekosten nach dem SGB III gefördert werden.
- Für Personen mit Migrationshintergrund, die Arbeitslosengeld nach dem SGB III beziehen, sind zur Stärkung ihrer Sprachkompetenz Maßnahmen förderbar, die der Vermittlung von berufsbezogenen Kenntnissen der deutschen Sprache dienen. Es können u. a. Lehrgangskosten und Fahrkosten übernommen werden.
- Beziehern von Transferkurzarbeitergeld, insbesondere aus kleinen und mittleren Unternehmen, die an beruflichen Qualifizierungsmaßnahmen teilneh-

men, können notwendige Lehrgangskosten erstattet werden.Darüber hinaus kann unter bestimmten Voraussetzungen auch eine Fahrkostenpauschale gewährt werden.

Die Bundesländer haben eigene ESF-Programme aufgelegt, die z.B. auf die Verbesserung der Ausbildungs- und Berufsreife von Jugendlichen zielen, Weiterbildungen fördern, Langzeitarbeitslose in das Berufsleben reintegrieren oder den Wissenstransfer zwischen Wirtschaft und Hochschulen anregen sollen.

6.3 Probleme der europäischen Sozialpolitik

Beim Blick in die wissenschaftliche Literatur zur europäischen Sozialpolitik wird ein eher ernüchternder Eindruck erweckt. Kohler-Koch u.a. (2002: 184f.) formulieren die These von der „Unterentwicklung der europäischen Sozialpolitik", sehen sie „auf der schiefen Bahn" und erkennen systembedingte „Fehlentwicklungen." Däubler (2002: 484) konstatiert eine „relativ bescheidene Bilanz" und „strukturelle Schwächen." Im Taschenbuch der europäischen Integration (Weidenfeld/Wessels 2006: 334) wird ihr ein „Schattendasein" attestiert und sie gilt häufig als „Stiefkind des Integrationsprozesses" bezeichnet (siehe auch Dietz et al. 1994: 15ff.). Schmid (2002: 445) erkennt im derzeit erreichten Integrationsstand Europas eine „strukturelle Blockade sozialpolitischer Aktivitäten" und beklagt, dass „alle Maßnahmen der EU [..] bislang bruchstückhaft geblieben [sind]." Solch wenig schmeichelhafte Einschätzungen zu einem der für die BürgerInnen bedeutsamsten Politikfelder werfen angesichts der fortschreitenden Entwicklung der EU mit Erweiterungs- und Vertiefungsbestrebungen zahlreiche Fragen auf. Dabei ist gleichermaßen nach den institutionellen Bedingungen als auch nach den politischen Ursachen für die Defizite der europäischen Sozialpolitik zu fragen.

6.3.1 Sozialpolitik als untergeordnete Politik

Auch wenn schon seit dem ersten Vertragswerk zur EGKS die europäische Zielsetzung besteht, den Lebensstandard der Menschen zu heben und auch wenn die EU im Amsterdamer EG-Vertrag die Aufgabe erhält, „ein hohes Maß an sozialem Schutz" (Art. 2) zu fördern, ist die wesentliche Tätigkeit der EU und ihrer Vorläuferorganisationen nicht in der Sozialpolitik zu sehen. Die Schwerpunkte waren und sind vielmehr die Errichtung eines gemeinsamen Marktes und die Wirtschafts- und Währungsunion. *Durch* diese beiden Aufgaben sollen dann die

6.3 Probleme der europäischen Sozialpolitik

weiteren Ziele erreicht werden. Diese Formulierung weist auf ein liberales ordnungspolitisches Verständnis von Wirtschafts- und Sozialpolitik hin, das Fels (1989: 162) auf den Punkt brachte: „Der Binnenmarkt garantiert den Lebensstandard der Bürger Europas auf längere Zeit hinaus und ist insoweit schon selbst eine soziale Tat." Über marktwirtschaftliche Instrumente will die EU die soziale Sicherheit erreichen, wobei die auf Expansion ausgerichtete Wirtschaft keinem Selbstzweck diene, sondern die Arbeitslosigkeit bekämpfe sowie die Lebens- und Arbeitsbedingungen verbessere. Wohlfahrt sei das Ergebnis eines liberalisierten Marktes und wirtschaftlichen Wachstums und müsse nicht durch Regulierung und distributive Politik geschaffen werden.

Dieses Grundverständnis prägte die europäische Politik über einige Jahrzehnte, wobei es mal mehr ökonomisch und mal eher sozial interpretiert wurde. Insbesondere in den 1970er Jahren war im Europäischen Parlament wie auch in Kommission und Rat das Bewusstsein vorhanden, dass der soziale Aspekt mehr Aufmerksamkeit und auch Handeln erfordere. Der Arbeits- und Sozialministerrat beschloss 1974 ein sozialpolitisches Aktionsprogramm, das auf die Humanisierung der Arbeitsbedingungen und auf die Demokratisierung der Betriebe zielte. Auf dessen Grundlage wurden zwischen 1975 und 1980 mehrere Richtlinien erlassen, die sich u.a. auf Lohngleichheit und Gleichbehandlung von Männern und Frauen in Betrieben und im Bereich der sozialen Sicherheit bezogen sowie Regelungen zu Massenentlassungen und zur Wahrung von Arbeitnehmerrechten bei Betriebsübergängen und Insolvenzen beinhalteten. Diese von Däubler (2002: 478) als „goldene Siebziger" bezeichnete und vom wirtschaftspolitischen Keynasianismus beeinflusste Phase endete mit dem Regierungswechsel in Großbritannien. Die neue Premierministerin Margret Thatcher setzte in ihrer Politik auf das neoliberale Paradigma. In den bis dahin auf Einstimmigkeit ausgerichteten Entscheidungsprozessen des Europäischen Rates blockierte die „Eiserne Lady" mit ihrem Veto weitere arbeits- und sozialrechtliche Initiativen der Kommission und der anderen Mitgliedsländer. „Opfer" dieser Haltung, die weitgehend auch von ihrem Amtsnachfolger John Major fortgeführt wurde, waren u.a. der Mindestschutz bei Leiharbeit, befristeter Arbeit und Teilzeitarbeit. Eine neue sozialpolitische Öffnung wurde in den späten 1980er Jahren unter dem Kommissionspräsidenten Jaques Delors vorgenommen, der in einem Sozialen Dialog die Konsultationen mit den Sozialpartnern wieder belebte und den Begriff des Europäischen Sozialmodells prägte, der auf die Aufwertung des Sozialen in der ökonomischen Integration Europas setzte. Aufgewertet werden sollte die Sozialpolitik vor allem durch die inhaltlich vom Wirtschafts- und Sozialausschuss vorgelegte und von Kommission, Europäischen Parlament sowie den europäischen Gewerkschaften unterstützte „Gemeinschaftscharta der sozialen Grundrechte". Von diesem – für die damaligen Verhältnisse ungewöhnlich weitreichenden – Entwurf einer Sozialcharta blieb in den politischen Auseinandersetzungen jedoch nur ein Torso übrig. Schließlich wurden 1989 – nach heftiger Diskussion und ohne Zustimmung Großbritanniens – eine Reihe unverbindlicher Absichtserklärungen vom Ministerrat beschlossen. Ausdrücklich wurde vermerkt, dass die Implementation der Charta nicht zu einem Kompetenzausbau der europäischen Ebene führen sollte (vgl. Falkner 1998: 66). Die Folge war, dass die Sozialcharta denn auch insgesamt relativ erfolglos blieb.

Erst mit dem Maastrichter und dann mit dem Amsterdamer EG- und EU-Vertrag wurden der EU neue sozialpolitische Kompetenzen eingeräumt, dabei Teile des Arbeitsrechts europäisiert und in einzelnen Bereichen das Einstimmigkeitsprinzip zugunsten von Mehrheitsentscheidungen im Rat aufgehoben (s.o.). Mit ursächlich für diese sozialpolitische Umorientierung ist sicherlich die in fast allen EU-Mitgliedsländern hohe Arbeitslosigkeit mit den entsprechenden sozialen Folgen. Ausgerichtet sind jedoch alle sozialpolitischen Aktivitäten auf europäischer Ebene auf die Lage der Arbeitnehmerinnen und Arbeitnehmer sowie auf die Bemühungen zur Integration der Arbeitslosen – und hier insbesondere von Jugendlichen und ausgegrenzten Personengruppen – in den Arbeitsmarkt.

Im europäischen Rahmen wurde und wird die Sozialpolitik im Wesentlichen als Arbeitersozialpolitik und Arbeitsrechtspolitik interpretiert. Dass auch heute über 95 Prozent aller Fragen des Sozialrechts auf nationaler Grundlage entschieden werden (vgl. Däubler 2002: 483), beruht auch auf der legitimatorischen Bedeutung von Sozialpolitik für den Nationalstaat. Es ist für die überwiegende Zahl der Regierungen nicht von Interesse, Kompetenzen in diesem Politikfeld in größerem Maße zugunsten von europäischer Koordinierung oder gar Harmonisierung an die EU abzutreten. Zu wählerwirksam ist die Gestaltung von Sozialpolitik mit ihren besonderen Feldern der Jugend-, Familien- oder Gesundheitspolitik, als dass eine Regierung darauf verzichten könnte oder möchte, beizeiten Wohltaten zu verbreiten oder auch gezielte Steuerung von gesellschaftlichen Prozessen zu betreiben.

Mit drei Armutsbekämpfungsprogrammen in der Zeit zwischen 1975 und 1994 versuchte die Kommission, eine Umdeutung europäischer Sozialpolitik von der Sicherung von Arbeitsplätzen hin zur Sicherung von Lebenslagen zu erreichen. Wesentlich mehr als appellativen und insbesondere dokumentarischen Wert, was die Diskrepanz der Lebensverhältnisse in den Mitgliedsstaaten betrifft, hatten diese allerdings nicht. Dazu sind letztlich die sozialen Probleme auch regional zu unterschiedlich, als dass EU-einheitliche Regelungen adäquat sein könnten. Erschwerend kommt hinzu, dass die traditional gewachsenen sozialen Sicherungsstrukturen und damit auch die Anspruchshaltungen der BürgerInnen europaweit sehr differieren. Wird beispielsweise die wirtschaftliche und soziale Leistungskraft von Deutschland mit der des ärmeren und schwächeren

6.3 Probleme der europäischen Sozialpolitik

Griechenlands verglichen, so wird deutlich, dass Angleichungen zu großen Problemen führen müssten: entweder würden die gewachsenen sozialen Rechte in Deutschland eingeschränkt, was zu erheblichen Störungen des sozialen Friedens führen würde, oder die Griechen würden bis weit über ihre ökonomische Leistungsfähigkeit hinaus das soziale Sicherungssystem ausbauen müssen. Immerhin hielt das EP lange Zeit die Diskussion um eine EU-weit harmonisierte soziale Mindestsicherung aufrecht, auch wenn diesbezügliche Vorschläge wegen Bedenken in der Kommission und einer Blockadehaltung des Ministerrats zu keinen nennenswerten Ergebnissen führten (vgl. Cramon Daiber in: Dietz et al. 1994: 113ff.).

Trotz aller Restriktionen auf Gemeinschaftsebene und aller nachvollziehbaren Interessenlagen der nationalen Regierungen kann jedoch nicht übersehen werden, dass die nationale Sozialpolitik deutlich unter Druck gerät und eine weitere Europäisierung ansteht:

- Die ökonomische, soziale und demographische Entwicklung zieht Probleme nach sich, die im nationalen Rahmen kaum noch bearbeitbar sind.
- Die Europäisierung und Globalisierung erzeugt einen Wettbewerbs- und Kostendruck, der viele nationale Sozialsysteme beeinflusst und neue europäische und vor allem nationale Steuerungsbedarfe auslöst.
- Die in der Währungsunion festgelegten Konvergenzkriterien für Staatsverschuldung[7] schränken die nationalen Möglichkeiten zur Aufrechterhaltung des bisherigen Sozialsystems und erst recht zur Wohltaten-Mehrung deutlich ein.
- Prozesse der Entstaatlichung und Entgrenzung setzen sich in der beschleunigten Globalisierung fort und fordern eine Neubestimmung nationaler, supranationaler und internationaler Arbeitsteilung der Politikfelder.
- Die Gefahr des „Sozialdumpings" ist im Binnenmarkt und im Weltmarkt deutlich gestiegen, d.h. die Unternehmen haben größere Möglichkeit, aus Kostengründen ihre Aktivitäten in Länder mit niedrigen Sozialstandards zu verlagern und können damit potentiell zur Senkung sozialer Standards im einen Land beitragen.
- Die mit dem Binnenmarkt und den vier Grundfreiheiten verbundene Mobilität von Unternehmen sowie Arbeitnehmern erfordert eine Gestaltung sozialer Sicherung, die auch Wanderarbeitern und Grenzgängern ausreichenden

---

[7] Diese Regelung bezieht sich auf die Gesamtverschuldung des Mitgliedslandes in Höhe von maximal 60 % des Bruttoinlandsproduktes und max. 3 % des BIP als jährliche Neuverschuldung. Mit dem 2005 beschlossenen Stabilitäts- und Wachstumspakt wurden die strengeren, so genannten Maastricht-Kriterien gelockert und flexiblere Interpretationen der o.g. Messkriterien vereinbart.

Schutz bei den Grundrisiken Unfall, Krankheit, Arbeitslosigkeit und insbesondere der Altersversorgung gewährt.

Diese Probleme erfordern eine neue Austarierung von EU-Zielen und -Programmen. Dringlich ist hierbei die Klärung von Prioritäten in den erkennbaren Konflikten zwischen Markt und Sozialstaat, Konvergenzkriterien und Sozialpolitik, liberaler Wirtschaftsorientierung und staatlicher Umverteilungspolitik im Sinne von Gleichheits- und Gerechtigkeitsförderung.

6.3.2 Institutionelle Defizite

Das Entstehen und die Entwicklung der Sozialpolitik als Spezial- und Querschnittspolitik im späten 19. und im 20. Jahrhundert beruhte auf vielfältigen Ursachen und Anlässen (vgl. Kap. 1). In sehr unterschiedlicher Ausgestaltung bauten die Staaten eigene Systeme der Fürsorge, Versorgung und Versicherung aus, die insbesondere darauf ausgerichtet waren, sozialen Schutz bei den existenziellen Grundrisiken (Unfall, Krankheit, Arbeitslosigkeit und Alter) zu bieten, ein menschenwürdiges Existenzminimum zu gewähren sowie die Gesellschaft mit kollektiven Gütern (allgemeine und soziale Infrastruktur) zu versorgen. Die politischen Auseinandersetzungen bei der weiteren Entwicklung der Sozialsysteme drehten sich in Politik und Gesellschaft besonders um die Fragen, ob sie sich auf Nothilfe beschränken solle oder entsprechend eines Gerechtigkeitspostulats ausgerichtet sein solle oder gar eine Gleichheitsforderung impliziere.

Diese Diskussionen wurden im Wesentlichen auf nationaler Ebene geführt. Vor allem die politischen Parteien mit ihren spezifischen ideologischen Vorstellungen zum Staats- und Menschenbild waren daran beteiligt. Konkurrierende Konzepte wurden von ihnen entwickelt und in den demokratischen Prozess eingebracht. Beteiligt waren aber auch und besonders die Arbeitgeber und die Arbeitnehmer mit ihren Verbänden und Gewerkschaften, die auf je eigene Weise ihre Ziele verfolgten, Einfluss auf die Parlamente und Regierungen nahmen und selbst mittels Tarifverhandlungen und -auseinandersetzungen (incl. Streik, Aussperrung) in direktem Kontakt die Sozialpolitik mit gestalteten. Weiterhin haben sich auf nationaler Ebene auch die verschiedenen Sozialanspruchs- und Sozialleistungsvereinigungen mit Forderungen am Diskurs beteiligt. Im Zentrum der Debatte stand sowohl als letztlicher Entscheider oder auch nur als Moderator ein (relativ) starker Staat, der sich auf die Legitimierung durch das Volk stützte. Die Wohlfahrtsstaatsentwicklung ist (oder war?) bislang untrennbar mit dem Nationalstaat verbunden.

6.3 Probleme der europäischen Sozialpolitik

Auf europäischer Ebene ist diese grundlegende Konstellation bisher nicht vorhanden.

- Die EU ist als Staatenverbund kein starker Staat. Es mangelt ihr an bürgerschaftlicher Identifizierung und gemeinschaftlicher Identität, ohne die auch die für Sozialpolitik notwendige Solidarität kaum entstehen kann. Ferner mangelt es ihr an einem hinreichenden Budget, das für sozialpolitische Umverteilungsmaßnahmen viel zu klein ist. Die Folge ist die Konzentration auf eine regulative Politik der EU mit nur geringen Anteilen an distributiver Politik.
- Die Führung der EU liegt nicht in Händen einer parteilichen Regierung. „Sie ist kein Staat, kennt keine Regierung, die politische Führung (Rat, Kommission) ist immer eine Allparteienregierung, also weder einseitig festgelegt noch steht sie unter dem Zwang der parteipolitischen Profilierung nach dem Links-Rechts-Schema" (Kohler-Koch u.a. 2002: 186).
- Das Staatsprinzip der Gewaltenteilung existiert im uns bekannten Maße auf EU-Ebene nicht. Die Kommission ist einerseits allzeit „Herrin des Verfahrens", vereint legislative und exekutive Kompetenzen. Dies eröffnet ihr die Möglichkeit, verantwortlich im Sinne der Union, also „europäisch" und nicht multilateral zu handeln. Letztlich kommen aber noch so fortschrittliche Entwürfe einer europäischen Sozialpolitik (die es in der Kommission durchaus gibt) am Ministerrat und den dort versammelten nationalen Egoismen und Traditionalismen nicht vorbei. Kommissionsentwürfe „aus einem Guss" wurden und werden dort regelmäßig blockiert. Identitätsstiftende, „große Würfe" bleiben aus, es bleibt bei einer Politik im „Schneckentempo" mit nicht zu unterschätzenden Folgen für die Akzeptanz des Integrationsprozesses.
- Die Multilateralität, die bei allen Regelungen mitgedacht werden muss, spitzt sich zu im Konsensprinzip, z.B. die Entscheidungen im Ministerrat. In sozialpolitischen Materien schlägt sich dieser Zwang zur Einigung nieder im Prinzip der Mindeststandards. Diese sollen schwächeren Mitgliedstaaten eine Orientierung nach oben ermöglichen und stärkeren Staaten weitergehende nationale Lösungen nicht verbauen. In der Praxis droht jedoch nach unten hin eine Zementierung. Weiterentwicklungen sozialer Standards angesichts rasant sich entwickelnder Lebens- und Arbeitswelten werden eher behindert.
- Die Grundpolitik der EU ist auf marktschaffende Politik verpflichtet, was marktbeeinflussende bzw. -korrigierende Regelungen durch sozialpolitische Umverteilung erschwert.

Eher schwach ausgeprägt ist auf europäischer Ebene auch das die bundesdeutsche Sozialpolitik prägende korporatistische Zusammenwirken von Staat und Verbänden. Zwar besteht im Wirtschafts- und Sozialausschuss eine Art Mitwirkungsorgan, das jedoch strukturell schwächer in der Politikformulierung und Interessensdurchsetzung ist, als es die mitwirkenden Gruppen der Arbeitgeber, Arbeitnehmer und der weiteren sozialpolitisch aktiven Vereinigungen auf nationaler Ebene sind. Als lediglich anzuhörender Ausschuss sind seine Gestaltungsmöglichkeiten per se gering. Schwerwiegender ist jedoch der immanente Konsensusdruck innerhalb des WSA, der Kontroversen leicht unter den Tisch fallen lässt. Die Gewerkschaften als traditionelle Motoren der Sozialpolitik haben eine vergleichsweise schwache Position im WSA, da auch sie an die wirtschaftspolitische Ausrichtung der EU weitgehend gebunden sind und sie – anders als im nationalen Rahmen – nicht auf das Drohpotential des Streiks zurückgreifen können. Der europapolitische Mainstream begünstigt hingegen die Arbeitgeberseite, die grundsätzlich nur ein begrenztes Interesse an sozialpolitischer Regulierung haben und sich deshalb im WSA eher für nicht-bindende Empfehlungen aussprechen, als dass sie wie die Gewerkschaften verbindliche Richtlinien einfordern (vgl. Kohler-Koch u.a. 2002: 190). Beiden Gruppen fehlt auch die direkte Konfrontationsmöglichkeit, wie sie auf nationaler Ebene z.B. bei Tarifverhandlungen bestehen. Diese Konstellation trägt insgesamt eher dazu bei, minimalistisch und inkremental die Sozialpolitik auf EU-Ebene zu beeinflussen, als dass wirksame Impulse gegeben werden können.

Trotz dieser durchaus schwierigen Rahmenbedingungen wurde mit der im Kontext der Lissabon-Strategie eingeführten „Offenen Methode der Koordinierung" ein Instrument entwickelt, das die Sozialpolitik inzwischen stark beeinflusst. Gerade weil die EU angesichts vielfältiger nationaler Sozialpolitiken und sehr unterschiedlicher Haltungen der Staaten und Gesellschaften gegenüber verpflichtenden Regelungen aus Brüssel sozialpolitisch kaum rechtlich verbindlich agieren kann, wurde die Koordinierung als Möglichkeit entdeckt. Für die verschiedenen sozialpolitischen Handlungsfelder werden gemeinsame Leitlinien als Zielsysteme qualitativ formuliert, wird ein Zeitplan aufgestellt und werden quantitative und qualitative Kriterien der Zielerreichung festgelegt. Erfolgt so eine politische Klärung des WAS auf der EU-Ebene, so bleibt die Ausgestaltung des WIE in der nationalen Kompetenz. Die Staaten entwickeln eigene Aktionspläne und begleiten evaluierend die Projekte, die durch die EU bewilligt, finanziell gefördert und überwacht werden. Die politische Verbindlichkeit der Ziele, die Überprüfung und der Vergleich der Projekte hinsichtlich ihrer Effektivität und Effizienz sowie der offene Benchmarking-Prozess ‚zwingen' die Staaten dazu, ihre Maßnahmen konzeptionell auszubauen und zu legitimieren, um dem kritischen Vergleich standzuhalten. Kritiker sehen in der Offenen Methode der Koordinierung eine Möglichkeit zur Ausweitung europäischer Kompetenzen. Befürworter schätzen an der OMK, dass die politische Einigung die nationale Gestaltungsfreiheit nicht aufhebt und die Qualität der Maßnahmen gefördert wird (vgl. Weidenfeld/Wessels 2006: 337, 438, Ribhegge 2006: 377).

6.4 Perspektiven der europäischen Sozialpolitik

Zwischen den Mitgliedsstaaten der Europäischen Union bestehen erhebliche Meinungsunterschiede über die Richtung der dringend notwendigen Reform des Bündnisses. So streben die einen in Richtung einer EU als intergouvernementale Konföderation eines Europa der Vaterländer. Hier würde die nationale Entscheidungs- und Gestaltungsfähigkeit betont und die Zusammenarbeit auf wenige Politikfelder begrenzt. Die europäischen Entscheidungen würden von den Regierungen im Europäischen Rat und im Rat der Europäischen Union möglichst einvernehmlich gefällt und sie sollten möglichst geringe Bindungswirkung in die nationale Politik entfalten. Die Vertreter der Supranationalität hingegen möchten die Stärkung der Gemeinschaftsorgane, wozu eventuell die Aufwertung der Kommission zu einer europäischen Regierung zählen würde und das Europäische Parlament Kompetenzen erhalten würde wie die nationalen Parlamente bisher. Eine stärkere Demokratisierung, eine Häufung von Mehrheitsentscheidungen und ein breiteres Aufgabenfeld würden dazugehören. Die Vertiefung der Zusammenarbeit hat hier besonderes Gewicht. Die Föderalisten als dritte Gruppe setzen auf eine Vertiefung und Erweiterung der Europäischen Union und fordern auch eine Demokratisierung. Die Vergemeinschaftung weiterer Politikbereiche wird angestrebt, wobei das Prinzip der Subsidiarität jedoch großes Gewicht behalten soll (vgl. Pfetsch 1997: 255ff.).

Ist also schon die Grundausrichtung der EU sehr strittig und ihren künftigen Konturen nicht klar erkennbar, so ist die Perspektive für die Sozialpolitik noch unklarer. Die Konföderationsanhänger lehnen die Erweiterung von EU-Kompetenzen für dieses Politikfeld strikt ab, während die Föderalisten eine eingeschränkte Rahmenkompetenz befürworten und die Supranationalen sich durchaus vorstellen können, nicht nur bei den sozialen Rechten aktiver zu werden, sondern koordinierend, harmonisierend und regelnd in die Sozialpolitik einzugreifen. Zum gegenwärtigen Zeitpunkt sind hinsichtlich der Sozialpolitik die Konföderationsanhänger noch Kurs bestimmend. Im Verfassungsentwurf der EU vom Sommer 2003 wurden im Teil III, Abschnitt 2 die bisherigen Strukturen der Europäischen Sozialpolitik bestätigt. Es wird die nationale Souveränität der Mitgliedsstaaten zur Gestaltung der Sozialpolitik unterstrichen und der EU vorgeschrieben, „das finanzielle Gleichgewicht dieser Systeme nicht erheblich [zu] beeinträchtigen" (Art. III 104, 5). Die EU beschränkt sich darauf, die Sozialpolitik in ausgewählten Feldern zu „unterstützen", zu „ergänzen", zu „fördern" oder „falls sie [die sozialpolitischen Akteure] es wünschen" zu moderieren. Nach dem Scheitern des Verfassungsprozesses und der Perspektive auf einen abgespeckten Reformvertrag, wie er im Sommer 2007 beschlossen wurde, sind die Hoffnungen resp. Befürchtungen einer Ausweitung der europäischen Sozialpolitik erstmal begrenzt. Es bleibt somit abzuwarten, wie in der vergrößerten Europäischen Union und vor dem Hintergrund der tiefgreifenden sozialen Umbrüche infolge der Globalisierung sich das innere Gefüge der EU und der äußere Druck zu Strukturanpassungen verändern. Innerhalb der politikwissenschaftlichen Diskussion um die Gestaltung der Sozialpolitik in Europa lassen sich jenseits der oben genannten Grundsatzproblematik im Wesentlichen drei Sichtweisen erkennen (vgl. Kohler-Koch u.a. 2002: 192ff.):

- Gerda Falkner (1998) sieht beispielsweise bereits große Fortschritte bei der Entwicklung einer europäischen Sozialpolitik; sie sei erwachsen geworden und sei von supranationalen Prozessen und Dynamik geprägt. Bei gleichzeitiger Kooperation und geteilter Verantwortung habe sich ein sozialpartnerschaftliches Netz entwickelt, das das Regieren einer Transformation unterworfen habe. Sie stellt einen Rückgang hierarchischen Regierens fest und erkennt netzwerkartiges Government unter Einbeziehung der verschiedensten Akteure auf den unterschiedlichsten Ebenen, die mit einem kooperativen statt kompetitiven Stil Verhandlungen führen. Seit der Aufwertung der Sozialpolitik im Maastrichter und dann im Amsterdamer Vertrag habe die EU-Kommission den sozialen Dialog mit dem WSA forciert. Die Einführung des neo-korporatistischen Dialogs fördere die Sozialpartnerschaft und eröffne Chancen auf einen supranationalen europäischen Wohlfahrtsstaat.
- Deutlich zurückhaltender bewertet Thorsten Schulten (1998) die Perspektive. Angesichts weiter bestehender unterschiedlicher Interessen der nationalen Regierungen, unterschiedlichen sozioökonomischen Entwicklungen in den Mitgliedsstaaten, unterschiedlichen nationalen Regelungen bei Kollektivvertragsbeziehungen und schwach ausgeprägten institutionellen und politischen Voraussetzungen für den sozialen Dialog zwischen Arbeitgebern und Arbeitnehmern sei Europa noch weit von einer supranationalen Sozialpolitik entfernt. Die *europäische* Perspektive beschränke sich deshalb auf die Koordination *nationaler* Arbeits- und Sozialpolitik.
- Im Hinblick auf Gemeinschaftspolitik entwirft Wolfgang Streek (1999) das pessimistischste Szenario. Er erwartet einen Wettbewerbskorporatismus in der EU. Die Sozialpolitik sei in eine wettbewerbs- und marktorientierte europäische Umwelt eingebunden. Die Subsidiarität bleibe nicht nur im Be-

6.4 Perspektiven der europäischen Sozialpolitik

reich der Sozialpolitik bestehen; die EU könne lediglich koordinieren, jedoch nicht harmonisierend eingreifen. Unter dem ökonomischen Druck des internationalen Wettbewerbs würden die Nationalstaaten gezwungen, einen Prozess der kooperativen Anpassung zu vollziehen – mit dem Ergebnis, dass die Sozialpolitik der Staaten sich europäisiere. „Der sich verstärkende wirtschaftliche Wettbewerb wird, nach Streek, gleichzeitig ein Umdenken in den europäischen Konzepten der sozialen Solidarität anstoßen, das uns wegbringt von der Umverteilung und hin zu einer Politik, die die Wettbewerbsfähigkeit von Individuen, Regionen und Ländern in der internationalen Wirtschaft stärkt. Das Ergebnis ist ein durch Europäisierung verändertes System des nationalen Wettbewerbskorporatismus" (Kohler-Koch u.a. 2002: 196).

Bemerkenswert an allen drei exemplarisch vorgestellten Ansätzen ist die recht enge Orientierung an Markt- und Wirtschaftspolitiken. Weitergehende sozialpolitische Fragestellungen, z.B. in Hinsicht auf Familienpolitik, Gerechtigkeitsfragen, Umverteilungsaspekten oder Integrationsproblemen, finden keinen oder nur geringen Raum. Dieses Perspektivendefizit führt auch dazu, dass auf europäischer Ebene Sozialpolitik nur als regulative Politik gesehen wird, die in einem strukturellen Nachteil gegenüber der Binnenmarktwirtschaftspolitik steht. Diesen zu umgehen könnte unter Umständen bedeuten, nicht die Lösung in einer zentralistischen Politik sozial ausgleichender Umverteilung zu suchen, sondern innerhalb eines konstitutionell geschützten, einheitlichen Rahmens sozialer Mindestrechte für die Bürgerinnen und Bürger die Mitgliedsstaaten zu verpflichten, für die Einhaltung bestimmter Mindestsozialkriterien (beispielsweise Höhe der Arbeitslosigkeit, Existenz garantierende Grundsicherungen, Wohnungsbau, Reichweite der gesundheitlichen Versorgung) verbindlich zu sorgen – analog der Stabilitätskritierien auf dem Weg zur gemeinsamen Währung. Helfen würde dabei die Beobachtung, dass sich die Sozialsysteme seit Gründung der EU eher konvergierend als divergierend verhalten, also sich eher einander angleichen als auseinander entwickeln. Ausschlaggebend ist aber nach wie vor der politische Wille. Däubler (2002: 487f.) fordert angesichts der Randstellung sozialpolitischer Themen auf der EU-Ebene, dass sich handlungsfähige Interessensvertretungen herausbilden müssten, die sowohl transnationale Positionen entwickeln und artikulieren, als auch problemspezifisch versuchen, auf EU-Politik Einfluss zu nehmen. Für ihn steht fest:

„Sozialpolitik kann auf Dauer nur wirksam sein, wenn sie vom Willen der Bevölkerung getragen ist. Diese äußert sich nicht nur in Wahlen, sondern in vielfältigen anderen Formen, denen Rechnung zu tragen das Subsidiaritätsprinzip gebietet. Ohne ein großes Stück ‚Europa von unten' wird nicht nur die europäi-

sche Sozialpolitik, sondern auch die Integration als solche immer prekär und von Rückschritten bedroht bleiben."
Da jedoch die europäische Politik insgesamt eher wirtschafts- und staatsorientiert und weniger bürgerschaftsgebunden entwickelt wird, sind die hier von Däubler formulierten Ideale allenfalls zurückhaltend zu bewerten.

 **Wichtige Literatur:**

Benz, Benjamin, Jürgen Boeckh und Ernst-Ulrich Huster: Sozialraum Europa. Ökonomische und politische Transformation in Ost und West. Opladen 2000.
Der Band beschreibt Europa historisch und systematisch als Sozial- und Wirtschaftsraum. Er entfaltet die sozialen und wirtschaftlichen Wechselwirkungen zwischen Ost und West und fragt nach den Zukunftsperspektiven eines gemeinsamen sozialen Europas.

Michael Himmer: EU und Soziales. Neckenmarkt 2006.
Neben der Darstellung der formalen Gestaltung der Sozialpolitik auf europäischer Ebene mit Zuständigkeiten, rechtlichen Rahmenbedingungen und EU-Programmen wird auch die sozialpolitische Diskussion nachvollziehbar dargestellt.

Kohler-Koch, Beate, Thomas Conzelmann und Michèle Knodt: Europäische Integration – Europäisches Regieren. Opladen 2003.
Das Buch bietet einen Überblick über die Entwicklung der Europäischen Union, ihrer Institutionen und politischen Aktivitäten sowie ihre Auswirkungen auf die Mitgliedsstaaten. Das Kapitel 11 widmet sich sozialpolitischen Themen.

7 Strukturen der Sozialpolitik im internationalen Vergleich

> *Es gibt sehr vielfältige Ansätze zur Sozialpolitik. Die Möglichkeiten zur Gestaltung von Wohlfahrtsstaatlichkeit werden hier anhand politikwissenschaftlicher Modelle skizziert. Am Beispiel der vier Länder Dänemark, Frankreich, Großbritannien und Spanien sowie der sozialpolitischen Felder Arbeitslosigkeit, Rente, Kindergeld und Mindestsicherung wird verdeutlicht, wie unterschiedlich soziale Probleme hinsichtlich des sozialpolitischen Handelns interpretiert werden. Das Kapitel widmet sich auch der Frage, ob Deutschland von anderen Ländern sozialpolitisch lernen kann und welche Probleme damit verbunden sein könnten.*

Überall auf der Welt sind die Menschen von sozialen Lagen und Risiken betroffen: Arbeitslosigkeit, Krankheit, Alter, Behinderung, Armut und vieles anderes mehr. Die (relative) Gleichheit der Risiken bedeutet jedoch nicht, dass auch der Umgang mit diesen in den verschiedenen Staaten auf der Welt gleich wäre. Beobachtbar ist vielmehr eine große Vielfalt. Werden in dem einen Land die Selbsthilfe, die Eigenvorsorge und die familiäre Unterstützung in den Vordergrund gerückt, wobei sich der Staat aus der sozialpolitischen Daseinsvorsorge weitgehend heraushält, so ist in dem anderen Land eine recht umfassende staatliche Leistung festzustellen, um den betroffenen Menschen Unterstützung zu bieten. Orientiert sich ein Staat mit seinen Leistungen an den Bedürfnissen der Erwerbstätigen, so mag ein anderer sein Augenmerk besonders auf die Lage der Familien richten. Wird auf der einen Seite betont, dass Ansprüche auf sozialpolitische Leistungen erarbeitet werden müssen, so setzt man an anderer Stelle auf die feststellbare Bedürftigkeit und handelt nach dem Fürsorgeprinzip. Wiederum kann man sich an den Gründen für Leistungsnotwendigkeiten orientieren oder aber seine Leistungen auf bestimmte Ziele, wie z.B. die Wiederherstellung der Arbeitsfähigkeit, ausrichten. Es sind in den vielen Staaten höchst unterschiedliche Voraussetzungen und Ziele der Sozialpolitik feststellbar und sehr heterogen fällt das Leistungsspektrum aus. Ebenso vielfältig sind die Gründe für die länderspezifischen Gestaltungen der Sozialpolitik. Traditionen und Entwicklungsbedingungen, politische Überlegungen und finanzielle Möglichkeiten, das jeweilige Staatsverständnis und Menschenbild sowie geschichtliche Ereignisse oder wissenschaftliche Erkenntnisse beeinflussen die Ausgestaltung der Sozialpolitik und der sozialen Sicherung.

War es lange ein vom rein akademischen Erkenntnisinteresse geprägtes Unterfangen, wenn die Sozialpolitik verschiedener Gesellschaften und Staaten betrachtet und miteinander verglichen wurde, so ist der Blick über den nationalen Tellerrand heute aus sehr aktuellen und naheliegenden Gründen notwendig und gewünscht. Ein Grund liegt in den rasanten Prozessen der Europäisierung, Internationalisierung und Globalisierung. Der Wettbewerb der Staaten und Volkswirtschaften hat zugenommen. Im Kampf um Investitionen, gute Arbeitskräfte und sozialen Frieden hat die Sozialpolitik sowohl Bedeutung als Instrument der sozialen Sicherheit als auch als Kostenfaktor, der die Wettbewerbsfähigkeit beeinflusst. Soll mit „Sozialdumping" die soziale Sicherung zurückgefahren werden, um die Kostenlage der Wirtschaft zu entlasten und erfolgreicher auf dem Weltmarkt zu sein? Oder sollen hohe Sozialstandards beibehalten oder geschaffen werden, damit die Menschen sicher und entlastet von Zukunftsängsten leben und arbeiten können? Ein weiteres Motiv für das politische Interesse an den Sozialsystemen anderer Länder liegt darin, dass vor dem Hintergrund sozialen Wandels einerseits und knappen öffentlichen Kassen andererseits nach Lösungen gesucht wird, die Sozialpolitik effektiver und effizienter zu gestalten. Können die Länder vielleicht von anderen Staaten lernen, besser mit den sozialen Risiken umzugehen? Der Blick in andere Systeme der Sozialpolitik kann helfen, die Sozialpolitik im eigenen Land besser zu verstehen, besser bewerten und würdigen zu können. Und die Analyse bestehender Ansätze und Lösungen kann auch dazu beitragen, Fehler zu erkennen und zu vermeiden, sie hilft vielleicht, Ideen zu entwickeln und damit zu verhindern, das Rad nochmals neu zu erfinden.

Für den Vergleich ist es notwendig, Systeme zu betrachten, die wenigstens in etwa vergleichbare Strukturen und gleichartige Rahmenbedingungen aufweisen. Deshalb sollen im Folgenden auch nicht die Modelle aus fernen Kulturkreisen und auch nicht aus Ländern mit völlig andersartigen Entwicklungsständen vorgestellt werden. Nicht Japan und Thailand und auch nicht Afghanistan oder Ghana stehen im Vordergrund, sondern die Gestaltungsmuster in Europa bieten sich für die nähere Betrachtung an, da sie ökonomisch, kulturell und sozial noch am ehesten den bundesdeutschen Bedingungen entsprechen. Es erfolgt also eine Konzentration auf die so genannten Wohlfahrtsstaaten oder Sozialstaaten, die sich durch einige gemeinsame Merkmale auszeichnen. Es sind freiheitlich demokratisch verfasste politische Systeme, die Ökonomie orientiert sich an den Prinzipien der Marktwirtschaft, rechtsstaatliche Garantien sichern die soziale und politische Teilhabe der BürgerInnen und sie verfügen über ein öffentliches System des sozialen Schutzes.

Über die Verwendung der Begriffe Wohlfahrtsstaat und Sozialstaat werden einige wissenschaftliche Kontroversen geführt, da sie von den verschiedenen Autoren unterschiedlich definiert werden. So nimmt Mäder (2002: 146) eine analytische Trennung der Begriffe vor, wobei er „Wohlfahrtsstaat" als sozialwissenschaftlich beschreibenden Terminus ansieht und den Begriff „Sozialstaat" rechtswissenschaftlich-normativ verwenden möchte. Schmid (2002: 33f.) hingegen erkennt hinter der Verwendung der Begriffe „ein politisches und ideologisches Kampfgebiet", in dem ‚Wohlfahrtsstaat' von einigen für ein übermächtig gewordenes Staatswesen gehalten werde, das gesellschaftliche Freiräume zugunsten einer ausgeuferten und umfassenden Betreuung und Versorgung seiner Bürger von der Wiege bis zur Bahre einschränkt. Andere Autoren nehmen die Unterscheidung von Wohlfahrtsstaat und Sozialstaat anhand einer qualifizierenden Differenzierung vor. Sozialstaat bezieht sich dann z.B. auf die Sozialpolitik mit ihrem Risikomanagement im engeren Sinn, während beim Wohlfahrtsstaat neben der Sozialpolitik auch wirtschafts- und bildungspolitische Aspekte mit einbezogen werden. In weiteren Debatten (z.B. Schubert/Hegelich/Bazant 2007) wird zudem zwischen Wohlfahrtsstaat, -regime und -system differenziert und festgestellt, dass in den internationalen Diskussionen, fast ausschließlich von Wohlfahrtsstaaten bzw. *welfare states* gesprochen wird und der Begriff des Sozialstaats eigentlich nur im deutschsprachigen Raum Verwendung findet. Die definitorische Vielfalt führt für die folgenden Ausführungen dazu, dass beide Begriffe synonym verwandt werden, da eine jeweilige Interpretation hier den Rahmen sprengen würde.

7.1 Wohlfahrtsstaatliche Typen in Europa

In der Politikwissenschaft und ihrem Teilgebiet der vergleichenden Regierungslehre werden drei Dimensionen von Politik unterschieden, die unserem Vergleich der wohlfahrtsstaatlichen Typen in Europa als Analyserahmen dienen: Zum einen orientiert sie sich an der *polity*-Dimension, bei der die Form der Politik mit ihren Institutionen und gesetzlichen Bedingungen betrachtet wird. Der zweite Ansatz befasst sich mit den *politics* als dem politischen Prozess, wobei zum Beispiel danach gefragt wird, welche Akteure, z.B. organisierte Interessen und Parteien, sich an der Willensbildung und Entscheidungsfindung beteiligen und wie sie Macht- und Einflussmöglichkeiten nutzen. Die dritte Variante rückt die politischen Inhalte, die *policy*, in den Mittelpunkt und fragt danach, an welchen Themen- und Problemfeldern gearbeitet wird (vgl. Lehner/Widmaier 1995: 16f., Schubert/Bandelow 2003). Die Analyse der konkreten Gestaltung einer Politik, wie der hier zu betrachtenden Sozialpolitik, bedarf der Berücksichtigung aller drei Dimensionen – auch wenn der Untersuchungszugang über nur einen Ansatz erfolgt.

In dieser Überblickdarstellung kann der wissenschaftlich-methodisch „reine" Zugang nicht in der eigentlich notwendigen Breite zum Tragen kommen, weshalb hier ausdrücklich auf die Ausführungen von z.B. Schmid (2002) und Schmidt (2005) verwiesen werden muss. Vielmehr werden im Folgenden zum einen Modelle vorgestellt, die eine Integration der drei Dimensionen darstellen, zum anderen wird geschaut, wie einzelne Länder ihr System der sozialen Sicherung konzipieren. Zum weiteren wird in Kapitel 7.2 ausgehend von einzelnen sozialen Problemen ein Vergleich der länderspezifischen Lösungsansätze vorgenommen.

7.1.1 Differenzierungsmodelle

Alle europäischen Wohlfahrts- respektive Sozialstaatsmodelle basieren auf einer Mischung an sozialen Geldern und sozialen Dienstleistungen nach den in Kapitel 2 vorgestellten Versicherungs-, Versorgungs- und Fürsorgeprinzipien. Die jeweilige Gewichtung der Prinzipien und die Definition der Ansprüche, der Anspruchsberechtigten und der Leistungen weicht jedoch mitunter deutlich voneinander ab.

7.1.1.1 Zwischen „Bismarck" und „Beveridge"

Eine der ersten Unterscheidungen sozialpolitischer Ansätze orientiert sich an den Konzepten, die auf den deutschen Reichskanzler Otto von Bismarck beziehungsweise den liberalen englischen Sozialpolitiker William Beveridge zurückgehen.

Der Name Bismarcks ist untrennbar mit dem deutschen Sozialversicherungssystem verbunden. Unter seiner Regentschaft wurden in den 1880er Jahren die ersten Sozialversicherungen gesetzlich eingeführt, die bis heute ein Kernelement des sozialen Sicherungssystems in Deutschland sind (vgl. Kap. 1.2). Die Arbeitnehmenden sind verpflichtet, sich gegen die Grundrisiken Alter, Krankheit, Arbeitslosigkeit und Pflegebedürftigkeit zu versichern und somit selbst Vorsorge zu treffen. Die nach dem Äquivalenzprinzip gestaltete Renten- und Arbeitslosenversicherung gewähren unterschiedlich hohe Leistungen, je nach Dauer der Versicherungsmitgliedschaft und der vom monatlichen Verdienst abhängigen Höhe der Einzahlungen der Versicherten. Im Zentrum stehen also hier die Erwerbstätigen als anspruchsberechtigte Personen. Die soziale Sicherung

7.1 Wohlfahrtsstaatliche Typen in Europa

der angehörigen Ehepartner und Kinder erfolgt über die so genannte Mitversicherung. Wer außerhalb des Beschäftigungssystems steht, ist auf die deutlich geringeren sozialen Leistungen nach dem Versorgungs- und Fürsorgeprinzip angewiesen.

William Beveridge setzte in dem nach ihm benannten und 1942 vorgelegten Report einen anderen Schwerpunkt. Statt der Orientierung an den Erwerbstätigen wollte er eine universalistische, also die gesamte Bevölkerung erreichende soziale Sicherung einführen. Die enge Bindung an Erwerbstätigkeit und Versicherungsbeiträge der Arbeitnehmenden sollte – zumindest in Teilbereichen – durch eine steuerfinanzierte Fürsorge ersetzt werden. Die Anspruchsberechtigung ergibt sich somit nicht aus Vorleistungen, sondern beruht auf der Staatszugehörigkeit.

Als Idealtypen – im Sinne Max Webers – steht also das Bismarck-Modell für die primäre Orientierung am Versicherungsprinzip, während das Beveridge-Modell für die Ausrichtung am Fürsorgeprinzip steht. In der sozialpolitischen Praxis sind aber Mischformen erkennbar. Auch in Deutschland besteht eine soziale Basissicherung nach dem steuerfinanzierten Fürsorgeprinzip und in England werden wesentliche Sozialleistungen durch Versicherungen getragen. Aber zum Beispiel im Gesundheitswesen ist die deutlich unterschiedliche Ausrichtung von Bismarck und Beveridge zu erkennen. Gemäß des National Health Service Act werden die Sachleistungen der ärztlichen und pflegerischen Versorgung den Einwohnern Großbritanniens aus allgemeinen Steuermitteln erbracht, während in Deutschland die Abrechnung über die Krankenkassen erfolgt.

Tab. 7.1: Bismarck- und Beveridge-Modell des Wohlfahrtsstaates

	Versicherungsmodell (Bismarck-Modell)	*Fürsorgemodell (Beveridge-Modell)*
Gesicherte Person	Gruppe der versicherten Arbeitnehmer (Erwerbstätige)	die gesamte Bevölkerung
Finanzierung	Beiträge nach Löhnen/Gehältern (Einkommen)	Staatsbudget (Steuern)
Geldleistungen	Bemessung auf der Grundlage der ausgefallenen Löhne/Gehälter (Einkommen)	einheitliche Pauschalleistungen
Sachleistungen	Sachleistungen der Versicherung oder im Wege der Kostenerstattung	kostenlos (Bereitstellung durch staatlichen Gesundheitsdienst)

Quelle: Schmid 2002: 89.

In der sozialpolitischen Praxis hat sich jedoch neben dem System der Staatsbürgerversorgung und dem Versicherungssystem noch das ordnungspolitische Konzept der selektiven Sicherungssysteme entwickelt (Schmidt 2005: 217f.). Sie zeichnen sich dadurch aus, dass bei einer Konzentration auf besonders bedürftige Gruppen recht starke Umverteilungswirkungen zugunsten der (z.B.) Ärmsten erreicht werden, während andere soziale Lagen und Risiken kaum in den sozialpolitischen Fokus geraten.

7.1.1.2 Esping-Andersen: Three Worlds of Welfare Capitalism

Bereits seit Mitte der 1980er Jahre erforscht der dänische, nun an einer spanischen Universität lehrende Sozialwissenschaftler Gøsta Esping-Andersen vergleichend die Sozialpolitik in kapitalistischen Wohlfahrtsstaaten. Für die Entwicklung seines Modells, das in der politikwissenschaftlichen Diskussion stark rezipiert wurde und wird, greift Esping-Andersen auf empirisch messbare Indikatoren zurück, um aus ihnen Profile der Wohlfahrtsstaatlichkeit zu entwickeln. Wichtig sind ihm dabei insbesondere

- das Ausmaß der sozialen Absicherung unabhängig vom „Verkauf der Ware Arbeitskraft" (*Dekommodifizierung*, gemessen am Anteil öffentlicher Sozialausgaben am Bruttoinlandsprodukt [BIP]),
- die Muster der sozialen Ungleichheit infolge von Markteinflüssen (*Stratifikation*)
- das Ausmaß der auf Bedürftigkeitsprüfungen beruhenden sozialen Sicherung (*Residualismus*, gemessen am Anteil der Fürsorgeleistungen an den gesamten Sozialausgaben),
- die Relation von privaten zu öffentlichen Sozialausgaben (*Privatisierung*, gemessen an den Aufwendungen für private [individuelle, gruppenspezifische, betriebliche] Altersvorsorge und Gesundheitsschutz in Prozent der öffentlichen Ausgaben für die genannten Risikobereiche),
- der Grad der einheitlichen bzw. (berufs-)gruppenspezifischen Organisation sozialer Sicherung für die Risikobereiche Alter, Arbeitslosigkeit und Krankheit (*Korporatismus/Etatismus*),
- das Maß der sozialpolitischen Umverteilungspolitik (*Umverteilungskapazität*, gemessen an der Steuer- und Sozialabgabenprogression sowie den Sozialeinkommen unterschiedlich starker Einkommensgruppen) sowie
- die Aktivität des Staates zur Herstellung von Vollbeschäftigung (*Vollbeschäftigungsgarantie*, gemessen an den Ausgaben für aktive Arbeitsmarktpolitik sowie der Arbeitslosenquote).

Anhand der so gewonnenen Eckdaten war es ihm möglich, drei Typen der Sozialstaatlichkeit, er selbst spricht von „drei Welten des Wohlfahrtskapitalismus",

7.1 Wohlfahrtsstaatliche Typen in Europa

zu beschreiben. So differenziert er den liberalen, den konservativen und den sozialdemokratischen Wohlfahrtsstaat. Die von ihm verwandte Begrifflichkeit hat mitunter zu einigen Verwirrungen geführt, da sie in der allgemeinen Rezeption weniger aufgrund Esping-Andersens Definition und policy-Orientierung interpretiert wurden, sondern mit den Ideologieelementen der politischen Strömungen oder gar mit parteipolitischen Ausrichtungen und Hegemonien in den politischen Systemen gleichgesetzt wurden – wovor hier jedoch ausdrücklich gewarnt werden soll.

- In den „liberalen" Wohlfahrtsstaaten hat der Markt Vorrang vor der Bekämpfung sozialer Ungleichheit und sozialer Risiken. Dem Individuum werden wesentliche Vorsorgeverpflichtungen auferlegt, während Markt und Staat sich eher zurückhaltend verhalten. Öffentliche Sozialleistungen werden vielfach an Bedürftigkeitsprüfungen gebunden und sind dann häufig mit Stigmatisierungen verknüpft. Messbar wird dies an einem geringen Dekommodifizierungs- und einem hohen Privatisierungsgrad. Wegen des insgesamt geringen Anteils der Sozialausgaben am BIP fällt hier die Residualismusgröße, also die Fürsorge, relativ hoch aus. Der liberale Wohlfahrtsstaat findet sich z.B. in den USA, Kanada, Australien und Großbritannien.
- Die „konservativen" Wohlfahrtsstaaten gehen mit starken staatspolitischen, fast schon paternalistischen Tendenzen an die Gestaltung der Sozialpolitik. Mit ihrer Orientierung an Lohnarbeit und Sozialversicherung bestätigen sie Klassen- und Statusdifferenzen in der Bevölkerung, was sich u.a. in einer starken Ausprägung von Korporatismus und Etatismus und einem mittleren Dekommodifizierungsgrad niederschlägt. Eher schwach ist die Umverteilungskapazität, da das Äquivalenzprinzip in der Arbeitslosenversicherung und der Rentenversicherung zum Tragen kommt. Beispiele für den konservativen Wohlfahrtsstaat finden sich in den sozialpolitischen Gestaltungsmustern von Deutschland, Frankreich, Italien und Österreich.
- Die „sozialdemokratischen" Wohlfahrtsstaaten finden sich in den skandinavischen Ländern Schweden, Norwegen und Dänemark. Hier ist die Sozialpolitik eher universalistisch ausgerichtet. Es gilt entsprechend der verfassten sozialen Bürgerrechte das Ziel einer weitgehenden sozialen Gleichheit auf hohem Niveau. Die Finanzierung, Organisation und Leistungserbringung beruht auf den Gedanken von Kollektivität und Egalität. Ein Ziel dieser Sozialpolitik ist es, die Bürgerinnen und Bürger vor den Konjunktur- und Strukturkrisen zu schützen, die sich in den anderen Typen intensiv bemerkbar machen. Messbar wird die sozialdemokratische Wohlfahrtsstaatsgestaltung in einer starken Dekommodifizierung in Verbindung mit hoher Umver-

teilungskapazität, dem nachweisbaren Streben nach Vollbeschäftigung und geringer Korporatismus/Etatismus-Ausprägung.

Die Synopse verdeutlicht die Unterschiede der Wohlfahrtsstaatstypen:

Abb. 7.1: Typen und Dimensionen des Wohlfahrtsstaates

Variablen	Typen des Wohlfahrtsstaats		
	liberal	konservativ	sozialdemokr.
Dekommodifizierung	schwach	mittel (?)	stark
Residualismus	stark (Armenunterstützung)	stark	schwach
Privatisierung	hoch	niedrig	niedrig
Korporatismus/Etatismus	schwach	stark	schwach
Umverteilungskapazität	schwach	schwach	stark
Vollbeschäftigungsgarantie	schwach	schwach (d.h. nur in Prosperität)	stark

nach: Esping-Andersen 1985; Kohl 1993; Schmid 2002: 84; Schmidt 2005: 219ff.

Esping-Andersen beschränkt sich in seinen Analysen jedoch nicht auf die empirische Erfassung der notwendigen Daten und die systematische Modellbildung. In seinen Analysen verortet er die Ausgestaltung der Sozialpolitik in einem Wirkgeflecht verschiedener Einflüsse. Als besonders bedeutsam wird dabei der Entstehungskontext öffentlicher Sozialpolitik herausgestellt. Hierbei sind zum Beispiel die Einschätzung der Brisanz der „sozialen Frage" in der Frühzeit von Industrialisierung und Kapitalismus wichtig, die dann einen mehr oder minder großen Druck auslösten, sozialpolitisch auf die entstandenen Krisen und Notlagen zu reagieren. In diesem Zusammenhang und auch für die weitere sozialpolitische Entwicklung ist die allgemeine Bewertung der sozialen Lage ebenso wichtig wie die landesspezifische Akteurskonstellation. „Das Ausmaß, zu dem der Kapitalismus sozialpolitisch gezügelt wurde, war [...] umso größer, je stärker und einheitlicher Gewerkschaften und sozialdemokratische Parteien an den Schalthebeln politischer Macht beteiligt waren und je schwächer und zersplitterter das bürgerliche Lager war. Und umgekehrt: das Ausmaß der sozialpolitischen Korrektur des Kapitalismus fiel tendenziell geringer und lückenhafter aus, je schwächer die Arbeiterbewegung im Parlament und in der Wirtschaft vertreten war und

7.1 Wohlfahrtsstaatliche Typen in Europa

je stärker und geschlossener wirtschaftliche und konservative Kräfte im Parteiensystem und in der Wirtschaft waren" (Schmidt 1988: 164).

In seinen jüngeren Beiträgen weitet Esping-Andersen (1999) sein „drei-Welten"-Modell aus und bezieht er wirtschaftliche Wandlungsprozesse verstärkt ein. Vor dem Hintergrund der Globalisierung und der postindustriellen Verlagerung wirtschaftlicher Prozesse in den tertiären Sektor einerseits und dem Bedeutungswandel privater Haushalte erkennt er signifikante Auswirkungen auf die Wirtschafts- und Sozialpolitik. „Liberale" Wohlfahrtsstaaten reagieren auf die festzustellenden Umbrüche mit marktpolitischen Mechanismen. Durch die Globalisierung entsteht ein wachsender Druck auf die Löhne und Sozialleistungen. Zum Erhalt bzw. zur Verbesserung von Wachstum und Beschäftigung werden soziale Leistungen und Ansprüche eingeschränkt. Die weitere Verlagerung der sozialen Sicherheit auf die Individuen und die weitere Einschränkung staatlicher und anderer öffentlicher Leistungen führt dann auch zum beispielsweise in den USA aber auch Großbritannien beobachtbaren Phänomen der „working poor". Menschen arbeiten mitunter in mehreren Jobs, um ihren Lebensunterhalt zu sichern und verbleiben dennoch in Armut. Auch in Deutschland sind im Rahmen der Diskussion um den so genannten Niedriglohnbereich Tendenzen in diese Richtung zu erkennen.

Die „sozialdemokratischen" Wohlfahrtsstaaten haben zwar unter dem gleichen Druck zu leiden, reagieren jedoch anders. Mit einer aktiven Arbeitsmarktpolitik und einem massiven Ausbau des öffentlichen Dienstes (z.B. im Gesundheits-, Sozial- und Bildungsbereich) reagiert der Staat auf das Wegbrechen alter Arbeitsplätze. In „konservativen" Wohlfahrtsstaaten war in den 1980er und 1990er Jahren eine ganz andere Reaktion festzustellen, die dann zu einer stabilen und hohen Arbeitslosenquote führte. Mit Frühverrentungen, Ausweitung von Erwerbsunfähigkeit sowie einem tendenziellen Ausschluss von Frauen vom Arbeitsmarkt wurden Kernbelegschaften in den unter Druck stehenden Industriebereichen stabilisiert. Die mit sozialpolitischen Leistungen abgefederte „Aussonderung" von Alten und von Frauen vom Arbeitsmarkt ließ eine „Wohlfahrt ohne Arbeit" (Schmid 2002: 86) entstehen. Die Folgen dieser Politik sind in Deutschland zu Beginn des 21. Jahrhunderts schmerzlich erlebbar: weder der Arbeitsmarkt noch die sozialen Sicherungssysteme können die aktuellen wirtschafts- und sozialpolitischen Problemlagen angemessen mindern oder gar auflösen.

7.1.1.3 Begg, Lessenich und Mäder: Vier statt drei Wohlfahrtsstaatstypen

Seit Mitte der 1990er Jahre haben verschiedene Autoren das Drei-Welten-Modell Esping-Andersens erweitert. Mit graduell unterschiedlichen Erkenntnisinteressen und etwas verschiedenen theoretischen Bezügen kommen sie jedoch zu fast gleichartigen Typbildungen. Neben die drei Welten des liberalen, konservativen und sozialdemokratischen Wohlfahrtsstaaten stellen sie nun noch die Sozialpolitik, die sich im südeuropäischen Raum in den letzten Jahrzehnten ausbildete.

- Ian Begg u.a. (1994: 26) unterscheiden vier „Modelle": das katholische, das nordisch-dänische, das korporatistische und das liberale. Alle vier Realtypen sind in der EU durch bestimmte Länder oder Ländergruppen vertreten, so der nordische durch die skandinavischen Mitgliedstaaten, der korporatistische durch Deutschland, Frankreich und die Benelux-Staaten, der katholische durch die südlichen Mitgliedstaaten und der liberale durch Großbritannien. Herausragendes Unterscheidungsmerkmal ist dabei, dass im liberalen Modell der Markt, im katholischen ein nach dem Subsidiaritätsprinzip organisiertes, stark Familien bezogenes Nebeneinander gesellschaftlicher Solidareinrichtungen die soziale Regulierungsaufgabe trägt, die im nordischen und im korporatistischen Modell Sache starker Tarifparteien und des Staates ist, wobei das skandinavische, stärker auf Gesetze als auf Tarifvereinbarungen bauende Modell noch mehr als das korporatistische auf umfassende staatliche Absicherung, Redistribution und individuelle Gleichbehandlung ausgerichtet ist (vgl. auch Franzmeyer 1998).
- Der von Begg als „katholisch" bezeichnete Wohlfahrtsstaatstyp wird von Stephan Lessenich (1994, 1995) „postautoritärer" (mitunter auch „lateinischer" oder „rudimentärer") Typ genannt, während im Übrigen Epings-Andersens Begriff übernommen werden. Der postautoritäre Typ entwickelte sich in Spanien nach dem Zerfall des Franco-Regimes, als die neue Demokratie einerseits die Wirtschafts- und damit auch Arbeitsmarktpolitik massiv liberalisierte und andererseits ein demokratischer Wohlfahrtsstaat aufgebaut werden sollte. Bei nahezu gleichzeitigem Einfluss von Europäisierung, Internationalisierung und Globalisierung brach Spanien mit traditionellen, institutionalisierten Regulierungstechniken und setzte auf arbeitsmarktpolitische De-Regulierung und sozialpolitische Re-Regulierung. Beobachtbar ist ein Anwachsen der Zahl von Modernisierungsverlierern, die sowohl auf dem liberalisierten Arbeitsmarkt schlechte Chancen haben als auch nur ungenügend soziale Sicherung erfahren.
- Werner Mäder orientiert sich bei seiner Typologie der Wohlfahrtsstaaten an den sozialpolitischen Gestaltungsmustern, die von den relevanten Akteuren

7.1 Wohlfahrtsstaatliche Typen in Europa

und ihrem Wechselspiel entwickelt wurden. Er verweist auf die Akteure Staat und dessen Untergliederungen, die Sozialpartner, gemeinnützige Organisationen „zwischen Markt und Staat" sowie den privatkommerziellen Sektor als Gestalter der sozialen Sicherung. Er differenziert und definiert wie folgt (Mäder 2002: 147f.):

1. Korporatistischer kontinentaleuropäischer Typ
   Dieser Typ wird charakterisiert durch öffentliche Verantwortung eigenständiger Träger, die eine erwerbszentrierte Sozialversicherung durchführen (Deutschland, Belgien, Frankreich, Italien, Österreich).
2. Liberaler angelsächsischer Typ
   Dieser Typ zielt vor dem Hintergrund einer vergleichsweise eingeschränkten staatlichen Verantwortung für das Soziale auf Grund- und Mindestsicherung. Dieses Ziel soll durch Leistungssysteme erreicht werden, die auf eine Bedürfnisprüfung abstellen (Irland, Großbritannien).
3. Sozialdemokratischer skandinavischer Typ
   Dieser Typ hat eine umfangreiche, staatliche verantwortete soziale „Dienstleistungsproduktion" hervorgebracht. Er begreift soziale Sicherheit für jedermann als Bürgerrecht. Er „setzt" auf allgemeine Gleichheit, besonders auf die Gleichberechtigung von Mann und Frau. Für die Vergangenheit hat er das Sozialstaatsziel am umfassendsten verkörpert (Schweden als Prototyp).
4. Südeuropäischer Typ
   Bei aller Unterschiedlichkeit im einzelnen weist er vor allem im Bereich der Mindestsicherung für jedermann noch Lücken auf. Es ist insoweit anders, als die soziale Sicherung sehr stark auf die Erwerbstätigen orientiert ist. Die Aufwendungen für die Alterssicherung sind sehr hoch. Neue Entwicklung: Hinwendung zu einer stark dienstorientierten Sozialpolitik und, in der sozialen Existenzsicherung, zur Verknüpfung von Mindestsicherung und Beschäftigungsangeboten (Griechenland, Italien, Portugal, Spanien).

Trotz der divergierenden Differenzierungsansätze, die mal mehr die Akteure, mal mehr die ökonomischen und sozialen Rahmenbedingungen betonen, entsteht bei allen drei Autoren ein ähnliches Typenbild:

Tab. 7.2: Vier Wohlfahrtstaatstypen

Autor	Typ 1	Typ 2	Typ 3	Typ 4
Begg u.a. (1994)	nordisch-dänisch	korporatistisch	liberal	katholisch
Lessenich (1995)	sozialdemokratisch	konservativ	liberal	postautoritär
Mäder (2002)	sozialdemokratisch-skandinavisch	koporatistisch-kontinental-europäisch	liberal-angelsächsisch	südeuropäisch

7.1.1.4 Feministische Modellbildung

Die in jüngerer Zeit aus feministischer Richtung entstandenen Betrachtungen der Wohlfahrtsstaatlichkeit konzentrieren sich weniger auf die Akteurs- und Strukturanalysen als vielmehr auf die Wirkungen der Systeme auf die soziale Lage der Frauen. Ausgangspunkt der Analysen ist die Hypothese, dass die verschiedenen sozialpolitischen Konzepte höchst unterschiedliche Bedeutung für die soziale Sicherheit der Frauen, für ihre Teilhabe an Arbeit und Gesellschaft sowie für die Gestaltung von Partnerschaft und Familie haben. Im Fokus steht also die Chance der Frauen zur Unabhängigkeit von Ehe und Familie.

Ein wichtiger Auslöser für die Entwicklung der gender-Perspektive in der Sozialpolitikforschung war die kritische Auseinandersetzung mit Esping-Andersen. Ihm wird unter anderem vorgeworfen, in seiner Theorie- und Modellbildung die geschlechtsspezifischen Implikationen der Beschäftigungspolitik und der Dekommodifikation nicht hinreichend zu würdigen (vgl. Walby 2001).

Ein wesentlicher Aspekt der feministischen Modellbildung orientiert sich an der geschlechtsspezifischen Arbeitsteilung. Untersucht wird hierbei, welche Bedeutung die Vorstellung des männlichen Familienernährers („male breadwinner") und der weiblichen Kinder- und Hausversorgerin für die soziale Sicherung hat. Lewis (1992) unterteilt hierbei die Staaten mit einem strengen (Irland, teilweise Großbritannien), einem modifizierten (Frankreich, Deutschland) und einem weichen (Schweden, Dänemark) male breadwinner-Regime. Messpunkte für diese Einteilung sind z.B. die Beschäftigungsraten von Frauen sowie das Ausmaß der Gleichheit bzw. Ungleichheit von Löhnen der Frauen und Männer. Letztlich geht es bei diesen Untersuchungen um die Rolle der Frau als (Ehe-)Frau, Mutter oder Arbeiterin, die Chancen der Frauen, diese Rollen selbst zu bestimmen oder aufgrund sozial- und wirtschaftspolitischer Rahmenbedingungen festgelegt zu sein.

7.1 Wohlfahrtsstaatliche Typen in Europa

Im „strong male breadwinner model" liegt der eindeutige Schwerpunkt bei der traditionellen Arbeitsteilung, bei der der Mann in Lohn und Brot steht und hierdurch soziale Sicherung schafft, während die Frau unbezahlt den Haushalt und die Kinder versorgt, wobei sie über den Ehemann „mitversichert" ist und so nur mittelbare soziale Sicherheit erhält. „Modified male breadwinner"-Systeme eröffnen etwas stärkere Partizipationschancen, hängen jedoch weiterhin der Rollentrennung an. Die Arbeitsbeziehungen sind vielfach von geschlechtsspezifischen Einkommensunterschieden, Karriereungleichheiten sowie unterschiedlichen Integrationsgraden (für Frauen häufig prekäre Arbeitsverhältnisse, Teilzeitarbeit u.a.) geprägt. Das „weak male breadwinner model" hingegen geht von einer Gleichheit von Frauen und Männern in der Arbeitswelt und in der sozialen Sicherung aus. Eine hohe Frauenerwerbsquote und ein größerer Anteil der Frauen in Führungspositionen sind Anzeichen für dieses Modell.

Pfau-Effinger (2000) differenziert in Hinblick auf Frauenerwerbs- bzw. -hausarbeit fünf Modelle:

- das (vormoderne) familienökonomische Modell, das meist in der Landwirtschaft realisiert wurde und in dem beide Ehepartner den Betrieb bewirtschaften,
- das Hausfrauenmodell mit Versorgerehe, das auf der Arbeitsteilung von männlicher Erwerbsarbeit und weiblicher Hausarbeit beruht,
- dessen modernisierte Form, das diese Arbeitsteilung auf die Kindererziehungs- und -betreuungszeit beschränkt (Vereinbarkeitsmodell),
- das Doppelversorgermodell, bei dem die Kinderbetreuung weitgehend vom Staat übernommen wird (Krippen, Kitas, Ganztagsschulen etc.) und
- das Doppelversorgermodell mit partnerschaftlicher Kinderbetreuung.

Die gender-Perspektive verdeutlicht, wie gesellschaftliche und politische Traditionen und Strukturen die Lebenschancen der Geschlechter und die soziale Sicherheit prägen. Hat sich zwar in Deutschland in den letzten Jahrzehnten eine Entwicklung von dem Hausfrauenmodell zum Vereinbarkeitsmodell vollzogen (wobei i.d.R. nur den Frauen die Vereinbarkeit von Familie und Beruf abverlangt wird), so sind beispielsweise die Niederlande oder die skandinavischen Länder mit arbeitsrechtlichen Normierungen (wie einem Anspruch auf Teilzeitarbeit für Männer und Frauen), einem Ausbau der Kinderbetreuungsangebote, familienfreundlichen Schulzeiten, Frauenarbeitsförderprogrammen und anderen Initiativen daran gegangen, Doppelversorgermodelle zur Grundlage zu machen. Vor dem Hintergrund des demographischen Wandels, der Pluralisierung der Lebensstile und der Entwicklung der Scheidungsraten geraten das Versorgermodell wie auch das Vereinbarkeitsmodell unter erheblichen Druck, da der Bedarf an unabhängiger sozialer Sicherung der Frauen wächst. Staaten, die sich durch die Gestaltung der Arbeits-, Gesellschafts- und Sozialpolitik von den traditionellen Sicherungsformen lösen, gelingt es deutlich stärker als beispielsweise Deutschland, Arbeitsmarktprobleme sozial verträglich(er) zu bearbeiten, höhere Geburtenraten zu erreichen und die Selbstständigkeit und Unabhängigkeit der Frauen zu fördern. Ob und wie sehr die seit 2004 aufgenommenen familienpolitischen Initiativen mit dem „Nationalen Aktionsplan für ein kindergerechtes Deutschland 2005-2010", zur Kinderbetreuung, dem Ausbau von Ganztagsschulen etc. den Nachholbedarf decken werden, bleibt noch abzuwarten.

7.1.1.5 Auf der Suche nach neuen Modellen

Die von Begg u.a., Lessenich und Mäder betonten Defizite Esping-Andersens Modell der Wohlfahrtsstaaten und die feministische Kritik haben weitere Diskussionen über die Möglichkeiten der Kategorisierungen und Typologisierungen ausgelöst. Weitgehend einig ist sich die Wissenschaft in der Anerkennung von Espings-Andersens Verdienste für die Modellbildung, aber die Grenzen werden gleichsam betont. Die Kritiken beziehen sich auf im Wesentlichen zwei Dimensionen: Raum und Zeit (vgl. Meyer/Schubert 2007: 31 f.).

Die Konzentration Esping-Andersens auf den nord- und westeuropäischen sowie US-amerikanischen Raum habe dazu geführt, dass andere Wohlfahrtsstaatsmodelle unberücksichtigt blieben. Die Ausweitung auf die „vierte Welt" durch die Berücksichtigung Spaniens als „postautoritären" Typ (Lessenich 1995) war zwar schon hilfreich, aber das so erweiterte Modell lässt beispielsweise die Gestaltung in Australien und Neuseeland, die Entwicklung in den jungen süd- und mittelosteuropäischen EU-Mitgliedsstaaten sowie in asiatischen Industrie- und Schwellenländern noch immer unberücksichtigt.

Hinsichtlich der Zeitdimension muss gesehen werden, dass seit 1990 die beschleunigte Globalisierung mit ihren Auswirkungen auf Produktions-, Absatz- und vor allem Arbeitsmärkte erhebliche Veränderungen in der Gestaltung der Sozialpolitiken der Industrie- und Dienstleistungsstaaten auslösten. Diese folgten nur teilweise der so genannten „Pfadabhängigkeit", also der Modifikation innerhalb eines Systems und ohne Typwechsel. Andere Länder, wie beispielsweise die Niederlande, nahmen aber auch weitreichende Reformen in Angriff, die die Typzuordnung nach den Kriterien Esping-Andersens erschweren und teilweise unmöglich machen.

Da viele Reformen an einzelnen Elementen der Sozialpolitik ansetzen und eine Sozialpolitik aus einem konzeptionellen Guss kaum mehr vorzufinden ist (wenn sie es denn jemals war), wird zudem in Frage gestellt, wie weit eine Typologisierung von Wohlfahrtsstaaten oder Wohlfahrtsstaatsregimen überhaupt noch möglich ist. Wenn Deutschland als „konservativer" Wohlfahrtsstaat beispielsweise mit seinen Rentenreformen und Teilen der Gesundheitsreformen in Richtung „liberaler" Wohlfahrtsstaat geht, so sind verschiedene arbeitsmarkt- und familienpolitische Ansätze eher „sozialdemokratisch" geprägt.

Vor diesem Hintergrund setzt eine Suche nach neuen Typologisierungsmöglichkeiten ein, die zunächst eine fundierte empirische Bestandsaufnahme der verschiedenen Sozialpolitiken in Industrie- und Dienstleistungsstaaten erfordert und dann nach – noch zu bestimmenden – zentralen Merkmalen hinsichtlich der Unterscheidungen bzw. Übereinstimmungen sortiert. Eine Grundlage für diese Arbeit liefert der Überblicksband über die Europäischen Wohlfahrtssysteme von Schubert/Hegelich/Bazant (2007).

7.1.2 Einflüsse auf die Wohlfahrtsstaatsgestaltung

Schon die bisherigen Skizzierungen der Wohlfahrtsstaatsmodelle und ihrer Analyseansätze sollten die Komplexität der Wirkfaktoren auf die Gestaltung der Sozialpolitik aufgezeigt haben. Die Konstellation und die Einflussstärke politischer und gesellschaftlicher Akteure wirken ebenso auf die Sozialpolitik ein wie faktische Veränderungen der Wirtschaftsstruktur, und die länderspezifischen Interpretationen des Staats- und Menschenbildes sind ebenso wichtig wie soziodemografischer, sozioökonomischer oder soziokultureller Wandel der Gesellschaft.

Aus dieser Konstellation entwickeln sich Systeme der sozialen Sicherung, die über ein hohes Maß an Kontinuität verfügen, aber dabei dennoch anpassungsfähig sind bzw. bleiben müssen. Wie aber auch andere Systeme und Strukturen sind die der sozialen Sicherung durch Traditionen und Beharrungstendenzen recht fest gefügt, so dass die Wandlungsprozesse in der Regel nur mühsam und langsam zu vollziehen sind. Ein umfassender Systemwechsel, zum Beispiel vom deutschen System ‚korporatistisch-kontinentaleuropäischen Typs' zu einem ‚liberal-angelsächsischen' oder ‚sozialdemokratisch-skandinavischen' Typ ist aufgrund der großen Interdependenz der Sozialpolitik zur Wirtschafts-, Arbeitsmarkt- oder Steuerpolitik kaum – bzw. nur bedingt – möglich. Verschiedene Ansätze, z.B. in der Renten- und Gesundheitspolitik seit Ende der 1990er Jahre, wurden aber mitunter als solche Systemwechsel deklariert, da sie den Logiken liberaler Wohlfahrtsstaatlichkeit entsprechen und zudem erstmals ohne die bislang prägenden korporatistischen Entscheidungsfindungsprozesse zustande kamen. Es zeigt sich in der aktuellen bundesdeutschen Situation eine wachsende

Einsicht, dass die bisherigen Strukturen an deutliche Effektivitäts-, Effizienz- und Legitimitätsgrenzen stoßen.

Abb. 7.2: Determinanten der Wohlfahrtsstaatsgestaltung

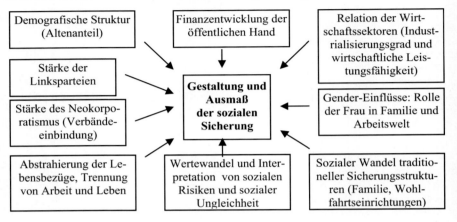

7.2 Skizzen europäischer Wohlfahrtsstaatsmodelle

Die Ausformungen der Sozialpolitik in den verschiedenen Staaten beruht – wie schon erwähnt – auf den Entstehungsbedingungen und daraus gewachsenen Traditionen, auf ökonomischen Rahmenbedingungen und den politischen Leitlinien und Grundstrukturen. In den europäischen Staaten kann in der Regel auf eine ungefähr einhundertjährige Geschichte der sozialen Sicherung zurückgeblickt werden, die in den Zeitläuften immer wieder kleinere oder auch größere Umbrüche mit sich brachte. In kaum einem Land gibt es deswegen ein System „aus einem Guss", sondern vielfältige Brüche und auch Widersprüche zur reinen Lehre, wie sie in den vorgenannten Typen angesprochen wurde. Dennoch können wichtige Merkmale verschiedener Systeme skizziert werden, um so die Vielfalt der Gestaltungsmöglichkeiten anzudeuten. Ausführlicher finden sich Überblicksbeschreibungen in Schmid (2002) sowie detailliertere Analysen in der verstreuten Fachliteratur, auf die hier verwiesen werden muss. Exemplarisch für die vier von Begg, Lessenich und Mäder genannten Typen wird der Blick nach Dänemark, Frankreich, Großbritannien und Spanien gerichtet werden.

7.2.1 Dänemark

Der nördliche Nachbar Deutschlands hat ähnlich wie die anderen skandinavischen Staaten ein System der sozialen Sicherung entwickelt, das Wohlfahrtsstaatlichkeit recht breit definiert und die Betonung auf den Staat legt. Die Industrialisierung im 19. Jahrhundert rückte auch in Dänemark die Arbeiterfrage ins Zentrum der Aufmerksamkeit. Schon früh entwickelten sich starke Gewerkschaften und gewann die Sozialdemokratie breite Akzeptanz. Wurde einerseits zwar Wert auf eine liberale Wirtschaftspolitik gelegt, so wurde andererseits der sozialen Sicherheit der Arbeitenden große Beachtung geschenkt. Im zweiten Drittel des 20. Jahrhunderts wurde von den regierenden Sozialdemokraten ein System der Sozialpolitik geprägt, das auf einen universalistischen sozialen Schutz der Bevölkerung ausgerichtet wurde.

Ein wesentlicher Unterschied zum deutschen System liegt darin, dass die Sicherung nicht in einem so großen Maße von der Erwerbstätigkeit und der hiervon bestimmten Einzahlung in Sozialversicherungen abhängig gemacht wird. So wird beispielsweise das gesamte Gesundheitssystem über Steuern statt über Versicherungsbeiträge finanziert und auch eine Altersgrundrente für jedermann wird durch Steuermittel aufgebracht. Gleiches gilt für die Sachleistungen bei Mutterschaft, für die Pflege, Invalidität sowie für diverse Familienleistungen und auch die soziale Mindestsicherung. Unabhängig vom sozialen Status, vom Einkommen oder von Berufstätigkeit wird durch diese Staatsbürgerversorgung eine Grundsicherung für alle Dänen, sowie für langjährig dort wohnende Menschen gewährt. Diese Grundsicherung führt zum Beispiel zur Verhinderung einer in Deutschland durchaus nicht seltenen Armut und Sozialhilfeabhängigkeit von alten Menschen, sie entlässt Frauen aus der Abhängigkeit von ihrem „male breadwinner" und sie trägt ganz wesentlich dazu bei, dass eine Stigmatisierung von Beziehern sozialer Gelder vermieden wird, was den sozialen Frieden fördert.

Neben der staatlichen, beschäftigungsunabhängigen Grundrente in Höhe von maximal 7.779 € und mindestens 195 € pro Jahr[8] (abhängig von der Wohnzeit in Dänemark) beziehen fast alle Rentner Bezüge aus der ATP, der Arbeitsmarktzusatzrente (max. 2.940 €/Jahr, min. 166 €/Jahr). Diese Rente wird durch Beiträge der Arbeitnehmer (1/3) und Arbeitgeber (2/3) finanziert. Auch hier ist jedoch nicht die Einkommenshöhe für die Bemessung der Beiträge und der Auszahlung maßgeblich, sondern die (Lebens-)Arbeitszeit. Als eine dritte Säule der Altersversorgung gilt die Berufsrente. Die Beiträge hierzu betragen zwischen 9 und 15 Prozent des Bruttoeinkommens und werden durch die Tarifpartner festge-

---

[8] Alle in diesem Kapitel genannten Angaben zu sozialen Geldern beziehen sich auf die Angaben der Europäischen Kommission, in MISSOC 2006 sowie BMAS 2006b.

legt. Circa ein Drittel der Dänen schließt zudem noch eine steuerlich geförderte Privatrentenversicherung ab.

Aus dem staatlichen Grundsicherungssystem in den Bereichen Rente und Gesundheit fällt die Arbeitslosenversicherung heraus. Diese ist – im Gegensatz zu Deutschland – eine freiwillig abzuschließende Versicherung, deren Träger enge Beziehungen zu Gewerkschaften und anderen berufsständischen Organisationen haben.

Die umfassende soziale Absicherung in Dänemark wird steuerlich finanziert, was dann eben bedeutet, dass die Einkommens- und Körperschaftssteuern sowie auch indirekte Steuern deutlich höher liegen als in Deutschland. Die Kritik der Bürger und der Wirtschaft an diesen Belastungen wird immer wieder laut, führte jedoch eher zu Modifikationen, aber keinesfalls zur Abkehr von dem Staatsbürgerversorgungsmodell. Wesentlich für den Erhalt des Modells sind verschiedene arbeitsmarktpolitische Instrumente. Ein starker Ausbau des Bildungssystems und der Versorgungs- und Betreuungsangebote hatte den Effekt, dass einerseits neue Arbeitsplätze geschaffen wurden und andererseits besonders Frauen die Vereinbarkeit von Familie und Beruf erleichtert wurde. Damit sichert der Staat die Beschäftigung, die weiterhin die wichtigste Grundlage der sozialen Sicherheit liefert und zudem die Steuereinnahmen des Staates steigert. Etwaigen Versuchen von „Faulenzern" sich in der „sozialen Hängematte auszuruhen" begegnet der dänische Staat mit der Androhung von Leistungskürzungen sowie mit einem starken Druck, durch die Teilnahme an Qualifizierungsmaßnahmen die Beschäftigungsfähigkeit zu erhalten bzw. wieder zu gewinnen. So begegnet Dänemark seinen Bürgern einerseits mit einem umfassenden Versorgungsangebot und setzt andererseits auf ein striktes Konzept des Forderns und Förderns. Kleineren Ansätzen, mit ähnlichen Konzepten das Sicherungskonzept auch in Deutschland zu verändern, begegneten aber sowohl die Arbeitgeberverbände als auch die Gewerkschaften mit Ablehnung.

7.2.2 Frankreich

Frankreich gilt bei Schmid (2002) und Schmidt (2005) als ein „abgeschwächt konservativer" bzw. als „bedingt konservativer" Wohlfahrtsstaat. So erfüllt das System in wichtigen Punkten die von Esping-Andersen aufgestellten Kriterien des konservativen Systems, insbesondere durch ein breites Spektrum an (Pflicht-)Versicherungen und die Anbindung der Leistungen an die Löhne und Gehälter. Andererseits zeigen sich in einer steuerfinanzierten Grundsicherung quasi fürsorgestaatliche Elemente und in der Bedeutung von nicht-staatlichen Versicherungen auch liberale Strukturen.

7.2 Skizzen europäischer Wohlfahrtsstaatsmodelle

Im Vergleich zu Deutschland wurde in Frankreich erst verspätet mit dem Aufbau eines breit angelegten sozialen Schutzes für die Arbeitnehmer begonnen. Zunächst galt im 19. Jahrhundert die Idee des Individualismus, die es dem einzelnen zuwies, sich um seine soziale Situation zu kümmern und staatliche Einmischungen in diese privaten Angelegenheiten wie Altersvorsorge, Arbeitssituation, Familie etc. ablehnte. Die staatliche Ablehnung traf auch die von Arbeitern beziehungsweise Arbeiterverbindungen gegründeten ‚Versicherungsvereine auf Gegenseitigkeit', die als Solidargemeinschaften („sociétés de secours et de résistance") die offensichtlichen sozialen Sicherungsdefizite mindern sollten. Erst mit dem Erstarken marxistischer und sozialistischer Strömungen nach 1871 und der Verdeutlichung der sozialen Frage wurden auch diese „mutualités" zunächst akzeptiert sowie später (ab 1898) staatlich gefördert und rechtlich abgesichert. Auch einzelne Unternehmen, private Versicherungen und kirchliche Institutionen nahmen sich der Problematik an und boten auf der Basis freiwilliger Mitgliedschaft Versicherungsschutz. Eine pflichtige Sozialversicherung, wie sie in Deutschland unter Bismarck entstanden war, wurde als „interventionistisch" weiter abgelehnt. Allerdings war es den einfachen Arbeitern kaum möglich, die notwendigen Beiträge aufzubringen, so dass das neue System vor allem dem Mittelstand zugute kam.

Erst nach langjähriger und zäher Diskussion wurden ab 1930 obligatorische Sozialversicherungen für die Altersvorsorge, den Krankenversicherungsschutz, den Unfallschutz sowie – erst 1967 – die Arbeitslosigkeit eingeführt. Sowohl der langsame Aufbau des Schutzes als auch die Tradition der freiwilligen Mitgliedschaft sind wichtige Gründe für ein noch heute „zersplittertes" System der sozialen Sicherung: Weit über 200 nationale und lokale Träger der allgemeinen Versicherung, viele private Vereine sowie die von den Tarifpartnern getragene Arbeitslosenversicherung prägen diese Vielfalt, die teilweise berufsständische (Arbeiter, Angestellte, Landwirte, Selbstständige), teilweise regionale, teilweise risikospezifizierte und teilweise ideologisch begründete (kirchliche, gewerkschaftliche) Differenzierungen aufweist.

Eine solche Trägervielfalt macht es schwer, allgemeine Aussagen über die soziale Sicherung zu treffen, so dass hier nur einige Strukturmerkmale bzw. Bereiche hervorgehoben werden können. Die größte Zahl der Franzosen wird vom sog. „allgemeinen System", dem „régime générale" erfasst, das die Mehrheit der Arbeitnehmer sowie Studenten und andere Empfänger bestimmter Leistungen erreicht. Zu diesem System gehören vor allem die nationalen, regionalen und Ortskrankenkassen, die Landeskasse für Altersversicherung der Arbeitnehmer (CNAMTS) und die zentrale Familienausgleichskasse, die die Versicherungsbereiche Krankheit, Mutterschaft, Invalidität, Tod, Arbeitsunfälle, Berufskrankheiten, Alter und Hinterbliebene sowie Familie umfasst. Das System wird finanziert durch die Beiträge der Arbeitnehmer und der Arbeitgeber sowie durch staatliche Zuschüsse, die einen Ausgleich für die aus beschäftigungspolitischen Gründen erfolgten Beitragsbefreiungen schaffen. Anders als in Deutschland ist die Kostenbeteiligung von Arbeitnehmern und Arbeitgebern nicht paritätisch, sondern nach Risikobereichen differenziert:

Tab. 7.3: Finanzierungsstruktur der sozialen Sicherung in Frankreich

Risikobereich	Arbeitnehmerbeitrag*	Arbeitgeberbeitrag*
Krankheit/Mutterschaft	0,75	12,8
Alter/Hinterbliebene	6,65	8,3
Arbeitslosigkeit	2,4	4
Familie	-	5,4

* in % der Bemessungsgrundlagen, die je nach Risikobereich differieren.
Quelle: Missoc 2006.

Bei der Alterssicherung sowie bei Leistungsbezügen infolge von Arbeitslosigkeit und Invalidität gilt grundsätzlich das Äquivalenzprinzip (vgl. Kap. 2) und eine Finanzierung im Umlageverfahren. Wer mehr als 160 Versicherungsquartale gearbeitet und in die Versicherungen eingezahlt hat, erhält eine Mindestrente in Höhe von 6.760 € pro Jahr. Bei den Sachleistungen der Krankenversicherung sind Selbstbeteiligungen zwischen 20 und 30 Prozent der Kosten für ärztliche, ambulante und stationäre Behandlungen vorgesehen.

Neben dem vorgenannten System bestehen vielfältige freiwillige und obligatorische Zusatzkassen. Besonders zu erwähnen sind hierbei die Zusatzrentenversicherungen ARCCO und AGIRC, für die eine Versicherungspflicht besteht und die als paritätische Einrichtungen verwaltet werden. Wichtig sind zudem die bereits erwähnten „mutuélle", die als Zusatzkrankenversicherungen die Selbstbeteiligung in der Gesundheitsversorgung übernehmen.

Das soziale Sicherungssystem in Frankreich orientiert sich noch immer sehr stark an der Erwerbstätigkeit, die die Grundlage für dessen Finanzierung sowie auch für den Leistungsbezug bildet. Wer außerhalb der organisierten Erwerbstätigkeit steht, wie z.B. Hausfrauen und Langzeitarbeitslose, hat dementsprechend nur geringen sozialen Schutz. In Verbindung mit einer ausgesprochen familienfreundlichen Sozialpolitik, die das klassische Familienmodell der Hausfrauenehe unterstützt, wird hierdurch ein „strong male-breadwinner"-System geschaffen.

7.2.3 Großbritannien

In den „Drei-" und „Vier-Welten-Modellen" der Wohlfahrtsstaatstypologien wird das britische System immer in die Kategorie „liberal" eingeordnet (vgl. Kap. 7.1). Es wäre jedoch zu kurz gegriffen, wenn hieraus auf eine strikte Individualisierung, auf Staatsferne und Marktmacht der sozialen Sicherheit geschlossen würde. Vielmehr bestehen recht umfangreiche kollektive Sicherungsinstrumente und sind die zentralen staatlichen Institutionen in hohem Maße für die Leistungen verantwortlich.

Im 19. Jahrhundert war dies noch ganz anders. 1834 wurde das Poor Law erlassen, das die Fürsorge für Arme regelte. In dessen Zentrum stand die Vorstellung, dass Armut individuell bedingt sei und so auch nur individuell überwunden werde könne. Wer die geringen Fürsorgeleistungen in Anspruch nahm, musste als arbeitsfähiger Armer seine Bedürftigkeit durch die Hinnahme harter Lebens- und Arbeitsbedingungen in speziellen Arbeitshäusern unter Beweis stellen. Später im 19. Jahrhundert entstanden wie auch in Frankreich unter der Führung von Gewerkschaften sowie den „friendly societies", die wie die französischen „mutuélles" Vereine gegenseitiger Unterstützung waren, erste freiwillige kollektivistische Formen der sozialen Sicherheit. Sie waren jedoch, wie in Frankreich, für die besserverdienenden Arbeiter eher finanzierbar als für die einfachen Arbeiter. Zwischen 1897 und den 1930er Jahren wurde ein Sicherungssystem ausgebaut, das z.B. eine pauschalierte Rente, Leistungen bei Berufsunfällen und -krankheiten, sowie bei Krankheit und Arbeitslosigkeit vorsah.

Das heutige Sozialsicherungssystem Großbritanniens ist geprägt von den bereits erwähnten Vorschlägen des Beveridge-Reports. Die grundlegende Vorstellung von Liberalität wird dahingehend interpretiert, dass die soziale Sicherheit durch eigene Erwerbstätigkeit und die familiäre Solidarität geschaffen wird. Unterstellt wird dabei die Idee der Vollbeschäftigung, vor allem verstanden als „männliche" Vollbeschäftigung in Verbindung mit der Hausfrauenehe. Dieses Grundprinzip wurde von Beveridge ergänzt durch die Forderung nach einer universellen sozialen Sicherung, die als öffentliche Wohlfahrt geleistet und durch Versicherungsbeiträge der Arbeitnehmer sowie aus Steuermitteln finanziert wird.

Die Übernahme der Beveridge-Forderungen durch den Gesetzgeber führte zu einem seit den 1950er Jahren in den Kernstrukturen noch heute bestehenden, vergleichsweise einfach strukturierten System mit zwei Grundpfeilern: der National Insurance und dem National Health Service.

Die National Insurance ist verantwortlich für die Leistungen im Alter, bei Arbeitslosigkeit, Invalidität, Mutterschaft, Unfall und für das Krankengeld. Die Einnahmen des National Insurance Fund stammen überwiegend aus den pflichtigen Arbeitgeber- und Arbeitnehmerbeiträgen. Der Beitragssatz beträgt für die

Arbeitnehmer 11 % des Wocheneinkommens bei einer Bemessungsgrenze von min. 137 und max. 918 €/Woche (Stand 2006). Die Arbeitgeber zahlen – differenziert nach verschiedenen Modellen (vgl. Missoc 2006) – zwischen 9,3 und 12,8 % des Wocheneinkommens. Diese relativ geringen Beiträge führen auch nur zu einer relativ geringen Leistungshöhe. Im Fall der Arbeitslosigkeit werden (für über-25-Jährige) Pauschalbeträge in Höhe von 82 € je Woche gezahlt, es gilt hier also nicht das Äquivalenzprinzip wie in Frankreich oder Deutschland. Auch die Rentenzahlungen liegen niedrig. Wer die Anwartschaftszeiten aufweist und die entsprechenden Beiträge geleistet hat, erhält eine Mindestrente von 29 €/Woche. Die erreichbare Höchstrente betrug im Jahr 2006 120 €/Woche Grundrente sowie 208 €/Woche entgeltbezogene Zusatzrente (SERPS – State Earnings Related Pension). Ein durchschnittlich verdienender Industriearbeiter erhält im britischen System eine Rente, die nur ca. 50 Prozent seines vormaligen Einkommens beträgt. Hier wird dann der ‚liberale' Aspekt des Systems deutlich, der es in die individuelle Verantwortung überträgt, die Altersvorsorge weiter aufzustocken.

Der National Health Service ist verantwortlich für die Sachleistungen im Gesundheitsbereich. Er wird fast ausschließlich aus Steuermitteln, also ohne direkte Versicherungsbeiträge der Arbeitnehmer und Arbeitgeber finanziert und deckt nahezu alle Leistungen ab. Jeder Einwohner Großbritanniens hat unabhängig von seinem sozialen und ökonomischen Status Anspruch auf die kostenlose ärztliche, ambulante und stationäre Betreuung. Eine Selbstbeteiligung wird lediglich bei der zahnärztlichen Behandlung, einigen stationären fachärztlichen Behandlungen und teilweise bei der Arzneimittelversorgung gefordert. Getragen wird das Gesundheitssystem von freien, jedoch vertraglich an den NHS gebundenen Ärzten sowie den i.d.R. öffentlichen Krankenhäusern. Die Strukturbedingungen des NHS sichern eine ärztliche und fachärztliche Grundversorgung, führen jedoch auch dazu, dass aufgrund der knappen Kapazitäten der Krankenhäuser mitunter die Wartezeiten für nicht akute Behandlungen recht lang sind.

7.2.4 Spanien

Die Bezeichnungen des spanischen Wohlfahrtsstaates als „rudimentär" und „posttotalitär" verweisen bereits auf die schwierigen Gestaltungs- und Entwicklungsbedingungen der sozialen Sicherung. Die Voraussetzungen zur Ausprägung einer Sozialstaatlichkeit waren im Vergleich zu den bisher vorgestellten Staaten denkbar ungünstig. Der hohe Grad an landwirtschaftlicher Produktion mit relativ später und im Umfang relativ geringer Industrialisierung verzögerte die Gestaltung der Sicherungssysteme, so dass am Anfang des 20. Jahrhunderts nur ein

7.2 Skizzen europäischer Wohlfahrtsstaatsmodelle

fragmentiertes, wenige Menschen erreichendes Vorsorgeangebot bestand. Noch weitaus schädlicher für die soziale Sicherung war jedoch die Wirkung des autoritären Franco-Regimes, das von 1939 bis 1975 bestand und in dieser Zeit der Sozialpolitik im Sinne der Fürsorge und Vorsorge wenig Beachtung schenkte, sondern sie neben der staatlichen Repression zur Verfolgung regimespezifischer Ziele instrumentalisierte. Erst das spät demokratisierte Spanien begann zum Ende der 1970er Jahre – also fast 100 Jahre später als die zuvor genannten Staaten – ein System und Management der sozialen Sicherung aufzubauen. Hierbei standen die Regierungen von Adolfo Suarez und später von Felipe Gonzales vor drei erheblichen Problemen. (1) An eine sozialpolitische Tradition konnte nicht angeknüpft werden, (2) das ökonomische und politische System war durch die Nachwirkungen des autoritären Regimes in sich noch schwach und (3) der Aufbau des Systems musste zu einer Zeit erfolgen, in der die wirtschaftliche Krise in ganz Europa fühlbar wurde und die soziale Krise, insbesondere durch hohe Arbeitslosigkeit, manifest war.

Es wurde jedoch ein System konzipiert, das in seinen Leitlinien recht klar und in der institutionellen Struktur eindeutig ist. Die sozialpolitischen Leitlinien benennt Schmid (2002: 224f.): „Es handelt sich um ein System der sozialen Sicherung, das nicht nur für entsprechend gezahlte Beiträge Leistungen erbringt, das in der Not hilft und in gewisser Weise auch umverteilt; das ohne Wartezeiten eingreift und nicht nach Kausalitäten fragt, bevor es hilft, das auf der Verantwortung des Staates basiert und das im Laufe der Zeit seine Leistungen und Maßnahmen dynamisiert und flexibilisiert hat."

Den institutionellen Kern des Sozialversicherungssystems bilden vier Versicherungen:

- das Nationale Institut für Soziale Sicherheit (INSS), das Geldleistungen für Renten, bei Arbeitsunfähigkeit sowie für Familienunterstützung erbringt,
- das Nationale Gesundheitsinstitut (INGESA), das ähnlich wie der britische National Health Service die gesamte Bevölkerung mit ärztlicher Versorgung erreicht,
- das Institut für Migration und Soziale Dienste (IMSERSO), das neben der sozialen Betreuung von Migranten auch Fürsorgeleistungen erbringt,
- der staatliche Beschäftigungsservice (SEPEE), der Leistungen bei Arbeitslosigkeit erbringt und für die Beschäftigungspolitik verantwortlich ist.

Quasi als Klammer für die vier Institute besteht die Allgemeine Kasse der Sozialen Sicherung (TGSS), die die Beiträge der Arbeitnehmer und Arbeitgeber einzieht und an die vier Institute weiterleitet.

Die Gestaltung der sozialen Leistungen hat in weiten Zügen Ähnlichkeit mit dem britischen System. Vor allem INGESA arbeitet vergleichbar dem NHS, also mit kostenloser Sachleistung durch vom Staat bezahlte Ärzte und Krankenhäuser. Lediglich für die Arzneimittel besteht eine Selbstbeteiligung von i.d.R. 40 %.

Für die Leistungen von INSS, IMSERSO und INEM werden Beiträge der Versicherten erhoben. Die Beiträge für Rente, Krankengeld, Leistungen bei Mutterschaft und Invalidität betrugen 2006 für Arbeitnehmer 4,7 % des Monatsverdienstes und 23,6 % für die Arbeitgeber. Für die Arbeitslosenversicherung werden 1,55 % des anrechenbaren Einkommens von den Arbeitnehmern und 6 % vom Arbeitgeber erhoben. Die Bemessungsgrenze liegt bei 2.897 € Monatsverdienst. Der Anteil der Arbeitgeberbeiträge zu den Sozialversicherungen ist nach Estland und Litauern der dritthöchste in der EU.

Ähnlich wie in Großbritannien decken die Leistungen bei Arbeitslosigkeit sowie der Rente nur eine – mehr oder minder – universelle Grundsicherung. So beträgt zwar das Arbeitslosengeld 70 Prozent des Bezugslohnes, ist jedoch auf maximal 220 % des gesetzlichen Mindestlohnes begrenzt. Die Rente liegt bei Erfüllung der Anspruchszeiten von mindestens 15 Beitragjahren bei 400 €, der Höchstbetrag, der nach 35 Beitragsjahren und hohem Verdienst erreicht werden kann, beträgt 2.232 €.

Die größten Probleme im sozialen Sicherungssystems Spaniens lagen und liegen weiterhin in einer hohen Arbeitslosigkeit und in einem großen Maß an prekären Arbeitsverhältnissen mit befristeten Verträgen und Zeitarbeit. Die – so Lessenich (1995) – bestehende regulative Lücke zwischen Arbeits- und Sozialpolitik, die aus einer De-Regulierung des Arbeitsmarktes und einer Re-Regulierung der Sozialversicherung nach dem Ende des autoritären Regimes entstand und weiter besteht, impliziert das in den Leistungen fragile und rudimentäre Sicherungssystem.

7.3 Sozialpolitische Handlungsfelder

Für die einzelnen Bürgerinnen und Bürger könnte es vielleicht sogar egal sein, ob die sozialen Geld- und Sachleistungen aus dem allgemeinen Steuertopf oder aus Versicherungen gezahlt werden, wenn denn die Leistung den Anforderungen entspricht. Tatsächlich macht es jedoch einen erheblichen Unterschied, da sich hinter den in Kapitel 7.1 und 7.2 vorgestellten Strukturen und Gestaltungsmustern sehr vielfältige Vorstellungen von Solidarität und Gemeinwohl, von Erwartungen an den Einzelnen und die staatlichen Vorsorgeverpflichtungen sowie von den Möglichkeiten und Grenzen der finanziellen Leistungsmöglichkeiten der Bürger, der Unternehmen als Arbeitgeber sowie des Staates verbergen. So stehen unter anderem die Grundmuster von individueller und kollektiver Vorsorge, das

7.3 Sozialpolitische Handlungsfelder

Final- und Kausalprinzip sowie die Vorstellungen von Subsidiarität und Selbsthilfe konfliktträchtig einander gegenüber. Dies hat erhebliche Folgen für die Art der Gewährung von sozialen Leistungen, die Anspruchsvoraussetzungen und letztlich die Höhe der Leistungen. Am Beispiel von einigen sozialpolitischen Handlungsfeldern kann verdeutlicht werden, wie gravierend die Leistungen voneinander abweichen. Dabei erfolgt eine Konzentration auf die bereits vorgestellten Länder Frankreich, Großbritannien, Dänemark und Spanien als prototypische Vertreter verschiedener Wohlfahrtsstaaten.

7.3.1 Arbeitslosigkeit

Nach Berechnungen von Eurostat waren im Juni 2007 in der Europäischen Union cirka 16,1 Millionen Menschen arbeitslos[9], das bedeutet, dass fast jeder 14. erwerbsfähige und erwerbswillige EU-Einwohner keine Beschäftigung hatte. Wird berücksichtigt, dass zu diesen Arbeitslosen vielfach weitere sozial abhängige Personen, z.B. Ehepartner und Kinder gehören und dass das Phänomen der verdeckten Arbeitslosigkeit nicht eingerechnet ist, so wird deutlich, dass ein erhebliches soziales Problem besteht. Regional bestehen signifikante Unterschiede im Ausmaß der Arbeitslosigkeit. Während in den Niederlanden die Arbeitslosigkeit nur jeden 30. trifft, so ist in der Slowakei schon jeder neunte davon betroffen. Die Unterschiede sind auf vielfältige wirtschaftsstrukturelle, wirtschaftspolitische und sozialpolitische Ursachen zurückzuführen.

Arbeitslosigkeit hat sich in den modernen Industriestaaten zu einem sozialen Risiko entwickelt, das kein Randgruppenschicksal mehr ist, sondern eine Massenerfahrung für die Angehörigen beider Geschlechter, aller Kohorten und in allen Berufssparten. Die soziale Sicherung für das Risiko Arbeitslosigkeit umfasst mehrere Ansätze, die z.B. von arbeits- und kündigungsschutzrechtlichen Normen als soziale Rechte, über Bildungs-, Qualifizierungs- und Vermittlungsmaßnahmen als i.w.S. soziale Dienste bis zu den sozialen Geldern Arbeitslosengeld und Arbeitslosenhilfe reichen.

---

[9] Arbeitslos gemäß den Kriterien der International Labour Organisation (ILO) sind Personen von 15 Jahren und mehr, die ohne Arbeit sind, innerhalb der beiden nächsten Wochen eine Arbeit aufnehmen können und während der vier vorhergehenden Wochen aktiv eine Arbeit gesucht haben. Die monatliche Arbeitslosenquote und die Zahl der Arbeitslosen werden auf Grundlage von Angaben der jährlichen Arbeitskräfteerhebung der Gemeinschaft geschätzt. Die monatlichen Ergebnisse werden durch Interpolation/ Extrapolation aus nationalen vierteljährlichen Erhebungen und aus nationalen Monatsreihen über die registrierte Arbeitslosigkeit errechnet. Aufgrund von Unterschieden in den Methoden und Definitionen von Arbeitslosigkeit *können* die geschätzten Quoten von nationalen Arbeitslosenquoten abweichen.

Tab. 7.4: Arbeitslosenquoten (%) im Januar (saisonbereinigt) und Juni 2007 in ansteigender Reihenfolge

	Januar	Juni		Januar	Juni
EU27	7,3	6,9	Litauen	6,4	5,7
Eurozone	7,3	6,9	Italien	6,1	6,1
			Deutschland	7,6	6,4
Niederlande	3,5	3,3	Malta	6,7	6,4
Dänemark	3,9	3,5	Finnland	7,1	6,7
Zypern	4,2	3,9	Bulgarien	7,8	7,0
Irland	4,0	4,0	Belgien	7,8	7,2
Österreich	4,5	4,3	Rumänien	6,5	7,3
Lettland	4,9	4,7	Ungarn	7,3	7,7
Luxemburg	4,9	4,9	Portugal	8,1	7,9
Estland	4,9	5,1	Spanien	8,2	8,0
SI	5,3	5,1	Griechenland	8,6	8,6
Schweden	6,4	5,3	Frankreich	9,0	8,6
UK	5,5	5,4	Polen	11,3	10,2
Tschechien	6,0	5,7	Slowakei	11,5	10,7

Quelle: Eurostat: €uro-Indikatoren. Pressemitteilung 105/2007 v. 31.7.2007.

Die Zahlungen des Arbeitslosengeldes erfolgen in den meisten Staaten nach dem Versicherungsprinzip. Versichern sich jedoch die Dänen freiwillig gegen dieses Risiko bei einer (häufig) gewerkschaftsgetragenen Versicherung, so ist die Versicherung in Frankreich, Spanien und Großbritannien obligatorisch, wobei die Beitragspflichten der Arbeitnehmer und Arbeitgeber sehr unterschiedlich ausfallen. Während in Deutschland die Beiträge bislang paritätisch gezahlt werden, muss der spanische Arbeitgeber fast das Vierfache des Arbeitnehmerbeitrages (6 % AG, 1,55 % AN) einzahlen und sind in Frankreich und Großbritannien die Arbeitgeberbeiträge geringfügig höher als die der Arbeitnehmer.

Besonders unterschiedlich fällt jedoch die Zahlung von Arbeitslosengeld aus. So kann ein Durchschnittsverdiener in Dänemark im Falle der Arbeitslosigkeit 90 Prozent seines vorherigen Einkommens erhalten, während der Franzose nur ca. die Hälfte seines bisherigen Lohns bekommt. Von der zumeist üblichen Orientierung am Äquivalenzprinzip weicht Großbritannien ab. Hier werden den Arbeitslosen pauschale Beträge gezahlt. Darüber hinaus weichen die Länder bei der Gestaltung der Bezugsdauer deutlich voneinander ab. Ein Brite bekommt nur für ein halbes Jahr Arbeitslosengeld bevor er dann Arbeitslosenhilfe beziehen muss, während in Dänemark bis zu vier Jahren Arbeitslosengeld gezahlt wird.

Diese unterschiedlichen Leistungsmerkmale verweisen auf die heterogenen Vorstellungen zur Sozialstaatlichkeit und sind andererseits auch vom Ausmaß der Problemlage im jeweiligen Land bestimmt. Die Grundvorstellung von Arbeitslosengeld als Einkommensersatz wird in den verschiedenen Staaten mit arbeitsmarktpolitischen Überlegungen verknüpft. Die Begrenzung der Bezugszeit soll dem Arbeitslosen als Anreiz dienen, sich schnellstmöglich wieder um eine (gegebenenfalls schlechter) bezahlte Arbeit zu bemühen. Die in den fast allen Staaten vorzufindenden Höchstgrenzen des Arbeitslosengeldes und die zumeist deutliche Differenz zum vorherigen Einkommen sollen ebenfalls die Motivation des Arbeitslosen zur Wiederaufnahme von Beschäftigung fördern – Arbeit soll höheres Einkommen sichern als der Bezug sozialer Gelder.

Tab. 7.5: Leistungsmerkmale für Arbeitslosengeld

Land	Anwartschaft	Bezugslohn	Leistungssätze	Dauer
Dänemark	In letzten 3 Jahren 52 Wochen beschäftigt, mind. 1 Jahr versichert	Durchschnittl. Netto-Arbeitsentgelt der letzten 12 Wochen	90 % des Bezugslohns, aber max. 447 €/ Woche	Max. 4 Jahre
Spanien	360 Tage in letzten 6 Jahren	Durchschnittl. Netto-Arbeitsentgelt der letzten 180 Beitragstage	70 % des Bezugslohns, ab 1/2 Jahr: 60 %, max. 220 % des gesetzl. Mindestlohns	4 Monate bis 2 Jahre, je nach vorheriger Beschäftigungszeit
Frankreich	6 Monate in den letzten 22 Monaten Versicherungsmitgliedschaft	Beitragspflichtiges Entgelt der letzten 12 Monate	40,4 % des Tageslohns zzgl. 10,25 €/ Tag	Max. 42 Monate
Großbritannien	Keine Anwartszeit, aber vorherige Beitragspflicht	Kein Bezug zum vorherigen Einkommen	18-24jährige: 65 €/Woche über 25jährige: 82 €/Woche	Max. 182 Tage

Quelle: Missoc 2006.

7.3.2 Rente

In kaum einem anderen Bereich der sozialen Sicherung werden die Systemunterschiede der Wohlfahrtsstaaten so deutlich wie bei der Alterssicherung. Steht bei einigen Staaten das Bismarcksche Sozialversicherungsmodell im Vordergrund, setzen andere mit einer Volksrente nach den Vorstellungen Beveridges den universalistischen Akzent.

- Die sozialversicherungsorientierten Modelle wie in Deutschland und Frankreich sowie ansatzweise Spanien koppeln die Rente an die Dauer und die Höhe der Versicherungsbeiträge, die sich aus dem Lohn und Gehalt ergeben. Gemäß dem Äquivalenzprinzip erhält eine Person, die gut verdiente und lange arbeitete eine höhere Rente als derjenige, der wenig arbeitete oder nur geringes Einkommen besaß. Die Folge ist dann, dass Frauen in einem „strong" oder „modified male-breadwinner-regime" (vgl. Kap. 7.1.1 [d]) häufig über nur geringe oder gar keine eigene Rentenansprüche verfügen.

- Das Volksrentensystem hingegen gewährt allen Bürgerinnen und Bürgern einen Rentenanspruch, wobei zum Beispiel Schweden und Dänemark diesen Anspruch von der Lebensarbeitszeit lösen und an die Dauer des Wohnsitzes im Land koppeln, um so eine Grundsicherung zu gewähren. Dieses Volksrentensystem steht jedoch in keinem Land als einziger Pfeiler der Alterssicherung, sondern wird kombiniert mit (i.d.R. obligatorischen) beitragsbezogenen Zusatzrentensystemen sowie Anreizen und Empfehlungen der privaten Altersvorsorge.

Ein wichtiger Unterschied bei der Gestaltung des Rentensystems liegt in der Definition des Sicherungszieles. Diese Ziele lassen sich in drei Hauptkategorien differenzieren: (1) die Sicherung des Existenzminimums, die gemäß des Versorgungsprinzips die Mindestsicherung gewährt und die alten Menschen vor der Sozialhilfe nach dem Fürsorgeprinzip bewahrt; (2) die Grundsicherung zur Gewährleistung eines angemessenen Existenzbedarfs sowie (3) die vom bisherigen Einkommen abhängige so genannte Regelsicherung.

Ein weiterer Unterschied liegt in der Finanzierung der Rente. Im Prinzip werden die Volksrenten aus Steuermitteln finanziert, während bei den Versicherungen hierzu die Beiträge dienen. De facto sind jedoch in den europäischen Wohlfahrtsstaaten immer Mischfinanzierungen vorzufinden. Die steuerfinanzierten Volksrenten werden durch pflichtige beitragsfinanzierte Zusatzrenten ergänzt. Und die Sozialversicherungen erhalten Staatszuschüsse, die u.a. dazu dienen, anspruchsrelevante Erziehungs- und Ausbildungszeiten zu finanzieren. Ein gemeinsames Finanzierungsproblem haben jedoch alle in der EU vorzufindenden Alterssicherungssysteme, dessen Ausmaß zwar durch die Rentenhöhen differiert, aber überall gleichermaßen eine Herausforderungen darstellt. Bislang arbeiten die Systeme im Umlageverfahren, d.h., dass die derzeitigen Steuer- und Beitragszahler die derzeitigen Renten finanzieren. Anders arbeiten die Kapital bildenden privaten Renten- und Lebensversicherungen, bei denen die individuellen Einzahlungen mit Zinsen und anderen Kapitalerlösen die Auszahlungshöhe ergeben. Angesichts des in ganz Europa stattfindenden demographischen Wandels mit einem tatsächlichen und relativen Rückgang an Erwerbstätigen und

7.3 Sozialpolitische Handlungsfelder

einer größer und älter werdenden Seniorengeneration drohen dem System entweder Finanzierungslücken, die sich in Rentenkürzungen auswirken würden, oder steigende Finanzierungsaufwendungen der Steuer- und Beitragszahler, die jedoch wenig sozialverträglich wären. In Deutschland wird seit dem Jahr 2001 mit der Einführung der so genannten „Riester-Rente" versucht, die private und betriebliche Altersvorsorge auszubauen, um damit die Sozialversicherungsrente zu entlasten. Damit wird angestrebt, den Versorgungsanteil der in anderen Staaten schon weitaus wichtigeren Ergänzungen zur allgemeinen Rente zu erhöhen.

Tab. 7.6: Rentensysteme

Land (Sicherungsziel)	Grundprinzip	Volle Rente	Mindestrente	Höchstrente
Dänemark (Grundsicherung – ausgehend von der Volksrente und der max. Zusatzrente)	Volksrente als universelles System für die gesamte Bevölkerung mit von der Dauer des Wohnsitzes in Dänemark abhängiger Pauschalleistung; Zusatzrente (ATP) als obligatorisches Sozialversicherungssystem für Arbeitnehmer mit von der Versicherungsdauer und der Beitragszahlung abhängigen Leistungen.	Volksrente: Volle Rente, falls der Empfänger zwischen der Vollendung des 15. und des 65. Lebensjahres (67 Jahre bei Vollendung des 60. Lebensjahres vor dem 1. Juli 1999) mindestens 40 Jahre in Dänemark ansässig war. Zusatzrente: Nach 40 Jahren Beitragszeit	Volksrente: 1/40 der vollen Rente € 195 p.a.. Zusatzrente € 166 p.a.	Volksrente: 40/40 = Grundbetrag von € 7.779 pro Jahr. Der Betrag kann gekürzt werden, wenn Einkünfte des Rentners € 33.042 übersteigen. Ferner Rentenzulage von € 3.656 pro Jahr. Diese Zulage kann in Abhängigkeit von den Einkünften des Rentners und seines Partners gekürzt werden, wenn diese € 14.624 bzw. bei Alleinstehenden € 7.292 übersteigen.

7.3 Sozialpolitische Handlungsfelder

Spanien (Regelsicherung, deren Höhe ist jedoch vergleichsweise gering, so dass dies nur eingeschränkt gilt)	Obligatorisches Sozialversicherungssystem für Arbeitnehmer und Gleichgestellte mit beitragsbezogener Ruhestandsrente	Für den Anspruch auf eine volle Ruhestandsrente müssen 35 Beitragsjahre nachgewiesen werden.	Ab dem Alter von 65 Jahren: € 467 monatlich bzw. € 566 für Empfänger mit unterhaltsberechtigtem Ehegatten (14 Zahlungen pro Jahr). Personen unter 65 Jahren: € 435 monatlich bzw. € 529 für Empfänger mit unterhaltsberechtigtem Ehegatten (14 Zahlungen pro Jahr).	€ 2.233 monatlich.
Frankreich (das allgemeine System stellt die Grundversorgung sicher und wird durch die obligatorische Zusatzrente ergänzt)	Obligatorisches Sozialversicherungssystem für Arbeitnehmer mit Renten, die vom Entgelt und der Dauer der Versicherungszugehörigkeit abhängen. Obligatorische Zusatzversicherungssysteme für alle Arbeitnehmer, die dem allgemeinen System oder der Rentenversicherung für Arbeitnehmer in der Landwirtschaft angehören.	Der volle Satz wird bei einer bestimmten Versicherungszeit (160 Quartale), bei Erreichen eines bestimmten Alters (65 Jahre) oder bei Zugehörigkeit zu einer bestimmten Gruppe (arbeitsunfähige Versicherte usw.) gewährt.	€ 6.760 pro Jahr. Die Altersrente erhält jeder, der wie auch immer einen Anspruch auf den vollen Satz (50%) hat. Bei weniger als 160 Versicherungsquartalen wird sie u.U. anteilig berechnet. Minimum (Bedürftigkeitsprüfung): € 4.314 pro Jahr. Zusatzrentensysteme für Arbeitnehmer (ARRCO) und für leitende Angestellte (AGIRC): Keine gesetzliche Mindestrente.	50% der Bemessungsgrenze der Sozialversicherung, also € 15.538 pro Jahr.

| Großbritannien (Grundsicherung mit Ansätzen der Regelsicherung) | Beitragsabhängiges staatliches Altersrentensystem, das sich aus der pauschalen Grundrente (Basic Pension), der entgeltbezogenen Zusatzrente (SERPS) (seit 2002: Zweite Staatsrente) sowie dem entgeltbezogenen proportionalen Altersruhegeld zusammensetzt. Bestimmte Personen ab 80 Jahren erhalten eine beitragsunabhängige staatliche Rente. Als Ersatz für die entgeltbezogene Zusatzrente (SERPS) können wahlweise freiwillige Zusatzrentensysteme eingesetzt werden | Grundrente: Entrichtete oder angerechnete Beiträge für 44 Jahre (Männer) bzw. 39 Jahre (Frauen) | Grundrente: Anspruch auf mindestens 25% der vollen Grundrente, d.h. auf € 30 je Woche, falls mindestens 10 Jahre lang Beiträge gezahlt wurden. | Grundrente: Anspruch auf die volle Rente (100%) von € 120 je Woche, falls während 44 Jahren (Männer) bzw. 39 Jahren (Frauen) Beiträge gezahlt wurden. Entgeltbezogene Zusatzrente: € 208 pro Woche. (Die höchstmögliche Leistung aus Grund- und Zusatzrente beträgt nur etwa 50 % des durchschnittlichen Bruttoeinkommens) |

Quelle: Missoc 2006.

7.3 Sozialpolitische Handlungsfelder

7.3.3 Kindergeld

Vor dem Hintergrund des demografischen Wandels, der sich durch niedrige Geburtenraten und zunehmende Alterung der europäischen Gesellschaften auszeichnet, stehen die Familienbeihilfen seit Jahren im Blickpunkt der sozialpolitischen Diskussion. Schon auf der nationalen Ebene zeigt sich ein sehr komplexes Geflecht an verschiedenen sozialen Rechten, sozialen Diensten und sozialen Geldern im Bereich der Familienbeihilfen, das von Erziehungsurlaub und Kündigungsschutz für Mütter im Mutterschutz, über diverse steuerliche Regelungen (Stichwort: Ehegattensplitting, Kinderfreibeträge etc.), Kinderbetreuungsangebote, Wohnbauförderung und andere Maßnahmen bis zum Kindergeld reicht. Diese Komplexität in den hier nur möglichen kurzen Vergleich einzubeziehen ist unmöglich, so dass eine Beschränkung auf das Kindergeld erfolgt.

Kindergeld wird wie in Deutschland in den meisten europäischen Staaten gemäß dem Versorgungsprinzip aus Steuermitteln finanziert. Nur wenige Länder, wie z.B. Belgien, rechnen das Kindergeld über die Sozialversicherungsträger ab. In den EU-Staaten wird i.d.R. das Kindergeld universalistisch nach dem Wohnsitzprinzip gewährt, d.h., dass für alle im Land lebenden Kinder, also auch die der Zuwanderer, Kindergeld gezahlt wird. An diesem Punkt enden aber auch schon die wesentlichen Gemeinsamkeiten und es wird eine Vielzahl an Differenzierungen deutlich:

- In vielen Staaten wird Kindergeld für alle Kinder gezahlt, während einige, wie Frankreich, erst ab dem zweiten Kind in der Familie zahlen.
- Endet i.d.R. der Bezug von Kindergeld mit dem vollendeten 16. Lebensjahr in Irland, Großbritannien und Schweden, so zahlen Norwegen und Finnland bis zum 17., Deutschland und Österreich bis zum 18. und Frankreich sogar bis zum 20. Lebensjahr.
- Sind in einigen Ländern die Altersgrenzen festgelegt, so gewähren andere Staaten das Kindergeld auch darüber hinaus, wenn das Kind in der Ausbildung ist oder studiert. Die Höchstgrenze liegt in Großbritannien bei 19 Jahren, während Deutschland bis zum 25. und Luxemburg gar bis zum 27. Jahr zahlen.
- Die Kindergeldhöhe variiert erheblich. Bekommt das erste Kind eines griechischen Ehepaares 8,22 €, so wurde 2003 in Deutschland mit 154 € fast das 19-fache an die Eltern überwiesen.
- Staffeln einige Länder das Kindergeld nach der Anzahl der Kinder in einer Familie, so differenziert z.B. Dänemark die Höhe nach dem Alter des Kindes.

- Zahlen viele Länder das Kindergeld für alle Kinder unabhängig vom Einkommen der Eltern, so legen Italien, Portugal, Malta, Slowenien und Zypern Einkommenshöchstgrenzen fest, ab denen kein Geld mehr fließt.
- Erhalten die Eltern (schwer-)behinderter Kinder z.B. in Deutschland, Griechenland, Spanien und Italien unbegrenzt weiter das Kindergeld, so müssen sich belgische, irische und portugiesische Eltern mit einer kurzen Verlängerung der Bezugszeit zufrieden geben, während in den Niederlanden, Schweden und Großbritannien die Behinderung beim Bezug von Kindergeld unberücksichtigt bleibt.

Tab. 7.7: Kindergeld

Land	Altersbegrenzung	Leistungshöhe (€/Monat)	Abstufung	Prinzip
Dänemark	18 Jahre keine Altersgrenze für Behinderte	0-3jähr.: 151 3-7jähr.: 136 7-18jähr.: 107	Abschläge für Bezieher staatl. Renten	Universalistisch; Wohnsitzprinzip
Spanien	18 Jahre, bei Studium 22, für schwerstbehinderte keine Begrenzung	24,25 Behinderte 48 Höhere Sätze für Schwerbehinderte	Nur bis zur Einkommenshöhe <8.666 € (für jedes weitere Kind erhöht sich die Ek-Grenze um 15 %)	Universalistisch; Wohnsitzprinzip
Frankreich	20 Jahre, wenn das Einkommen des Kindes nicht 55% des Mindestlohnes übersteigt	2 Kinder: 116 3 Kinder: 263 4 Kinder: 412 5 Kinder: 560 6 Kinder: 708	Keine	Universalistisch; Wohnsitzprinzip
Großbritannien	16 Jahre bei grundlegender Ausbildung bis 19 Jahre	Ältestes Kind: 105 weitere Kinder: je 70	Keine	Universalistisch, aber das Aufenthaltsrecht von zugewanderten Antragstellern darf keinen Beschränkungen oder Bedingungen unterliegen

Quelle: Missoc 2003

Kindergeld ist – wie oben angesprochen – nur ein Teil der Familiensozialpolitik. Die Höhe des Kindergeldes hat augenscheinlich nur geringen Einfluss auf die

7.3 Sozialpolitische Handlungsfelder

Bereitschaft der (potentiellen) Eltern, mehr Kinder zu bekommen. Wichtiger als das soziale Geld wird in jüngerer Zeit die Ausgestaltung der sozialen Rechte und sozialen Dienste. Vor allem die Vereinbarkeit von Beruf und Familie wird von vielen Frauen mit größerer Priorität gesehen, wobei das Vereinbarkeitsmodell bzw. das Doppelversorgermodell (vgl. Kap. 7.1.1 [d] und Kap. 4.2) im Blick stehen. Kinderbetreuungsangebote, Ganztagsbeschulung sowie familienfreundliche Gestaltung der Arbeitswelt mit der Ausweitung von Teilzeitarbeit und Förderung des beruflichen Wiedereinstiegs von Müttern besitzen dabei große sozialpolitische Relevanz.

7.3.3 Mindestsicherung

Wenn „alle Stricke reißen" und die soziale Existenz nicht mehr durch eigene Arbeit, durch Arbeitslosengeld und -hilfe oder durch die Angehörigen gesichert werden kann, wenn sonst nur noch Betteln oder Kriminalität die Grundbedürfnisse nach Obdach, Nahrung und Kleidung befriedigen könnten, dann ist die soziale Mindestsicherung gefragt. Fast alle EU-Staaten verfügen über ein solches Mindestsicherungssystem, nur in Griechenland und Ungarngibt es kein derartiges „letztes Netz".

Das in Deutschland bestehende System der Sozialhilfe, das hauptsächlich aus dem Arbeitslosengeld II („Hartz IV") und der für Nicht-Erwerbsfähige aus der Grundsicherung nach dem Sozialgesetzbuch XII besteht, findet sich mit erheblichen Varianten in den anderen Staaten. Das Ziel der Sozialhilfe ist es, Personen, die sich nicht selbst helfen können und die die erforderliche Hilfe auch nicht von anderen erhalten, die Führung eines menschenwürdigen Lebens zu ermöglichen und sie wieder in die Lage zu versetzen, unabhängig von der Sozialhilfe zu leben. Die soziale Mindestsicherung basiert auf dem Fürsorgeprinzip. Das heißt, dass der Bezug unabhängig von Versicherungsbeitragszahlungen ist und aus allgemeinen Steuermitteln finanziert wird, wobei die Sozialhilfeberechtigung ein subjektives Recht der Einwohner und Bürger des Staates ist und nicht willkürlich gewährt wird. Grundlage ist im Allgemeinen der Nachweis der besonderen Bedürftigkeit. In allen Staaten gilt für die Gewährung der Mindestsicherung das Subsidiaritätsprinzip, nach dem der potentielle Bezieher belegen muss, dass keine eigenen Mittel vorhanden sind und auch keine Unterstützung von Unterhaltspflichtigen besteht, um das Dasein zu finanzieren. Grundsätzlich fordern zudem die Staaten, dass sich der Sozialhilfeempfänger bemüht, wieder unabhängig von der Sozialhilfe zu werden, indem er zum Beispiel zumutbare Arbeit aufnimmt, der Arbeitsvermittlung zur Verfügung steht und sich um eine Qualifizierung für den Arbeitsmarkt bemüht. In der Idee ist die soziale Mindestsicherung auf eine möglichst kurzfristige Übergangszeit der Bedürftigkeit ausgerichtet und soll das Existenzminimum sichern. Tatsächlich zeigt sich jedoch in fast allen Wohlfahrtsstaaten die Tendenz, dass verschiedene Personenkreise dauerhaft auf Sozialhilfe angewiesen sind.

In allen EU-Staaten wird die Mindestsicherung mit so genannten Differentialbeträgen gewährt, die jedoch – wie in nachfolgender Tabelle deutlich wird – gravierend voneinander abweichen. Differentialbetrag meint, dass die Höhe der Sozialhilfe abhängig ist von der sozialen Situation des Einzelnen und fallspezifisch berechnet wird. Anders also als bei den pauschalierten Leistungen wird dabei berücksichtigt, wie viele Personen von der Fürsorge erreicht werden müssen, so dass Alleinstehende weniger Geld bekommen als Zusammenlebende oder Personen, die für ihre Kinder sorgen müssen. Die Höhe der Sozialhilfe wird in einigen Staaten, wie z.B. Deutschland, bedarfsbezogen errechnet, während in anderen Systemen eine Orientierung an einem festgelegten Prozentsatz des gesetzlichen Mindestlohnes (so in Luxemburg) oder des Arbeitslosengeldes erfolgt (so in Dänemark mit max. 80 % des Arbeitslosengeldes). In einigen Ländern werden die sozialen Fürsorgegelder der Mindestsicherung mit individuellen sozialen Diensten ergänzt, um so die Voraussetzungen für die Beendigung der Sozialhilfeabhängigkeit zu fördern.

Tab. 7.8: Soziale Mindestsicherung

Land	Ziele und Personenkreis	Leistungshöhe (Beispiele)	Steuerpflicht
Dänemark	Aktivierungsmaßnahmen und/oder Geldleistungen werden gewährt, wenn jemand aufgrund besonderer Umstände (wie Krankheit oder Arbeitslosigkeit) vorübergehend, für einen kürzeren oder längeren Zeitraum, nicht über ausreichende Mittel für seinen Unterhalt oder den seiner Familie verfügt	Alleinstehender Erwachsener: € 1.153 Alleinerziehender mit 1 Kind (10 Jahre): € 2.019 (Ehe-)Paar mit 1 Kind (10 Jahre): € 3.172 (Ehe-)Paar mit 3 Kindern (8, 10,12 Jahre): € 3.387	Ja
Spanien	Armutsbekämpfung mit Hilfe von Geldleistungen zur Bestreitung der elementaren Lebenskosten	Unterschiedliche Leistungen je nach autonomer Region; Vorhandensein unterhaltsberechtigter Personen im Haushalt; öffentliche Haushaltslage	Ja

Frankreich	Jedem Einzelnen Mindesteinkünfte zur Bestreitung grundlegender Bedürfnisse zu sichern und die soziale und berufliche Eingliederung der Mittellosen zu fördern.	Alleinstehender Erwachsener: € 425 Alleinerziehender mit 1 Kind (10 Jahre): € 638 (Ehe-)Paar mit 1 Kind (10 Jahre): € 766 (Ehe-)Paar mit 3 Kindern (8, 10,12 Jahre): € 1.064	Nein
Großbritannien	Steuerfinanziertes System der finanziellen Hilfe für Personen ohne Vollzeitbeschäftigung (16 Stunden oder mehr pro Woche für den Antragsteller, 24 oder mehr Stunden für dessen Partner), die sich nicht als arbeitslos melden müssen und deren Gesamteinkommen unter einem bestimmten Minimum liegt.	Alleinstehender Erwachsener: € 669 Alleinerziehender mit 1 Kind (10 Jahre): € 1.049 (Ehe-)Paar mit 1 Kind (10 Jahre): € 1.265 (Ehe-)Paar mit 3 Kindern (8, 10,12 Jahre): € 1.834	Nein

Quelle: Missoc 2006, BMAS 2006b: 325

7.4 Lernen von Anderen?

Schon die kurze Skizzierung unterschiedlicher Gestaltung von Sozialpolitik am Beispiel von vier Ländern und vier Handlungsfeldern sollte deutlich gemacht haben, wie heterogen die Ziele, Vorstellungen, Strukturen, Reichweiten und Finanzierungsmodelle der sozialen Sicherung gesehen werden. Jedes System hat seine spezifischen Vor- und Nachteile, keines ist rundum perfekt – vielmehr werden die vielfältigen Akteure, wie z.B. Steuer-/Beitragszahler und Leistungsempfänger, Gesunde und Kranke, Junge und Alte, Männer und Frauen, Arme und Reiche, Arbeitgeber und Arbeitnehmer, Linke und Rechte aufgrund ihrer unterschiedlichen Betroffenheiten in jedem System Positives und Negatives erkennen. Die große Gemeinsamkeit aller Systeme liegt derzeit darin, dass sie alle unter den weltwirtschaftlichen Rahmenbedingungen, dem demografischen Wandel, den Prozessen der Individualisierung und gesellschaftlichen Segregation sowie verschärften Verteilungskonflikten leiden. Diese Probleme führen dann dazu, dass fast überall die Sozialpolitiker nach Ideen suchen ihr nationales System der sozialen Sicherung umzugestalten, wobei regelmäßig diese Umgestaltungsansätze mit den Forderungen nach Effektivität, Effizienz, Transparenz und Gerechtigkeit versehen werden. Die Suche nach Ideen lenkt dann den Blick der Sozialpolitiker auf die Gestaltungsmuster anderer Staaten.

Die intensive sozialpolitische Diskussion in Deutschland zu Beginn des 21. Jahrhunderts greift in vielfältiger Weise auf ausländische Modelle zurück. In die Rentendiskussion wird immer wieder der Gedanke der Grundrente eingebracht, wobei von den verschiedenen Akteuren mal mehr an die britische oder eher an die dänische Variante angeknüpft wird. Zudem sind die Überlegungen zur Riester-Rente von Ansätzen des liberalen Wohlfahrtsstaates geprägt, was sich u.a. in der Freiwilligkeit dieser staatlich geförderten Privatvorsorge ausdrückt. Im Bereich der Gesundheitspolitik werden die aus Großbritannien aber auch aus den Niederlanden bekannten „Hausarzt-Modelle" diskutiert. Für die Arbeitslosen wurden bereits mit den so genannten „Hartz-Reformen" kürzere Bezugszeiten für das Arbeitslosengeld und eine Zusammenlegung der Arbeitslosen- mit der Sozialhilfe vorgenommen, was ebenso Züge der liberalen Sozialstaatlichkeit trägt. Im Bereich der Frauenpolitik sind hingegen skandinavische Tendenzen zu erkennen, die das deutsche „modified male-breadwinner-regime" zu einem „weaken" Regime verändern könnten.

Im Kern der Diskussion steht aber (noch?) die Modifikation des seit den 1880er Jahren in den Grundzügen bestehenden Sozialversicherungsprinzips und dessen Strukturmerkmale des konservativen Wohlfahrtsstaates, der nun schon das Kaiserreich, die Weimarer Republik, den Nationalsozialismus, die „kleine" Bundesrepublik und das vereinigte Deutschland prägte. Ein Wechsel zum liberalen Wohlfahrtsstaat ist trotz der Übernahme mancher Elemente nicht in Sicht – und aus dem Blick vieler Akteure und Betroffenen auch nicht wünschenswert.

Wie bei einem voll beladenen Tanker, der seine Höchstgeschwindigkeit erreicht hat, ist auch bei der langsam entwickelten und gewachsenen Sozialstaatlichkeit kein schneller Kurswechsel möglich. Schmid (2002: 436) hält „eine grundsätzliche Wende bzw. ein[en] Wechsel des Wohlfahrtsstaatstypus aufgrund der ‚Pfadabhängigkeit' der Systeme [für] wenig wahrscheinlich", da die *politics* in Deutschland mit dem bestehenden, aber schwächer werdenden Korporatismus, den vielfältigen demokratischen „checks and balances" sowie dem weit verbreiteten Streben nach Besitzstandssicherung wesentlich zu den bislang eher moderaten Veränderungen im System der sozialen Sicherung beitragen – was sich beim einzelnen Empfänger von sozialen Leistungen durchaus wenig moderat, sondern durchaus gravierend auswirkt. Aber der Druck zur Modifikation und Modernisierung des Systems ist ungebrochen, wozu auch die Erweiterung sowie Vertiefung der Europäischen Union beiträgt. Eine Verlagerung zur staatlichen Normsetzung unter bedingter Ausschaltung bisheriger korporatistischer Strukturen ist seit der Regierung Schröder zu beobachten, was die Reformdynamik deutlich erhöht hat.

Das „Lernen von Anderen" wird weiter an Bedeutung gewinnen, wobei jedoch folgende Gesichtspunkte zu beachten sind:

7.4 Lernen von Anderen?

- Sozialpolitik muss immer systemisch gedacht werden, d.h., dass Änderungen in einem Bereich immer Wirkungen auf andere Bereiche ausüben. Auch partielle Modifikationen können aufgrund der Interdependenz der Subsysteme zu gravierenden Verschiebungen im Gesamtsystem führen.
- Sozialpolitik ist eng verknüpft mit anderen Politikfeldern wie z.B. Wirtschaftspolitik, Politik der Inneren Sicherheit, Infrastrukturpolitik und vielen anderen mehr. Auch hier gilt die Forderung nach systemischer Betrachtung und der Analyse der Einflüsse von und Wirkungen auf diese anderen Politiken.
- Sozialpolitik findet ihre originäre Orientierung am „sozius", dem Menschen und dessen Mitmenschen. So wichtig und nachvollziehbar sich die Umbauüberlegungen an wirtschaftlichen Kriterien orientieren, erfordert der Umbau eine Reflektion des Bildes vom Menschen, der Vorstellung vom menschlichen Sein als Individuum und als Mitglied von Gemeinschaft und Gesellschaft. Wichtig ist also zunächst die Zielbestimmung der Sozialpolitik.
- Sozialpolitik ist ein Politikfeld, das maßgeblich zur bürgerschaftlichen Legitimierung des Staates beiträgt. Ein abrupter oder aus Sicht der Bürger zu weit gehender Wechsel kann diese Legitimität nachhaltig beeinträchtigen.

Auf dem Weg zu einer möglichst gerechten, finanzierbaren, zielgerichteten und akzeptierten Sozialpolitik kann der Blick über den Tellerrand nur hilfreich sein – wenn man denn nicht der Versuchung unterliegt, durch ungeprüftes Kopieren einzelner Elemente das System zu ändern bzw. zu gefährden.

 Wichtige Literatur:

Kaufmann, Franz-Xaver: Varianten des Wohlfahrtsstaats. Der deutsche Sozialstaat im internationalen Vergleich. Frankfurt a.M. 2003.

Schmid, Josef: Wohlfahrtsstaaten im Vergleich. Soziale Sicherung in Europa: Organisation, Finanzierung, Leistungen und Probleme. Opladen 2000.

Schmidt, Manfred G.: Sozialpolitik in Deutschland. Historische Entwicklung und internationaler Vergleich. Wiesbaden 2005.

In diesen drei Büchern wird jeweils sehr systematisch, den historischen Prozess nachzeichnend und den politikwissenschaftlichen Vergleich nutzend aufgezeigt, welche Faktoren die nationale Sozialpolitik prägen, welche politischen und gesellschaftlichen Ziele für sie bedeutsam sind und wie die Gestaltung erfolgt.

Schubert, Klaus, Simon Hegelich und Ursula Bazant (Hg.): Europäische Wohlfahrtssysteme. Wiesbaden 2008.
Die strukturierte Darstellung (Entwicklung, Gestaltung und Bewertung) der Wohlfahrtsstaatlichkeit in den Mitgliedsstaaten der EU (ohne Rumänien und Bulgarien) verdeutlicht, die Bedingungen und Ausformungen der Sozialpolitiken und liefert eine Grundlage für systematische Vergleiche.

Literatur

Alber, Jens: Vom Armenhaus zum Wohlfahrtsstaat. Analysen zur Entwicklung der Sozialversicherung in Westeuropa. Frankfurt a. M./New York 1987 (zuerst 1982).
Bäcker, Gerhard / Bispinck, Reinhard / Hofemann, Klaus / Naegele, Gerhard / Neubauer, Jennifer: Sozialpolitik und Soziale Lage. Band 1: Grundlagen, Arbeit, Einkommen und Finanzierung. Wiesbaden 2007a.
Bäcker, Gerhard / Bispinck, Reinhard / Hofemann, Klaus / Naegele, Gerhard / Neubauer, Jennifer: Sozialpolitik und Soziale Lage. Band 2: Gesundheit, Familie, Alter und Soziale Dienste. Wiesbaden 2007b.
Bäcker, Gerhard: Wer nicht arbeitet, wird kaum etwas kaufen. Kräftige, aber unüberlegte Schnitte ins soziale Netz schaffen noch lange keine Jobs, fördern aber die Verarmung. Dokumentation der Frankfurter Rundschau, 23.7.2003.
Beck, Ulrich: Risikogesellschaft. Auf dem Weg in eine andere Moderne. Frankfurt am Main 1986.
Beck-Gernsheim, Elisabeth: Was kommt nach der Familie? Einblicke in neue Lebensformen. München 1998.
Begg, Ian u.a.: The Social Consequences of Economic and Monetary Union - Final Report. European Parliament, Directorate General for Research, Working Papers, Social Affairs Series, E-1. Brüssel 1994.
Benz, Benjamin / Boeckh, Jürgen / Huster, Ernst-Ulrich: Sozialraum Europa. Ökonomische und politische Transformation in Ost und West. Opladen 2000.
BMAS – Bundesministerium für Arbeit und Sozialordnung (Hrsg.): Sozialbudget 2005. Berlin 2006.
BMAS – Bundesministerium für Arbeit und Sozialordnung (Hrsg.): Sozial-Kompass Europa. Soziale Sicherheit in Europa im Vergleich. Berlin 2006b.
BMAS – Bundesministerium für Arbeit und Sozialordnung (Hrsg.): Lebenslagen in Deutschland. Der erste Armuts- und Reichtumsbericht der Bundesregierung. Berlin 2001.
BMAS – Bundesministerium für Arbeit und Sozialordnung (Hrsg.): Sozialbericht 2001. Berlin 2002.
BMFSFJ – Bundesministerium für Familie, Senioren, Frauen und Jugend (Hrsg.): Elfter Kinder- und Jugendbericht. Bericht über die Lebenssituation junger Menschen und die Leistungen der Kinder- und Jugendhilfe in Deutschland. Berlin 2002.
BMGS – Bundesministerium für Gesundheit und Soziale Sicherung (Hrsg.): Bericht der Kommission „Nachhaltigkeit in der Finanzierung der Sozialen Sicherungssysteme" (Rürup-Kommission). Berlin 2003.

Boeckh, Jürgen / Huster, Ernst-Ulrich / Benz, Benjamin: Sozialpolitik in Deutschland. Eine systematische Einführung. Wiesbaden 2006.
Borchert, Jürgen: Renten vor dem Absturz? Frankfurt a. M. 1993.
Bundesagentur für Arbeit (Hrsg.): Arbeitsmarkt 2005. Amtliche Nachrichten der Bundesagentur für Arbeit, 54. Jahrgang, Sondernummer, Nürnberg 2006.
Bundesagentur für Arbeit (Hrsg.): Beschäftigungsperspektiven sichern. Geschäftsbericht 2006 – Kurzfassung. Nürnberg 2007.
Bundesanstalt für Arbeit (Hrsg.): Geschäftsbericht 2002. Nürnberg 2003.
Bundesregierung (Hrsg.): Bericht der Bundesregierung über die Lage behinderter Menschen und die Entwicklung ihrer Teilhabe. Berlin 2004.
Bundesregierung (Hrsg.): Lebenslagen in Deutschland. Der 2. Armuts- und Reichtumsbericht der Bundesregierung. Berlin 2005.
Bundeszentrale für politische Bildung (Hrsg.): Arbeitsmarkt. Zahlen und Fakten. Bonn 2005 (http://www.bpb.de/files/B19YYY.pdf)
Butterwegge, Christoph: Krise und Zukunft des Sozialstaats. Wiesbaden ³2006.
Butterwegge, Christoph: Wohlfahrtsstaat im Wandel. Probleme und Perspektiven der Sozialpolitik. Opladen ³2001.
Dahrendorf, Ralf: Der moderne soziale Konflikt. Essay zur Politik der Freiheit. Stuttgart 1992.
Däubler, Wolfgang (Hrsg.): Sozialstaat EG? Die andere Dimension des Binnenmarktes. Gütersloh 1989.
Däubler, Wolfgang: Die Europäische Union als Wirtschafts- und Sozialgemeinschaft. In: Weidenfeld, Werner (Hrsg.): Europa-Handbuch. Bonn 2002, S. 477-489.
DESTATIS – Statistisches Bundesamt (Hrsg.): Datenreport 2002. Zahlen und Fakten über die Bundesrepublik Deutschland. Bonn 2002.
Deutscher Bundestag: Sechster Familienbericht. Familien ausländischer Herkunft in Deutschland. Leistungen, Belastungen und Herausforderungen. Berlin 2000 (BT-Drs. 14/4357).
Deutsches Kindeshilfswerk (Hrsg.): Kinderreport Deutschland. Daten, Fakten, Hintergründe. München 2002.
Dietz, Berthold / Ludwig, Carmen: Armut in Deutschland. In: Alexander Grasse, Carmen Ludwig, Berthold Dietz (Hrsg.): Soziale Gerechtigkeit. Reformpolitik am Scheideweg. Festschrift für Dieter Eißel zum 65. Geburtstag. Wiesbaden 2006, Seite 99-113.
Dietz, Berthold et al. (Hrsg.): Die soziale Zukunft Europas. Bedingungen und Perspektiven einer europäischen „Sozialen Integration". Gießen 1994.
Dietz, Berthold/Eißel, Dieter/Naumann, Dirk (Hrsg.): Handbuch der kommunalen Sozialpolitik. Opladen 1999.
Dietz, Berthold: Alte und neue Partner im Sozialmarkt – Kultur lokaler Sozialpolitik im Wandel. In: Dietz, Berthold/Dieter Eißel/Dirk Naumann (Hrsg.): Handbuch der kommunalen Sozialpolitik; Opladen 1999, S. 15-29.
Dietz, Berthold: Die Pflegeversicherung. Ansprüche, Wirklichkeiten und Zukunft einer Sozialreform. Wiesbaden 2002.
Dietz, Berthold: Entwicklung des Pflegebedarfs bis 2050. In: Soziale Sicherheit. 50, Nr. 1/2001, S. 2-9.

Literatur

Dietz, Berthold: Lebenserwartung, Morbidität und Mortalität im Alter. In: Sozialer Fortschritt. 51, Nr. 12/2002, S. 307-314.

Dietz, Berthold: Soziale Gerechtigkeit und Sozialstaatlichkeit im Wandel. In: Wilhelm Schwendemann, Reiner Marquard (Hrsg.): 450 Jahre Reformation in Baden. Bildung und Sozialgestaltung des Protestantismus. Berlin/Münster 2007, Seite 96-113.

Dietz, Berthold: Soziale Sicherungssysteme. In: Frevel, Bernhard (Hrsg.): Herausforderung demografischer Wandel. Wiesbaden 2004, Seite 192-207.

Dietz, Berthold: Soziologie der Armut. Eine Einführung; Frankfurt a. M./New York 1997.

Dobner, Petra: Neue Soziale Frage und Sozialpolitik. Wiesbaden 2007.

Döring, Diether / Hauser, Richard (Hrsg.): Soziale Sicherheit in Gefahr. Frankfurt a. M. 1995.

Döring, Diether: Sozialstaat. Frankfurt a. M. 2004.

Dudey, Stefan: Verteilungswirkungen des Sozialversicherungssystems der Bundesrepublik Deutschland und Modellierung seiner zukünftigen Entwicklung. Inauguraldissertation, Fakultät für Wirtschaftswissenschaft der Ruhr-Universität Bochum 1996.

Enquete-Kommission „Demographischer Wandel": Zweiter Zwischenbericht der Enquete-Kommission „Demographischer Wandel – Herausforderungen unserer älter werdenden Gesellschaft an den einzelnen und die Politik". Bundestags-Drucksache 13/11460 vom 05.10.1998. Bonn 1998.

Enquete-Kommission „Demographischer Wandel": Zwischenbericht der Enquete-Kommission „Demographischer Wandel – Herausforderungen unserer älter werdenden Gesellschaft an den einzelnen und die Politik". Bundestags-Drucksache 12/7876 vom 14.06.1994. Bonn 1994.

Esping-Andersen, Gøsta: Social Foundations of Postindustrial Economics. Oxford 1999.

Esping-Andersen, Gøsta: Three Worlds of Welfare Capitalism. Cambridge 1990.

Evers, Adalbert / Olk, Thomas (Hrsg.): Wohlfahrtspluralismus. Vom Wohlfahrtsstaat zur Wohlfahrtsgesellschaft. Opladen 1996.

Ewald, François: Der Vorsorgestaat. Frankfurt a. M. 1993.

Falkner, Gerda: EU Social Policy in the 1990s. Towards a Corporatist Policy Community. London 1998.

Fels, Gerhard: Die Sozialcharta ökonomisch gesehen. In: Däubler, Wolfgang (Hrsg.): Sozialstaat EG? Die andere Dimension des Binnenmarktes. Gütersloh 1989, S. 161-174.

Ferber, von, Christian / Kaufmann, Franz-Xaver (Hrsg.): Soziologie und Sozialpolitik. Sonderheft 19/1977 der Kölner Zeitschrift für Soziologie und Sozialpsychologie. Opladen 1977.

Fischer, Gabriele u.a.: Standortbedingungen und Beschäftigung in den Regionen West- und Ostdeutschlands. Ergebnisse des IAB-Betriebspanels 2006. Nürnberg 2007.

Franzmeyer, Fritz: Der Einfluss ökonomischer Rahmenbedingungen auf die zukünftige Sozialpolitik in der EU. [Electronic ed.] Bonn, 1998.

Frevel, Bernhard: Demokratie. Entwicklung – Gestaltung – Problematisierung. Wiesbaden 2004.

Frevel, Bernhard: Politik und Gesellschaft. Ein einführendes Studienbuch. Baden-Baden 1998.

Frevel, Bernhard: Sozialpolitik. Grundlagen, Orientierungspunkte und Gestaltung. Freising ³2007.
Geißler, Rainer: Die Sozialstruktur Deutschlands. Die gesellschaftliche Entwicklung vor und nach der Vereinigung. Wiesbaden ⁴2006 (³2002).
Geremek, Bronislaw: Geschichte der Armut. München 1991.
Gerhardt, Uta (Hrsg.): Familie der Zukunft. Lebensbedingungen und Lebensformen. Opladen 1995.
Gomolla, Mechtild: Mechanismen institutionalisierter Diskriminierung in der Schule. In: Deutscher Gewerkschaftsbund (Hrsg.): Schulbildung und ausländische Jugendliche. Düsseldorf 1997.
Grasse, Alexander / Ludwig, Carmen / Dietz, Berthold (Hrsg.): Soziale Gerechtigkeit – Reformpolitik am Scheideweg. Wiesbaden 2006.
Heinze, Rolf G. / Schmid, Josef / Strünck, Christoph: Vom Wohlfahrtsstaat zum Wettbewerbsstaat. Arbeitsmarkt- und Sozialpolitik in den 90er Jahren. Opladen 1999.
Himmer, Michael: EU und Soziales. Neckenmarkt 2006.
Hradil, Stefan: Die Sozialstruktur Deutschlands im internationalen Vergleich. Wiesbaden ²2006.
Hradil, Stefan: Soziale Ungleichheit in Deutschland. Wiesbaden ⁸2005.
Jacobs, Kurt: Zur schulischen und beruflichen Integration von Menschen mit geistiger Behinderung. In: Aus Politik und Zeitgeschichte. Beilage zur Wochenzeitung Das Parlament. Heft 8/2003, S. 21-28.
Kaufmann, Franz-Xaver: Herausforderungen des Sozialstaats. Frankfurt a. M. 1997.
Kaufmann, Franz-Xaver: Sozialpolitik und Sozialstaat – Soziologische Analysen. Wiesbaden 2005.
Kaufmann, Franz-Xaver: Varianten des Wohlfahrtsstaats. Der deutsche Sozialstaat im internationalen Vergleich. Frankfurt a. M. 2003.
Kaufmann; Franz-Xaver: Zukunft der Familie im vereinten Deutschland. München 1995.
Klose, Hans-Ulrich (Hrsg.): Altern der Gesellschaft. Antworten auf den demographischen Wandel. Köln 1993.
Kohl, Jürgen: Der Wohlfahrtsstaat in vergleichender Perspektive. Anmerkungen zu Esping-Andersens „The Three Worlds of Welfare Capitalism". In: Zeitschrift für Sozialreform 39 (2) 1993, S. 67-82.
Kohler-Koch, Beate / Conzelmann, Thomas / Knodt, Michèle: Europäische Integration – Europäisches Regieren. Hagen 2002.
Kommission der Europäischen Gemeinschaften:: Sozialpolitische Agenda (Mitteilung der Kommission). Brüssel 2005.
Korte, Karl-Rudolf / Weidenfeld, Werner (Hrsg.): Deutschland-TrendBuch. Fakten und Orientierungen. Bonn 2001.
Lehner, Franz / Widmaier, Ulrich: Vergleichende Regierungslehre. Opladen 1995.
Leitner, Sigrid / Ostner, Ilona / Schatzenstaller, Margit (Hrsg.): Wohlfahrtsstaat und Geschlechterrollenverhältnis im Umbruch. Was kommt nach dem Ernährermodell? Wiesbaden 2004.
Lessenich, Stephan: Three Worlds of Welfare Capitalism – oder vier? Strukturwandel arbeits- und sozialpolitischer Regulierungsmuster in Spanien. In: Politische Vierteljahresschrift 35, 1994, S. 224-244.

Lessenich, Stephan: Wohlfahrtsstaat, Arbeitsmarkt und Sozialpolitik in Spanien. Eine exemplarische Analyse postautoritären Wandels. Opladen 1995.
Lewis, Jane: Gender and the development of welfare regimes. Journal of European Social Policy, 3, 1992, p. 159-73.
Machtan, Lothar (Hrsg.): Bismarcks Sozialstaat. Beiträge zur Geschichte der Sozialpolitik und der sozialpolitischen Geschichtsschreibung. Frankfurt a. M./New York 1994.
Mäder, Werner: Wohlfahrts- und Sozialstaatlichkeit in der Europäischen Union. In: Sozialer Fortschritt – Unabhängige Zeitschrift für Sozialpolitik, 51. Jg., Heft 6, 2002, S. 146-149.
Meyer, Hendrik und Klaus Schubert: Vom nationalen Wohlfahrtsstaat zum europäischen Sozialmodell? In: Bandelow, Nils C. und Wilhelm Bleek (Hrsg.): Einzelinteressen und kollektives Handeln in modernen Demokratien. Wiesbaden 2007.
MISSOC - Gegenseitiges Informationssystem zur Sozialen Sicherheit: Soziale Sicherheit in den Mitgliedstaaten der Europäischen Union, im Europäischen Wirtschaftsraum und in der Schweiz. Brüssel 2006. URL: http://www.europa.eu.int/comm/ employment_ social/social_ protection/missoc_de.htm.
Naegele, Gerhard / Tews, Hans Peter (Hrsg.): Lebenslagen im Strukturwandel des Alters. Opladen 1993.
Nokielski, Hans / Pankoke, Eckart: Post-korporative Partikularität. Zur Rolle der Wohlfahrtsverbände im Welfare-Mix. In: Evers, Adalbert/Thomas Olk (Hrsg.): Wohlfahrtspluralismus. Vom Wohlfahrtsstaat zur Wohlfahrtsgesellschaft. Opladen 1996, S. 142-165.
Nullmeier, Frank / Lessenich, Stephan (Hrsg.): Deutschland – eine gespaltene Gesellschaft. Frankfurt a. M./New York 2006.
Nullmeier, Frank: Politische Theorie des Sozialstaats. Frankfurt a. M./New York 2000.
Olk, Thomas / Otto, Hans-Uwe (Hrsg.): Der Wohlfahrtsstaat in der Wende. Umrisse einer künftigen Sozialarbeit. Weinheim/München 1985.
Opielka, Michael: Sozialpolitik – Grundlagen und vergleichende Perspektiven. Reinbek 2004.
Pabst, Stefan: Sozialanwälte: Wohlfahrtsverbände zwischen Interessen und Ideen. Augsburg 1996.
Pfau-Effinger, Birgit: Kultur und Frauenerwerbstätigkeit in Europa. Theorie und Empirie des internationalen Vergleichs. Opladen 2000.
Pfetsch, Frank R.: Die Europäische Union. Eine Einführung. München 1997.
Ribhegge, Hermann: Europäische Sozialpolitik. In: Beichelt, Timm / Choluj, Bozena / Rowe, Gerard / Wagener, Hans-Jürgen (Hrsg.): Europa-Studien. Eine Einführung, Wiesbaden 2006, S. 365-378.
Sachße, Christoph / Engelhardt, H. Tristram (Hrsg.): Sicherheit und Freiheit. Zur Ethik des Wohlfahrtsstaates. Frankfurt a. M. 1990.
Schmähl, Winfried: Steigende Lebenserwartung und soziale Sicherung – Tendenzen, Auswirkungen und Reaktionen. Zentrum für Sozialpolitik der Universität Bremen, Arbeitspapier Nr. 4/99. Bremen 1999.
Schmid, Josef: Der Welfare-Mix in der vergleichenden Politikforschung: Der Weg vom Etatismus über den Korporatismus zum Pluralismus – und einige methodische Stol-

persteine. In: Evers, Adalbert/Olk, Thomas (Hrsg.): Wohlfahrtspluralismus. Vom Wohlfahrtsstaat zur Wohlfahrtsgesellschaft. Opladen 1996, S. 186-207.

Schmid, Josef: Wohlfahrtsstaaten im Vergleich. Soziale Sicherung in Europa: Organisation, Finanzierung, Leistungen und Probleme. Opladen 2002.

Schmidt, Manfred G.: Das politische System Deutschlands – Institutionen, Willensbildung, Politikfelder. München 2007.

Schmidt, Manfred G.: Sozialpolitik in Deutschland. Historische Entwicklung und internationaler Vergleich. Wiesbaden ^{3}2005. (frühere Auflagen: Opladen ^{2}1998; ^{1}1988).

Schubert, Klaus / Bandelow, Nils C. (Hrsg.): Lehrbuch der Politikfeldanalyse. München 2003.

Schubert, Klaus, Simon Hegelich und Ursula Bazant (Hrsg.): Europäische Wohlfahrtssysteme. Wiesbaden 2007.

Schulten, Thorsten: Perspektiven nationaler Kollektivvertragsbeziehungen im integrierten Europa. In: Kohler-Koch, Beate (Hrsg.): Regieren in entgrenzten Räumen. Opladen 1998, S. 145-168.

Statistisches Bundesamt (Hrsg.): Bevölkerungsentwicklung Deutschlands bis zum Jahr 2050. Ergebnisse der 9. koordinierten Bevölkerungsvorausberechnung. [Electronic ed.] Wiesbaden 2000.

Statistisches Bundesamt (Hrsg.): Datenreport 2006. Zahlen und Fakten über die Bundesrepublik Deutschland. Bonn 2006.

Statistisches Bundesamt (Hrsg.): Gesundheitsbericht für Deutschland. [Electronic ed.] Wiesbaden 1998.

Stolleis, Michael: Die Sozialversicherung Bismarcks. Politisch-institutionelle Bedingungen ihrer Entstehung. In: Zacher, Hans F. (Hrsg.): Bedingungen für die Entstehung und Entwicklung von Sozialversicherung. Berlin 1979, S. 387-411.

Tennstedt, Florian: Sozialgeschichte der Sozialpolitik in Deutschland. Göttingen 1981.

Thiel, Elke: Die Europäische Union. München 1999.

Tragl, Torsten: Solidarität und Sozialstaat. Theoretische Grundlagen, Probleme und Perspektiven des modernen sozialpolitischen Solidaritätskonzepts. München und Mering 2000.

Walby, Sylvia: From gendered welfare state to gender regimes: National differences, convergence or re-structuring? In: www.sociology.su.se/cgs/Walbypaper.doc, Stockholm 2001.

Weidenfeld, Werner (Hrsg.): Europa Handbuch. Bonn 2002.

Weidenfeld, Werner / Wessels, Wolfgang (Hrsg.): Europa von A-Z. Taschenbuch der europäischen Integration. Berlin ^{9}2006.

Winter, Thomas von: Sozialpolitische Interessen. Konstituierung, politische Repräsentation und Beteiligung an Entscheidungsprozessen. Baden-Baden 1997.

Woyke, Wichard (Hrsg.): Die Europäische Union. Schwalbach/Ts. 1997.

Zacher, Hans F. (Hrsg.): Bedingungen für die Entstehung und Entwicklung von Sozialversicherung. Berlin 1979.